MERIAN *momente*

PARIS

MARINA BOHLMANN-MODERSOHN

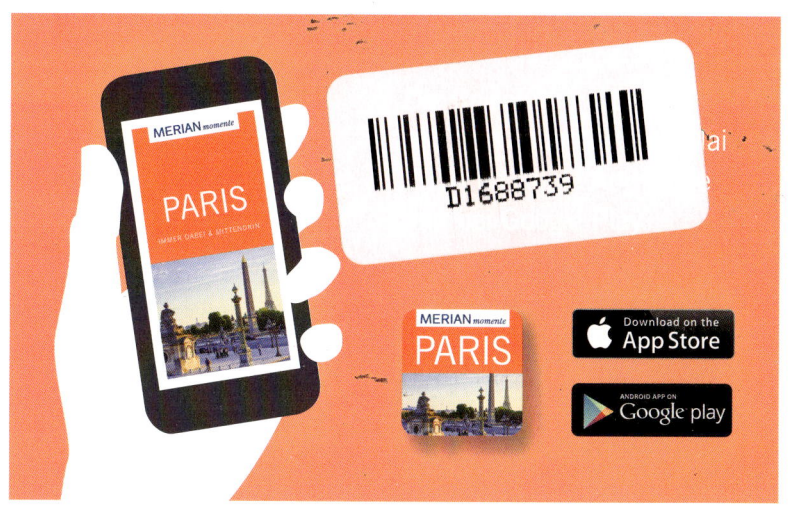

Zeichenerklärung

 barrierefreie Unterkünfte
 familienfreundlich
 Der ideale Zeitpunkt
 Neu entdeckt
  Faltkarte

Preisklassen

Preise für ein Doppelzimmer mit Frühstück:

€€€€ ab 300 €   €€€ ab 200 €
€€ ab 150 €   € bis 150 €

Preise für ein dreigängiges Menü:

€€€€ ab 100 €   €€€ ab 70 €
€€ ab 30 €   € bis 30 €

PARIS ENTDECKEN 4

Mein Paris 6
MERIAN TopTen 10
MERIAN Momente 12
Neu entdeckt 16

PARIS ERLEBEN 20

Übernachten 22
Essen und Trinken 26
Grüner reisen 30
Einkaufen 34
Kultur und Unterhaltung 38
Feste feiern 42
Mit allen Sinnen 46

PARIS ERKUNDEN 50

Einheimische empfehlen 52
Stadtteile
Îles, Beaubourg und Marais 54
Louvre, Opéra und Hallen 64
Champs-Élysées und der Westen von Paris 74
Montmartre 82
Bastille und der Osten von Paris 90
Quartier Latin 98
Im Fokus – Gobelin-Kunst aus Paris 106
Saint-Germain-des-Prés und Montparnasse 110
Im Fokus – Das neue Paris........... 120
Nicht zu vergessen! 124
Museen und Galerien 130
Im Fokus – Der Louvre 142
Spaziergang: Vom Fischerdorf zur Weltstadt – Erkundungen 146

DAS UMLAND ERKUNDEN 154

Fontainebleau – Wo Könige und Künstler sich wohlfühlten 156
Versailles – Macht und (Selbst-)Herrlichkeit des Sonnenkönigs................... 158
Die Kathedrale von Chartres – Baukunst und Magie................................. 160

PARIS ERFASSEN 162

Auf einen Blick 164
Geschichte 166
Im Fokus – Jeanne d'Arc 172
Kulinarisches Lexikon 176
Service 178
Orts- und Sachregister............... 187
Impressum 191
Paris gestern & heute................ 192

KARTEN UND PLÄNE

Paris Innenstadt .... Klappe vorne
Verkehrslinienplan ...... Klappe hinten
Îles – Beaubourg – Marais 57
Louvre – Opéra – Hallen 67
Champs-Élysées und der Westen ... 77
Montmartre 85
Bastille und der Osten 93
Quartier Latin 101
St. Germain und Montparnasse 113
Spaziergang 149

Selbst im Winter eine Betrachtung wert: der berühmte Eiffelturm (▶ S. 76).

PARIS
ENTDECKEN

MEIN PARIS

Paris ist mehr als eine Stadt. Paris ist ein Lebensgefühl. Schon aus der Ferne verkörpert die französische Metropole für viele den Traum vom »Savoir vivre«, und wer da war, erlebt, dass dieser Traum wahr werden kann. So wahr, dass manche gar nicht mehr weg wollen.

Er hieß Theo Lamell und war mein Lieblingslehrer. Mittelgroß, schlank, randlose Brille, in der Regel schwarzer Rollkragenpullover, auf seinem Kopf mit dem wenigen Haar stets eine dunkelblaue Baskenmütze, die er nur während des Unterrichts abnahm und neben den Bücherstapel vor sich auf das Pult legte. »Alors, mes enfants!« Keine Französischstunde, die nicht mit diesem »Alors!« begann: »Auf geht's, Kinder« – auch noch in der Oberstufe und bis zum Abitur. Zunächst erlebten wir das Übliche: Lesen, übersetzen, Inhaltsangabe, hin und wieder ein Referat, meistens in unzumutbar schlechtem Französisch. Nicht nur uns, auch unseren Lehrer langweilte dieser immer gleiche Unterrichtsablauf. Also trieb er uns an, das Pflichtprogramm möglichst schnell zu erledigen, damit noch Zeit

◄ Straßencafés sind Teil der Pariser Lebensart, etwa im Viertel Saint-Germain.

für das Vergnügen bliebe: Wenn der Frankreichkenner, Literaturfreund und in Paris vernarrte »flaneur«, als den sich Theo Lamell zu bezeichnen liebte, in schillernden Farben von seinen Streifzügen durch die französische Hauptstadt erzählte, von seinem täglichen Gläschen Rotwein (»petit rouge«) in der Eckkneipe »bar-tabac«, von überquellenden Marktkarren voller Käse, Kaninchen, Enten, Austern, Zitronen, Auberginen und vom fröhlichen Gekreisch rund herum, von wehmütigen Gitarrenklängen und küssenden Liebespaaren unter Weiden am Ufer der schiffsförmigen Seine-Insel Île de la Cité, hingen wir an seinen Lippen – und träumten.

»WIE DEFINIEREN SIE EINEN FLANEUR?«

Keiner, der so lebendig zu erzählen verstand wie Herr Lamell. Selbst wenn es historisch wurde. Keiner, der über einen so großartigen Schatz von Anekdoten verfügte. Natürlich war unser Flaneur ein großer Bewunderer aller großen Pariser Flaneure: Gautier, Balzac, Hugo, Zola, Baudelaire. Auch der Philosoph Jean-Jacques Rousseau gehörte dazu, der einmal vermerkte: »Mein ganzes Leben war nur eine lange Träumerei, die durch meine täglichen Spaziergänge in Kapitel unterteilt wurde.«
»Wie definieren Sie einen Flaneur, Herr Lamell?« – »Eh bien!« Unser Französischlehrer musste bei dieser Frage kurz innehalten. Dann erklärte er uns, dass der Begriff des Flaneurs inzwischen untrennbar mit dem des Müßiggangs verbunden sei: Man verstehe das Flanieren quasi nicht länger als ein Arbeiten während des Gehens, sondern eine Art zweckfreien Zeitvertreibs. Durch die Straßen streifen, hier stehen bleiben, dort schauen, warten auf das, was zufällig vorbeikommt, an der nächsten Straßenecke, im Café, beim Gang über eine Brücke oder einen Platz, durch einen Garten oder Park. Den Moment genießen. »Savoir vivre«, sagt man in Frankreich. Bei der Abiturfeier schüttelte Herr Lamell kräftig meine Hand und gratulierte mir, ein Lächeln auf seinem Gesicht. Er wusste, dass der Funke übergesprungen war. In Gedanken hatte ich bereits meinen Koffer gepackt und beschlossen, dieses Paris kennenzulernen.

STADT DER TRÄUME

Mythos Paris! Keine andere Stadt ist so mit Sehnsüchten und Erwartungen aufgeladen, keine andere so vielschichtig und lebendig, so verführerisch, romantisch, zeitlos schön und in ihrer Gesamtwirkung ein Kunstwerk. Jahr für Jahr strömen Millionen von Menschen aus aller Welt an die Seine. Sie haben Bücher über Paris gelesen, Filme von Truffaut, Chabrol und Louis Malle gesehen und sind Kommissar Maigret durch den Pariser Untergrund gefolgt. Sie kennen Edith Piaf aus ihren Chansons, die sie als »kleiner Spatz« in den Gassen von Belleville sang, lieben die Lieder von Maurice Chevalier und Josephine Baker, Charles Trenet, Georges Brassens und Charles Aznavour. Beim Stichwort Montmartre fällt ihnen Toulouse-Lautrec ein, und wenn sie den Namen Picasso hören, wissen sie: Aha, das ist doch der Spanier, der in einem Waschhaus nahe der Kirche Sacré-Cœur ein Bild mit sieben nackten Frauenfiguren malte und damit 1907 den Kubismus begründete.

Am Ziel ihrer Sehnsucht angekommen, wollen sie sich einen Überblick verschaffen. Wo anfangen? Ganz klar: Bei den Hauptsehenswürdigkeiten, selbst wenn die Schlangen an den Kassen lang sind. Doch wer nähme das nicht in Kauf, wenn sich nun endlich die Pracht jener Symbole französischer »gloire et grandeur« vor seinen Augen ausbreitet, mit denen sich Könige, Kaiser und Präsidenten im Laufe der vergangenen 2000 Jahre ihre ruhmreichen Denkmäler schufen.

MONUMENTE UND DER FLUSS

Natürlich gehört Notre-Dame dazu, die berühmte gotische Kathedrale, in der seit Jahrhunderten die Menschen beten, Staatsoberhäupter getraut, gekrönt und zu Grabe getragen wurden. In die Mitte des gepflasterten Vorplatzes ist eine Bronzeplatte mit einem Messingstern eingelassen. Er soll zum einen das geografische Zentrum Frankreichs symbolisieren, auf das alle Nationalstraßen des Landes sternförmig zulaufen, zum anderen den »point zéro« markieren, den Nullpunkt, die Mitte von Paris. Die beiden Arme der Seine umschließen hier die vornehm-stille Île Saint-Louis und die Île de la Cité mit dem ehemaligen Königspalast, in dem sich die Sainte-Chapelle verbirgt, ein Meisterwerk gotischer Kirchenbaukunst.

Der Eiffelturm gehört ebenso dazu, 300 m hoch, zur Zeit seiner Entstehung vor mehr als hundert Jahren als »scheußlich« gescholten und heute als Wahrzeichen aus dem Stadtbild ebensowenig wegzudenken wie die Quais und die Straßenbuchhändler, die Bistros und die Cafés. Und dann ist da natürlich die Seine, die Lebensader der Stadt. Ihre Ufer laden zum Sonnenbaden unter Palmen ein, zum Tangotanzen im Mondschein. Als Verkehrsader und attraktive Event-Location wird der Fluss immer beliebter. An seinem südöstlichen Bogen wächst rund um die neue Nationalbibliothek das Paris des 21. Jahrhunderts.

Ein Blick auf den Stadtplan genügt: Die Seine teilt Paris in zwei Hälften: »rive gauche«, das linke, und »rive droite«, das rechte Ufer. Dann gibt es die »arrondissements«, zwanzig Stadtbezirke, die wiederum jeweils in vier »quartiers« unterteilt sind. Jedes dieser Viertel ist eine Welt für sich, in die der Pariser nach der Arbeit ganz schnell wieder flüchtet. Eine Welt mit Markt und Zeitungskiosk, Bistro und Bäcker und dem Straßencafé als zentralem Kommunikationsort. Wie wichtig dem Franzosen die Verbindung zwischen drinnen und draußen ist! Vor allen Cafés stehen Tische und Stühle, sobald es die Temperaturen zulassen. »Faire les terrasses« nennen die Pariser eine ihrer Passionen, was bedeutet: einfach nur sitzen, schauen, essen, trinken, reden, die Straße als Bühne betrachten und die Pariser Luft genießen, »l'air de Paris«, die tatsächlich – wie Champagner – etwas Leichtes, Prickelndes hat.

JEDES VIERTEL EINE EIGENE WELT

Zwei berühmte Literatencafés, das Café de Flore und gleich nebenan das Café Les Deux Magots, liegen auf dem linken Seine-Ufer im legendären Kulturviertel Saint-Germain-des-Prés. Hier siedeln Frankreichs Eliteschulen und die berühmte Académie Française, Verlagshäuser, Buchhandlungen und Galerien. Das angrenzende Quartier Latin mit der Universität Sorbonne und der herrlichen Parkanlage Jardin du Luxembourg gehört den Studenten, und im noblen siebten Bezirk wohnen die Minister und Botschafter. Künstler und Schriftsteller aus aller Welt zog es ab 1900 in das Handwerkerviertel Montparnasse, das mit seinen vielen großen Cafés, kleinen Museen und einem wunderschönen Friedhof noch viel von seiner Vergangenheit zu erzählen weiß. Louvre, Oper, Madeleine, Champs-Élyseés, Place de la Concorde und Arc de Triomphe liegen im Südwesten und Westen, auf dem rechten Ufer.

Und weil in keiner anderen Stadt so viele sehens- und erlebenswerte Dinge auf so kleinem Raum zusammengedrängt sind, kann man sie bequem, mit kleinen genussvollen Ruhepausen, zu Fuß erkunden.

DIE AUTORIN

Marina Bohlmann-Modersohn gehört zu den Glücklichen, die in Paris leben durften. Sie hat dort studiert, gearbeitet – und im Café geschrieben, was in dieser literatur- und lesefreudigen Stadt selbstverständlich ist und für sie eine unvergleichliche Entdeckung war. Viele Reportagen, Essays und MERIAN *live!*-Bände sind dieser Zeit entsprungen, in der sie »ihr« Paris fand und lieben lernte.

MERIAN TopTen

Diese Höhepunkte sollten Sie sich bei Ihrem Paris-Besuch auf keinen Fall entgehen lassen: Ob romantische Insel oder Künstlerviertel, Weltklasse-Museum oder Königsschloss – MERIAN präsentiert Ihnen hier die wichtigsten Sehenswürdigkeiten der Stadt.

1 Île Saint-Louis
Die Urzelle der Stadt lag auf Inseln – diese liegt im Schatten von Notre-Dame und ist ein städtebauliches Gesamtkunstwerk (▶ S. 55).

2 Notre-Dame
Wer ist die Schönste im ganzen Land? Für die Pariser zweifellos die riesige Kathedrale mit ihrer unbeschreiblich reichen Geschichte (▶ S. 58).

3 Place des Vosges
Ein vollendet schöner Platz aus der Renaissance in einem ehemaligen Adelsquartier (▶ S. 59). Hier wohnte für einige Zeit Victor Hugo.

4 Sainte-Chapelle
Das Meisterwerk französischer Hochgotik versteckt sich im Justizpalast auf der Île de la Cité (▶ S. 60).

5 Jardin des Tuileries
Ein wahrhaft königlicher Park mit Alleen, hohen Bäumen, Blumen und großen Bassins, auf denen Kinder ihre Boote fahren lassen (▶ S. 66).

6 Arc de Triomphe
Zwölf Avenuen führen sternförmig in alle Himmelsrichtungen – eine imposante nationale Gedenkstätte und Ausgangspunkt für die Militärparaden am 14. Juli (▶ S. 75).

7 Eiffelturm

Paris ohne den Eiffelturm? Undenkbar. Dabei war die 300 m hohe Eisenkonstruktion von Gustave Eiffel 1889 zunächst heftig umstritten. Eindrucksvoller Panorama-Blick (▶ S. 76).

8 Montmartre

Der Hügel mit der berühmten weißen Basilika auf seinem Gipfel und dem schönsten Blick über Paris war schon im 19. Jh. die Heimat von Dichtern, Musikern und Malern (▶ S. 82).

9 Louvre

Aus einem ehemaligen Königssitz mit dem kleinen Triumphbogen Arc de Triomphe du Carrousel entwickelte sich das größte Museum der Welt mit einer gläsernen Pyramide als Eingang (▶ S. 136, 142).

10 Versailles

Aus seinem väterlichen Jagdschlösschen machte der Sonnenkönig Ludwig XIV. eine prunkvolle Residenz (▶ S. 158).

MERIAN Momente
Das kleine Glück auf Reisen

Oft sind es die kleinen Momente auf einer Reise, die am stärksten in Erinnerung bleiben – Momente, in denen Sie die leisen, feinen Seiten der Stadt kennenlernen. Hier präsentieren wir Ihnen Tipps für kleine Auszeiten und neue Einblicke.

1 Orgelkonzert in der Kathedrale Notre-Dame F4

Als historischer Schauplatz großer geistlicher und weltlicher Ereignisse über viele Jahrhunderte – hier ließ sich beispielsweise 1804 Napoleon zum Kaiser krönen – lädt der bedeutendste Sakralbau der Gotik jeden Sonntagnachmittag zu einem Orgelkonzert ein, das kostenlos und nicht nur für Musikfreunde ein Erlebnis ist.
Île de la Cité | Pl. du Parvis Notre-Dame | Métro: Cité | So 16.30 Uhr | www.notredamedeparis.fr

2 Chillen am Strand G4

Zwischen Mitte Juli und Mitte August fühlen sich die Pariser an ihrem Seine-Strand wie an der Côte d'Azur: Liegestühle unter Palmen, Füße im Sand, Beach-Volleyball, ein Drink und viel Musik. Für den Spaß wird die Schnellstraße Georges Pompidou vier Wochen lang gesperrt und mit Tonnen von Sand gefüllt. Wenn das kein Service ist!
– zwischen Pont des Arts und Pont de Sully und am Quai François Mitterrand | Métro: Pont Neuf und Pont Marie – am Bassin de la Villette | Métro: Jaurès

3 Boule spielen in den Tuilerien ⚜ E3

»Pétanque« nennen die Franzosen ihren Nationalsport – Boule spielen. Und was könnte entspannender wirken und zugleich mehr Spaß machen, als sich in einen Pariser Park zu setzen und den alten Männern zuzuschauen, wie sie in kleinen Grüppchen zusammenstehen und sich auf den Wurf ihrer Kugeln konzentrieren?

Louvre | Zugang zu den Tuilerien-Gärten, Rue de Rivoli | Métro: Tuileries

4 Entspannen im Garten des Königspalastes ⚜ F3

Nur ein paar Schritte von der Place André Malraux im Herzen der Stadt entfernt steht man nicht nur in einem der stillsten, sondern auch schönsten Palastgärten von Paris. Unter den königlichen Arkaden des Palais Royal, das sich Kardinal Richelieu 1629 errichten ließ, sind heute wie damals kleine feine Läden und Restaurants untergebracht. Auf den breiten Wegen wandelt man zwischen üppig angelegten Blumenbeeten unter Linden. Unvorstellbar, dass im Juli 1789 von hier aus die Französische Revolution ihren Anfang nahm.

Louvre | Place du Palais Royal | Métro: Palais Royal

5 Nostalgischer Charme in der Galerie Vivienne ⚜ F3

Bereits um 1800 flanierten die Pariser in überdachten Passagen – Städte in der Stadt mit Restaurants, Cafés und Läden. Einst gab es über hundert, übrig blieben etwa 20 dieser architektonischen Wunderwerke. Zu den schönsten gehört die elegante Galerie Vivienne mit ihren attraktiven Spezialgeschäften. Man achte auf die einzigartigen Mosaikböden und Stuckwände. Der berühmte Teesalon A priori Thé lädt hier zu einer kleinen feinen Pause ein. In der Galerie Véro-Dodat, ebenfalls im 19. Jh. errichtet, herrscht vornehme Stille – und verschwenderischer Luxus zwischen alten Spiegeln, die hier noch zwischen den Ladenfronten erhalten sind.

Bourse | Rue des Petits Champs, zwischen Rue Jean-Jacques Rousseau Nr. 19 und Rue Croix-des-Petits-Champs | Métro: Bourse

6 Stöbern auf dem Marché Saint Pierre ⚜ F1

Auf dem Montmartre, am Fuße der Kirche Sacré-Cœur, reihen sich in den kleinen Sträßchen Rue de Steinkerque und Rue Charles-Nodier Marktstände und Läden aneinander, in denen es nichts als Stoffe gibt. Preisgünstige Stoffe in allen Farben, Mustern und Qualitäten, aber durchaus auch teures französisches Design. Ein wahres Dorado für Hobbyschneider, Stylisten, Dekorateure.

Montmartre | Rue de Steinkerque | Métro: Anvers | Di–Sa 9.30–18.30 Uhr

7 Spurensuche auf dem Friedhof J3–K4

Gepflasterte Alleen, Schatten spendende Kastanien, palastartige Ruhestätten, verblichene Farbfenster und Porzellanfiguren, gemeißelte Inschriften in Gold, trauernde Engel und Christus am Kreuz. Eine alte Frau schüttet schweigend Milch in einen Napf, den sie für die vielen Katzen unter dem dichten Blattwerk eines Busches gehortet hat, Angehörige kürzlich Verstorbener verharren in stillem

Zwiegespräch, Besucher legen Blumen auf die Gräber von Balzac, Proust, Edith Piaf und Colette. Natürlich liegt ein Hauch von Melancholie über diesem imposanten und an Geschichten so reichen Friedhof Père Lachaise im Osten von Paris.

Belleville | 16, rue du repos | Métro: Père Lachaise | www.pere-lachaise.com | tgl. 8–17.30 Uhr

8 Abkühlen bei Josephine Baker

Auf einem Ponton in der Seine treibt unter dem hohen Pariser Himmel ein großer hellblau gefliester Pool, der warmes Wasser hat und für wenige Euro die herrlichsten Badefreuden ermöglicht. Die Piscine Josephine Baker ist nach jener amerikanischen Sängerin und Tänzerin benannt, die in der französischen Hauptstadt zu Ruhm gelangte.

Austerlitz | Quai François Mauriac | Métro: Quai de la Gare | www.piscine-josefine-baker.com

9 Tango auf dem Quai Saint-Bernard G5

Buenos Aires mitten in Paris – das geht ganz einfach: An einem lauen Sommerabend direkt am Wasser tanzen. Bis in die Nacht hinein, gratis und auch ohne dass man Tango-Profi wäre. Auch Touristen sind willkommen und sollten nicht allzu lange einfach nur dastehen und gucken, sondern sich ins Getümmel stürzen und mittanzen.

Quartier Latin | Quai Saint-Bernard | Métro: Jussieu

10 Träumen bei der Fontaine de Médicis F5

Auf einem der zahlreichen grünen Eisenstühle am Medicibrunnen im Luxemburg-Garten ausruhen und sich vorstellen, dass genau an dieser Stelle im Sommer 1929 die erste Begegnung der beiden Philosophiestudenten Jean-Paul Sartre und Simone de Beauvoir stattfand. Der Jardin du Luxembourg ist immer noch der Lieblingspark der Studenten und der Familien vom linken Seine-Ufer. Sie spielen hier Karten oder Schach und animieren ihre kleinen Kinder zum Ponyreiten.

Quartier Latin | Jardin du Luxembourg, Bd. St-Michel oder Rue de Vaugirard | Métro: Luxembourg | im Sommer 7.30–21, im Winter 8–17 Uhr

11 Kleine Rast im Teesalon der Pariser Moschee G5

Abseits des studentischen und touristischen Gewimmels im Quartier Latin sorgt ein kleiner Innenhof mit Mosaik-Dekor für erholsame Stille. Es wird süßer Minztee serviert, dazu gibt es Gebäck aus Honig und Mandeln.
Quartier Latin | 39, rue Geoffroy-Saint-Hilaire | Tel. 01/43 31 18 14 | Métro: Place Monge | www.mosque-de-paris.net

12 Musik an Bord H6

Gegen Abend links der Seine spazieren und in der Nähe der Nationalbibliothek nach dem Frachtschiff »Bateau El Alamein« Ausschau halten, das am Kai liegt und über und über mit Pflanzen begrünt ist. An Deck ein Glas Wein trinken und sich von der jungen Wirtin erzählen lassen, wie das Konzertprogramm aussieht. Im Bauch des Bootes treten öfter Bands und Chansonsänger auf – noch unbekannt, aber wer weiß?
13. Arrondissement | Quai François Mauriac | Métro: Quai de la Gare | www.elalamein.com

13 Rosengarten La Bagatelle A 2/3

Jean-Claude Nicolas Forestier war ein Freund von Claude Monet. Aus einem verwahrlosten Park mit Schlösschen zauberte er im Pariser Stadtwald Bois de Boulogne einen Garten mit Tulpen, Iris sowie Tausenden von Rosenstöcken, die zwischen Juni und Oktober farbenprächtig blühen.
Bois de Boulogne | Allée de Longchamps | Métro: Porte Maillot, Pont de Neuilly, Porte Dauphine | März–Sept. 9.30–18.30, während der Sommermonate bis 20 Uhr

NEU ENTDECKT
Darüber spricht ganz Paris

Paris befindet sich stetig im Wandel: Sehenswürdigkeiten werden eingeweiht, es gibt neue Museen, Galerien und Ausstellungen, Restaurants und Geschäfte eröffnen und ganze Stadtviertel gewinnen an Attraktivität, die Stadt verändert ihr Gesicht. Hier erfahren Sie alles über die jüngsten Entwicklungen – damit Sie keinen dieser aktuell angesagten Orte verpassen.

◀ Futuristischer Bau am Ufer der Seine: die Cité de la Mode et du Design (▶ S. 17).

SEHENSWERTES

Les Jardins présidentiels (Präsidenten-Gärten) 🚩 D 3

Was die Pariser Bevölkerung und ihre Besucher lange für einen unerfüllbaren Wunsch hielten, ist Wirklichkeit geworden: Sie dürfen die Tore zu den herrlichen Gärten des Präsidentenpalastes Palais de l'Élysées und des Hôtel Matignon, Sitz des Premierministers, durchschreiten und auf gekiesten Wegen zwischen Kastanien, Linden und Zypressen jahrhundertealte Gartenkunst genießen. Um das präsidiale Anwesen an den Champs-Élysées kümmern sich allein neun Gärtner, und wenn der Hausherr alljährlich am 14. Juli zur Gartenparty lädt, strömen bis zu 5000 Menschen auf das stets frisch gemähte Grün vor seinem Palast.
– Champs-Élysées | Parc du Palais de l'Élysée, Eingang Avenue Gabriel | Métro: Champs-Élysées Clémenceau | jeden letzten So im Monat, 13–19 Uhr (April–Sept.), 12–17 Uhr (Okt.–März)
– Saint Germain-des-Prés | Hôtel Matignon, Eingang zum Park 36, rue de Babylone | Métro: Sèvres Babylone | jeden ersten Sa im Monat 13–18.30 Uhr (April–Okt.), 13–17 Uhr (Nov.–März)

Cité de la Mode et du Design 🚩 H 5

Ein spektakulärer Bau! In dem Zentrum für Mode und Design am Ufer der Seine im 13. Arrondissement werden fachbezogene Ausstellungen und Modeschauen organisiert, und das Institut de la Mode ist hier zu Hause. Die Idee einer Verbindung von bestehender Bausubstanz (die Lagerhallen am Quai datieren von 1907) mit neuer Architektur stammt von dem Pariser Architekten-Duo Jakob + MacFarlane (▶ S. 101). Mit Bars, Restaurant Wanderlust, Cafés und Dachterrasse.
Austerlitz | 28–36, quai d'Austerlitz | Métro: Chevaleret | www.paris-docks-en-seine.fr

MUSEEN UND GALERIEN

Musée Jacquemart-André 🚩 D 2

Nur einen Steinwurf von den Champs-Élysées entfernt und nahe der Wohnung von Marcel Proust hat ein kunstliebendes Bankiersehepaar vor 150 Jahren sein nobles Stadthaus mit alter Malerei und Möbeln ausgestattet. Pariserinnen treffen sich im angeschlossenen Teesalon bzw. Café sonntags gern zum Brunch.
Opéra | 158, Bd. Haussmann | Métro: Miromesnil | www.musee-jacquemart-andre.com | tgl. 10–18 Uhr

Musée Picasso 🚩 G 4

Endlich! Nach jahrelanger Renovierung erstrahlt eines der sehenswertesten Museen von Paris in neuer Pracht. Hier können sich Besucher ein komplettes Bild von den verschiedenen Schaffensphasen des Katalanen machen, der 1904 als armer Künstler aus Barcelona nach Paris kam – von der Rosa und Blauen Periode über den Kubismus bis zu seinen abstrakten Werken. Picassos Kunst – Gemälde, Collagen, Skulpturen, Zeichnungen, Keramik – hat in einem wunderbaren Stadtpalais aus dem 17. Jh. Platz gefunden: dem Hôtel Salé, 1656 von Pierre Aubert de Fontenay erbaut.
Marais | 5, rue de Thorigny | Métro: St Paul | www.musee-picasso.fr

ESSEN UND TRINKEN

Café Français H 4
Großes Kaffeehaus – Die Gebrüder Gilbert und Thierry Costes, die sich bereits mit den Hotels Amour und Georges auf dem Dach des Centre Beaubourg einen Namen gemacht haben, sind nun im Bastille-Viertel angekommen. Art déco, Belle Époque, 1960er-Jahre – die vorwiegend im Stil dieser Epochen und den Farben Schwarz, Weiß, Rot eingerichteten Räume unterteilen sich in Brasserie, Bar, Veranda, Terrasse. Natürlich ein angesagter Platz.

Bastille | Métro: Bastille | Tel. 01/40 29 04 02 | www.beaumarly.com | tgl. 7.30–2 Uhr

La Fontaine Gaillon E 3
Essen bei Départieu – Korpulenter Obelix-Darsteller, notorischer Gourmet, glücklicher Besitzer eines Weingutes und Frankreichs beliebtester Filmstar mit russischem Pass: Gérard Départieu schaut immer mal nach, ob sich die Gäste in seinem Restaurant wohlfühlen. Klassischer Chic und auf der begrünten Terrasse ein Brunnen, der leise plätschert. Gleich gegenüber serviert das kleine, ebenfalls von Départieu geführte Restaurant L'Écaille de la Fontaine Fisch und Meeresfrüchte.

Opéra | Place Gaillon | Métro: Opéra | Tel. 01/47 42 63 22 | www.restaurant-la-fontaine-gaillon.fr

Monsieur Bleu C 3
Mondän mit Aussicht – Die Seine nur einen Steinwurf entfernt, der Eiffelturm zum Greifen nah: Es ist eine wahre Lust, auf der riesigen Terrasse des neuen Restaurants zu Füßen des Palais de Tokyo zu sitzen. Sehen und gesehen werden, lautet das Motto der Kreativen in diesem mondänen, in Grün-Grau-Schwarz gehaltenen Lokal. Man ist ja auch im Museum für zeitgenössische Kunst.

Trocadéro | 20, Av de Tokyo | Métro: Alma Marceau | Tel. 01/47 20 90 47 | www.monsieurbleu.com | tgl. mittags und abends | €€€

Raphael La Terrasse C 3
Traumhafte Lage – Schöner als bei einem Mittag- oder Abendessen unter blauem Himmel auf einer üppig begrünten Restaurant-Terrasse mit Blick auf den Triumphbogen kann man Pariser Lebensart kaum genießen. Es ist nicht übertrieben, die Lage des eben eröffneten Hotel-Dachgartens auf der 7. Etage als »traumhaft« zu bezeichnen. Reservieren Sie frühzeitig via Internet.

Champs-Élysées | 17, av. Kléber | Métro: Kléber | Tel. 1 53 64 32 00 | www.raphael-hotel.com | Mo–Fr 12.30–14.00, im Juni abends Mo–Sa 19.30–22 Uhr | €€€

Le Schmuck F 4
Vom Kino zum Restaurant – Was für Robert de Niro und Eva Longoria in New York schon lange Trend ist, machen jetzt auch in Paris immer mehr Leute vom Film: Sie kaufen ihre eigenen Bistros und Restaurants. Wie kürzlich der Schauspieler und Regisseur Gilles Lellouche, der in einem ehemaligen Kino im Herzen von Saint-Germain ein Lokal mit Kandelabern, Spiegeln und barockem Mobiliar eröffnete, das unter Eingeweihten im Nu zum Renner wurde.

St-Germain | 1, rue de Condé | Métro: Odéon | Tel. 01/43 54 18 21 | www.groupe-haussmann.com | tgl. 12–2 Uhr | €€

EINKAUFEN
Hermès E4

Das Stammhaus des Luxus-Ladens an der Rue du Faubourg St. Honoré hat auf dem linken Seine-Ufer den ehemaligen Art-déco-Pool des geschichtsträchtigen Hotel Lutetia in Saint-Germain-des-Prés in ein betörend schönes Geschäft verwandelt. Für den Ausbau des denkmalgeschützten Schwimmbads, das mit einem Mosaik bedeckt wurde, entwarfen die Architekten Hütten aus Eschenholz, Räume im Raum, ohne die historische Substanz anzutasten. Seidenkrawatten, Seidenschals, Tapeten, Kleinmöbel – oder eine Pause, wenn das Budget nur für eine Hermès-Tasse Tee auf dem Sprungbrett reicht.

St-Germain | 17, rue de Sèvres | Métro: Sèvres-Babylone | www.hermes.com

KULTUR UND UNTERHALTUNG
Gaîté Lyrique G3

Das hat es in Paris bisher noch nicht gegeben: ein Forum für digitale Kunst – und das in historischem Rahmen. Das ehemals berühmte Operettenhaus Théatre de la Gaité aus der Belle Époque ist nach zehnjähriger Renovierung in ein hochmodernes Forum für digitale Medien umgewandelt worden. Jetzt erleben die Besucher hier Life-Auftritte angesagter DJs von elektronischer Musik und spannende Video-Projektionen, Installationen und Performances, Ausstellungen und Konzerte. Natürlich fehlt auch in dieser Location der entsprechende Shop nicht, und ein Café mit Magazin-Auswahl gibt es auch.

75003 | 3 bis, rue Papin | Métro: Reaumur Sébastopol | www.gaité-lyrique.net | Di–Sa 14–20, So 14–18 Uhr

 Weitere Neuentdeckungen sind durch dieses Symbol gekennzeichnet.

Nomen est omen: Im Restaurant Raphael La Terrasse (▶ S. 18) sitzt man auf einer ausladenden Dachterrasse mit herrlichem Blick über die Stadt bis zum Eiffelturm.

PARIS ERLEBEN

In den Antiquariaten des Quartier Latin findet man auch seltene Bücher.

ÜBERNACHTEN

---

*Als eine der meistbesuchten Städte der Welt bietet Paris seinen
Gästen eine Vielfalt an Unterkünften: märchenhaften Luxus
in Hotelpalästen, französischen Charme und Chic in kleinen Stadtpalais, Gemütlichkeit in anständigen Häusern unter 100 Euro.*

Wenn Sie eine Parisreise planen, ist es ratsam, bereits Wochen im Voraus zu buchen. Als Bestätigung der Buchung wird in manchen kleineren Hotels noch immer eine Überweisung mit dem Betrag für die erste Nacht verlangt; bei größeren Häusern genügt in der Regel die Kreditkartennummer. Wichtig: Die Preise beziehen sich immer auf das Zimmer, der Gast zahlt also nicht pro Person. Das Frühstück ist im Zimmerpreis in der Regel nicht inklusive – und das ist gut so, denn es ist sowieso viel vergnüglicher, seinen morgendlichen »grand crème« mit einem buttrigen Croissant im Straßencafé zu genießen.

Was in Städten wie London als Bed & Breakfast schon lange bekannt ist, setzt sich jetzt auch an der Seine mit rasender Geschwindigkeit durch: »Hébergement chez l'habitant« heißt es dort und bedeutet Zimmervermietung in privaten Wohnungen. Diese Übernachtungsmöglichkeit

◄ Cooler Style: Das Hotel Mama Shelter
(► S. 24) ist derzeit sehr en vogue.

schont zum einen den Geldbeutel und kann andererseits zu spannenden und inspirierenden Kontakten führen. Das Angebot ist riesig und findet sich unter www.bed-and-breakfast-in-paris.com. Wer eine Woche oder länger in Paris bleiben möchte, sollte in den Portalen www.alacarte-paris-apartments.com und www.an-apartment-in-paris.com nach einer passenden Unterkunft stöbern.

Im Gegensatz zu fast allen Häusern großer Hotelketten verfügen die meisten kleinen historischen Hotels im Stadtzentrum nicht über behindertengerechte Zimmer. Die gängigen Kreditkarten werden in der Regel in allen Hotels als Zahlungsmittel akzeptiert.

BESONDERE EMPFEHLUNGEN

L'Abbaye ❧ E5
Suiten mit Dachterrasse – Herrliches kleines Hotel in ehemaligem Kloster aus dem 18. Jh. Recht kleine Zimmer.
St-Germain | 10, rue Cassette | Métro: St-Sulpice | Tel. 01/45 44 38 11 | www.hotel-abbaye.com | 42 Zimmer | €€€

Hôtel Amour ❧ F2
Szene-Hit – Seitdem die Gegend um die Place Pigalle wieder »in« ist, eine begehrte Adresse. Von Künstlern gestaltete Zimmer. Terrasse, Bar.
Pigalle | 8, rue de Navarin | Métro: Saint-Georges | Tel. 01/48 78 31 80 | www.hotelamourparis.fr | 26 Zimmer | €€

Caron de Beaumarchais ❧ G4
Im Marais – Reizvoll sind hier das Ambiente, die Lage und der begrünte Innenhof.
Marais | 12, rue Vieille-du-Temple | Métro: Hôtel-de-Ville, St-Paul | Tel. 01/42 72 34 12 | www.carondebeaumarchais.com | 19 Zimmer | €€

Collège de France ❧ F5
Empfangshalle mit Kamin – Charmantes Hotel, komfortable Zimmer. Ideale Lage zum Erkunden der Stadt.
Quartier Latin | 7, rue Thénard | Métro: Maubert Mutualité | Tel. 01/43 26 78 36 | www.hotel-collegedefrance.com | 29 Zimmer | €

Danube ❧ E4
Eleganter Charme – Sehr angenehmer Familienbetrieb in Saint-Germain. Exquisit, individuell eingerichtet, schöner Innenhof.
St-Germain | 58, rue Jacob | Métro: St-Germain-des-Prés | Tel. 01/42 60 94 07 | www.hoteldanube.fr | 45 Zimmer, 6 Appartements | €€

Deux Îles ❧ G4
Klein und fein – Das geschmackvoll eingerichtete Hotel besticht auch durch seine optimale Lage auf der Seine-Insel Île Saint-Louis.
Île St.-Louis | 59, rue St-Louis-en-l'Île | Métro: Pont Marie | Tel. 01/43 26 13 35 | www.2iles.com | 17 Zimmer | €€

Eldorado 📖 E1

Tipp für Bohemiens – Einfach, aber originell und liebevoll eingerichtet. Mit kleinem Garten.
Montmartre | 18, rue des Dames | Métro: Place de Clichy | Tel. 01/45 22 35 21 | www.eldoradohotel.fr | 33 Zimmer | €

Hôtel des Grandes Écoles 📖 F/G 5

Außergewöhnliche Lage – Das wie ein charmantes Landhaus anmutende Hotel ist zu allem Überfluss auch noch von einem blühenden Garten umgeben. Zimmer mit Blick ins Grüne mitten im Quartier Latin.
Quartier Latin | 75, rue du Cardinal Lemoine | Métro: Cardinal Lemoine | Tel. 01/43 26 79 23 | www.hotel-grandes-ecoles.com | 51 Zimmer | €

Istria 📖 E 5/6

Charmant – Man Ray und Louis Aragon haben schon hier genächtigt. Die Inhaber wissen viel zu erzählen.
Montparnasse | 29, rue Campagne-Première | Métro: Raspail | Tel. 01/43 20 91 82 | www.istria-paris-hotel.com | 26 Zimmer | €€

Jardin des Plantes 📖 G 5

Park-Nähe – Preiswertes kleines Hotel in ruhiger Lage im Quartier Latin, das liebevoll restauriert wurde.
Quartier Latin | 5, rue Linné | Métro: Jussieu | Tel. 01/47 07 06 20 | www.h-jardin-plantes.com | 33 Zimmer | €

Mama Shelter 📖 K 4

Sehr cool – Das liegt im populären Stadtteil Belleville, das derzeit von der Szene erobert wird. Die Zimmer haben Kitchenette und iMac, außerdem gibt es eine Bibliothek, Café, Restaurant, Bar und moderne Installationen.
Belleville | 109, rue de Bagnolet | Métro: Alexandre Dumas, Gambetta | Tel. 01/43 48 48 48 | www.mamashelter.com | 172 Zimmer | €

Hôtel des Marronniers 📖 E 4

Ideale Lage – Charmantes Hotel mit ruhigen, französisch eingerichteten Zimmern, lauschigem Wintergarten und efeuumranktem Innenhof. Im Sommer Frühstück unter Kastanien.
St-Germain | 21, rue Jacob | Métro: St-Germain-des-Prés | Tel. 01/43 25 30 60 | www.hotel-marronniers.com | 37 Zimmer | €€

Montalembert 📖 E 4

Für Fashion-Freaks – Mit viel Fingerspitzengefühl hat Star-Designer Christian Liaigre das Hotel in eine Art Gesamtkunstwerk verwandelt.
St-Germain | 3, rue Montalembert | Métro: Rue du Bac, RER: Musée d'Orsay | Tel. 01/45 49 68 68 | www.montalembert.com | 56 Zimmer | €€€

Pavillon Saint-Louis Bastille 📖 H 5

Interessantes Quartier – Dieses Hotel wurde frisch renoviert, einige Zimmer haben Terrasse oder Balkon. Nähe Marais.
Bastille | 66, rue de Charenton | Métro: Ledru Rollin | Tel. 01/43 44 06 66 | 31 Zimmer | www.pavillonsaintlouisbastille.com | €€

Place des Vosges 📖 G 4

Oase der Ruhe – Charmantes kleines Hotel, herrlich gelegen am gleichnamigen Platz in Marais, der als einer der schönsten Plätze der ganzen Stadt gilt.

Marais | 12, rue de Birague | Métro: St-Paul, Bastille | Tel. 01/42 72 60 46 | www.hotelplacedesvosges.com | 16 Zimmer | €

Récamier E 4/5
Sehr französisch – Geheimtipp unter Verlags- und Universitätsleuten. Feines Frühstücksbuffet.
St-Germain | 3 bis, pl. St-Sulpice | Métro: St-Sulpice | Tel. 01/43 26 04 89 | www.hotelrecamier.com | 24 Zimmer | €€€

Relais Christine F 4
Pariser Flair – Aparte Räume in einem ehemaligen Kloster, total renoviert. Ambiente sympathisch und gediegen.
St-Germain | 3, rue Christine | Métro: Odéon | Tel. 01/40 51 60 80 | www.relais-christine.com | 50 Zimmer | €€€

Hôtel de Sèvres E 5
Schöne Umgebung – Das sympathische Hotel wurde in den letzten Jahren modernisiert. Wintergarten und Spa.
St-Germain | 22, rue de l'Abbé-Grégoire | Métro: Sèvres-Babylone, Saint-Placide | Tel. 01/45 48 84 07 | www.hoteldesevres.com | 31 Zimmer | €

Hôtel de l'Université E 4
Im Herzen von St-Germain – Geschmackvolle Zimmer in einem ehemaligen Stadtpalais aus dem 17. Jh.
St-Germain | 22, rue de l'Université | Métro: St-Germain-des-Prés | Tel. 01/42 61 09 39 | www.paris-hotel-universite.com | 28 Zimmer | €€

Preise für ein Doppelzimmer ohne Frühstück:
€€€€ ab 300 €   €€€ ab 200 €
€€ ab 150 €   € bis 150 €

Träumereien – auch an der Wand: Dieses Zimmer im angesagten Hotel Amour (▶ S. 23) hat der Pariser Künstler und Designer Pierre Le Tan gestaltet.

ESSEN UND TRINKEN

Ob Haute Cuisine oder einfache Hausmannskost, traditionelle Spezialitäten aus der Region oder internationale Speisen – Paris ist für seine vorzügliche Küche berühmt. Da kann die Wahl durchaus zur lustvollen Qual werden.

In Frankreich gehört das Essen zur Kultur, ist Genuss und Tradition zugleich. Gern blättert man viel Geld für eine Mahlzeit hin. Auf das Frühstück legen die Franzosen allerdings keinen besonderen Wert: Schnell ein Espresso im Stehen – das reicht in der Regel als »petit déjeuner«. Zur Mittagszeit strömen Büro- und Bankangestellte, Ladenbesitzer und Leute des Viertels in die Lokale zum »déjeuner«. Abends öffnen sich die Pforten der kulinarischen Kultstätten zum »dîner«, dem Abendessen. Und der Gast warte bitte, bis ihm der »maître d'hôtel«, der Oberkellner, einen Tisch zuweist. Ein »menu« besteht üblicherweise aus einer Vorspeise (»entrée«), dem Hauptgang (»plât principal«), einem Nachtisch (»dessert«), und/oder Käse (»fromage«). Weißbrot (»baguette«) und Wasser (»de l'eau«) stehen auf dem Tisch. Als »apéritif« trinkt man gern ein Glas Champagner oder einen Kir, zum Essen Rot- oder Weißwein.

◀ Edel-Bistro im Hotel Relais Saint-Germain:
das Restaurant Le Comptoir (▶ S. 28).

Zum Glück konnten Schnell-Imbisse bisher nicht die guten alten Bistros verdrängen: familiengeführte, kommunikative Kleinrestaurants mit weißen Papiertischtüchern, einer Karaffe Leitungswasser auf dem Tisch und einfacher Hausmannskost. Prächtiger Jugendstildekor und hohe Wandspiegel hingegen schmücken die populären Brasserien, einst aus dem Elsass »importierte« billige Brauereien, die Sauerkraut mit Schinken und Würsten servierten und Treffpunkte einer gutbürgerlichen Kundschaft waren. An ihren Namen erkennt man sie noch heute: Bofinger (▶ S. 27) oder auch das Flo der Familie Floderer (▶ S. 28).

KULINARISCHE TEMPEL UND IHRE BISTRO-ABLEGER

Die Spitze französischer Kochkunst erlebt der Gast, wenn er sich (rechtzeitig!) einen Platz in einem der Pariser Gourmettempel reservieren lässt, etwa bei Alain Ducasse im feudalen Hotel Plaza Athénée (www.alainducasse.com) oder bei Pierre Gagnaire im Hotel Balzac (www.pierregagnaire.com). Hier ist das Mittagsmenü in der Regel nur halb so teuer wie das Abendessen. Viele große Köche führen überdies sogenannte Neo-Bistros, kleine Restaurants mit frisch zubereiteten Speisen zu vernünftigen Preisen. Der neueste Trend: Viele Große aus der Filmbranche eröffnen ihr eigenes Bistro oder Restaurant: Gérard Départdieu hat bereits mehrere kulinarische Adressen und im Glou der Oscar-Preisträgerin Marion Cotillard können Sie exquisite Bio-Kost genießen.

BESONDERE EMPFEHLUNGEN

Bofinger H 4
Schauplatz für Pariser Lebensfreude – In der ältesten Brasserie von Paris, 1864 gegründet, herrscht im wahrsten Sinne des Wortes Belle-Époque-Stimmung. Am schönsten sitzt man unter der herrlichen Glaskuppel. Das meistens proppenvolle Restaurant ist zwar bekannt für seine Sauerkraut-Spezialitäten, doch ebenso für seine frischen Austern und Meeresfrüchte, den Kabeljau und ein saftiges Steak. Bon appétit!

Bastille | 5, rue de la Bastille | Métro: Bastille | Tel. 01/42 72 87 82 | www.bofingerparis.com | tgl. 12–1 Uhr | €€

Café de Flore E 4
Wichtige Drehscheibe – Unvorstellbar wäre Paris ohne seine Kaffeehäuser. Dieses Literatencafé im Intellektuellen-Viertel Saint-Germain-des-Prés ist ein Mythos. Das Schriftsteller-Ehepaar Simone de Beauvoir und Jean-Paul Sartre machte es berühmt, als die beiden während des Zweiten Welt-

kriegs und in den Jahren danach hierherkamen, um bei einem »petit noir« (Espresso) stundenlang zu schreiben, Zeitung zu lesen und zu diskutieren. Heute gehören Verlags-, Mode- und Filmleute zu den Gästen.

St-Germain | 172, bd. St-Germain | Métro: St-Germain-des-Prés | Tel. 01/45 48 55 26 | www.cafedeflore.fr | tgl. 7–2 Uhr

La Closerie des Lilas   E/F 5

Legendäres Literatencafé – Als es 1847 eröffnete, gehörten Charles Baudelaire, Paul Verlaine und Stéphane Mallarmé zu den Stammgästen, später trafen sich die Surrealisten zu ihren Festen an der berühmten Piano-Bar. Ernest Hemingway schrieb hier sein Buch »Paris – ein Fest fürs Leben«. Auf der Terrasse des Café-Restaurants sitzt man wunderschön unter viel Grün zwischen schreibenden Poeten und debattierendem Philosophie-Nachwuchs.

Montparnasse | 171, bd. du Montparnasse | Métro: Port Royal | Tel. 01/40 51 34 50 | www.closeriedeslilas.fr | tgl. 11–1.30 Uhr

Le Comptoir   F 4

Bistro-Küche auf feinste Art – Es gibt Leute, die ihr Hotel in Paris erst dann buchen, wenn ihnen die Reservierung eines der 22 Tische im Comptoir sicher ist. Das Restaurant des Spitzengastronomen Yves Camdeborde, das zum Hôtel Relais Saint-Germain gehört, ist nämlich sehr begehrt. Die stets wechselnden Menüs mit marktfrischen Zutaten sind von bester Qualität, die Weine ausgesucht und dabei doch erschwinglich. Nostalgisches Interieur im Stil der 1930er-Jahre.

St-Germain | 9, Carrefour de L'Odéon | Métro: Odéon | Tel. 01/44 27 07 97 | www.hotel-paris-relais-saint-germain.com | Mo–Fr 12–18 und 20.30–24, Sa, So 12–23 Uhr | €€

La Dame de Pic   F 3/4

Wie gerufen – Kaum hat Frankreichs immer noch einzige Drei-Sterne-Köchin Anne-Sophie Pic ihr Restaurant in einem ehemaligen Antiquariat im flussnahen 1. Arrondissement eröffnet, schon rennt ihr das kulinarische Paris die Türen ein. Feine, leichte, frische, produktbezogene Küche.

Louvre | 20, rue du Louvre | Métro: Louvre-Rivoli | Tel. 01/42 60 40 40 | www.ladamedepic.fr | Mo–Sa 12–14.30, 19.30–22.30 Uhr | €€€

Derrière   G 3

Wie bei guten Freunden – So das Motto des Besitzers dieses derzeit angesagten Platzes in einem begrünten Hinterhof, der die Pariser Partyszene anzieht. Wohnzimmer mit Fernsehecke, ein Salon, in dem man auch Tischtennis spielen kann, ein geräumiges Schlafzimmer. Stühle vom Flohmarkt, aber auch Designermöbel. Gute Küche.

Marais | 69, rue des Gravilliers | Métro: Arts et Métiers | Tel. 01/44 61 91 95 | www.derriere-resto.com | Mo–Fr 12–14.30, Mo–Sa 20–23.30, So 20–23, Brunch So 12–16.30 Uhr

Flo   G 2/3

Brasserie mit Tradition – Schon 1918 eröffnete Familie Floderer in einer kleinen Passage im Herzen des 10. Arrondissements das Flo. Es gilt als Pariser Brasserie par excellence und

präsentiert sich bis heute als Schlemmerhalle mit Gänsestopfleber, legendärer Meeresfrüchteplatte, Chablis, Champagner und »crème caramel«.
Montmartre | 7, cour des Petites Écuries | Métro: Château d'Eau | Tel. 01/47 70 13 59 | tgl. 12–15 und 19–23, Fr, Sa bis 24 Uhr | €€

Laurent D3
Exquisit – Ist der Abend lau, kann man unter Schirmen auf der eleganten Terrasse sitzen, die mit Blumen üppig bepflanzt ist. Ein kleines Paradies gleich um die Ecke vom Präsidentenpalast. Exquisite französische Küche.
Champs-Élysées | 41, av. Gabriel | Métro: Champs-Élysées | Tel. 01/42 25 00 39 | www.lelaurent.com | Mo–Fr 12.30–14, 19.30–23.30, Sa 19.30–23.30 Uhr | €€€€

La Société E4
Mondän – Diese Location ist aktueller Anziehungspunkt der Szene von Saint-Germain: eine Mischung aus Restaurant, Café und Club. Mit dem Frühstück geht es los, und die letzten Gäste verabschieden sich weit nach Mitternacht. Ein DJ legt gute Musik auf, doch man kommt nicht zum Tanzen hierher, sondern zum Essen, Trinken, Reden.
St-Germain | 4, pl. St-Germain | Métro: St-Germain-des-Prés | Tel. 01/53 63 60 60 | www.societe-restaurant.com | tgl. 9–2 Uhr | €€

Weitere empfehlenswerte Adressen finden Sie im Kapitel **PARIS ERKUNDEN**.
Preise für ein dreigängiges Menü:

€€€€ ab 100 €	€€€ ab 70 €
€€ ab 30 €	€ bis 30 €

Eleganz im Dunstkreis der Champs-Élysées: Wo einst eine Jagdhütte stand, genießen die Gäste des Restaurants Laurent (▶ S. 29) heute feine französische Küche.

Grüner reisen
Urlaub nachhaltig genießen

Wer zu Hause umweltbewusst lebt, möchte vielleicht auch im Urlaub Menschen unterstützen, denen ein verantwortungsvoller Umgang mit der Natur am Herzen liegt. Empfehlenswerte Projekte, mit denen Sie sich und der Umwelt einen Gefallen tun können, finden Sie hier.

Als Bertrand Delanoe 2008 wiedergewählt wurde, war diese Wahl auch ein Vertrauensbeweis der Pariser Bürger in Delanoes progressive, ökologisch ausgerichtete Politik. Seit seiner Amtseinführung im Jahr 2001 hat der Bürgermeister – in Zusammenarbeit mit der Grünen Partei – entschieden und kontinuierlich daran gearbeitet, Frankreichs Metropole zu einer umweltbewussten, attraktiven und noch lebenswerteren Stadt zu machen.

Unter Präsident Sarkozy entwarfen zehn Architekten »Le Grand Paris 2030«, den Plan zur ökologischen Umgestaltung des Großraums Paris. In Zukunft sollen die bisher tristen Vorstädte (»banlieues«) nicht länger von der teuren Innenstadt abgeschnitten, sondern durch hochmoderne Verkehrswege besser miteinander verbunden sein, dazu wild und grün mit eigenen Parks und Gärten. Seit 2013 ist die verkehrsreiche Place de la République in eine begrünte Fußgängerzone mit Bäumen, Café und einem Obst – und Gemüsemarkt umgestaltet.

Stichwort Verkehr: Um ein zügigeres Vorankommen der Linienbusse zu gewährleisten, wurde eine eigene Spur für sie ausgewiesen. Seit 2006 fährt im Süden von Paris wieder »Le Tram«, die Straßenbahn. Ein wirklicher Volltreffer war die Einrichtung des öffentlichen Fahrradleihsystems Vélib, denn die Metropole erlebt momentan einen Fahrradkult, sanfte Fortbewegung ist zunehmend gefragt. Inzwischen verfügt Paris über rund 1500 automatische Ausleihstationen. Mehr als 20 000 Räder stehen dort rund um die Uhr bereit und können für eine Entdeckungstour durch die Stadt ausgeliehen werden: Für 1,70 € kann man einen ganzen Tag lang durch die Stadt radeln, sieben Tage kosten 8 €. Zahlung mit Kreditkarte (www.velib.paris.fr). Besorgen Sie sich für die Stadterkundung am besten den kostenlosen Plan »Paris à Vélo«, auf dem alle Fahrradwege eingetragen sind. Ebenfalls interessant: das neue Carsharing Autolib mit mehr als 3000 elektrischen Bluecars.

Doch nicht nur im Hinblick auf den Verkehr ist in Paris Umdenken angesagt: Immer mehr Restaurants servieren regionale Produkte aus ökologischem Anbau. Außerdem im Trend: das Hochzeitskleid aus Naturfasern.

ÜBERNACHTEN

Le Marceau Bastille H5
Dieses moderne, im lebendigen Bastille-Viertel gelegene Hotel verfügt über einige Zimmer, die als »Écolo« angeboten werden. Sie sind also nach ökologischen Gesichtspunkten eingerichtet mit Möbeln aus Holz und in sanften Tönen. Das Hotel hat ein Restaurant, eine Kunstgalerie und einen Fitnessbereich.
Bastille | 13, rue Jules César | Métro: La Bastille | Tel. 01/70 61 46 86 | www.hotelmarceaubastille.com | 55 Zimmer | €€

ESSEN UND TRINKEN

Bread and Roses E5
Nach einem Spaziergang durch das Viertel St. Germain kann man sich in dem kleinen, angenehmen Laden-Restaurant bei einem Salatteller oder einem Stück köstlichem Kuchen wunderbar erholen und gleich noch ein paar Dinge einkaufen. Sehr gutes Brot, vor der Tür ein paar Tische, sympathisch und freundlich.
St-Germain | 62, rue Madame | 75006 | Métro: St-Sulpice | €

Cru G4
Rohkost! Vielleicht ein Teller mit nur roten Gemüsesorten? Oder eine grüne Variation auf Gurken-Basis? Oder ein köstliches Carpaccio? Modernes Bistro mit kleinem Innenhof nahe Place des Vosges.
Marais | 7, rue Charlemagne | Métro: St-Paul | Tel. 01/1 40 27 81 84 | Di–Sa 12.30–14.30, 19.30–23, So 12.30–14.30 Uhr | €

Le Gaigne G4
Das winzige Bistro liegt in einer versteckten Straße (Nähe Centre Pompidou). Der junge Küchenchef hat schon

mit dem Pariser Spitzenkoch Pierre Gagnaire zusammengearbeitet und erfreut seine Gäste mit viel Bio-Frischem vorwiegend aus der Provence.
Beaubourg | 12, rue Pecquay | Métro: Rambuteau | Tel. 01/44 59 86 72 | www.restaurantlegaigne.fr | Di–Sa 12.15–14, 19.30–22.30 Uhr | €

Glou G 4
Die Schauspielerin und Oscarpreisträgerin Marion Cotillard gehört zu den Großen des französischen Films. Ähnlich wie ihr Kollege Gérard Départdieu investiert auch sie in die Pariser Gastro-Szene und hat mit dem Glou ein Restaurant eröffnet, das unter den Bio-Adressen der Stadt zu den beliebtesten gehört: Ob Fleisch oder Fisch, Käse oder Gemüse, Kaffee oder Wein – alle Produkte sind aus biologischem oder biodynamischem Anbau. Nachhaltigkeit garantiert auch die direkte Zusammenarbeit mit Bio-Höfen aus den verschiedenen Regionen Frankreichs.
Marais | 101, rue Vieille-du-Temple | Métro: St-Sébastien-Froissart | Tel. 01/42 74 44 32 | tgl. 12–14.30, 20–22.30 Uhr | €€ | www.glou-resto.com

Le Grenier Notre-Dame F 4
Ausgerechnet in einer Straße, in der es einst viele Schlachtereien gab, eröffnete in den 1970er-Jahren das erste vegetarische Restaurant von Paris und hatte Erfolg. Man sitzt recht eng, aber die Stimmung ist herzlich, und die Karte bietet wirklich interessante vegetarische Speisen.
Quartier Latin | 18, rue de la Bûcherie | Métro: Maubert Mutualité | Tel. 01/43 29 98 29 | www.parisvegetarian.com | tgl. 12–14.30 und 19–23 Uhr | €€

Le Potager du Marais G 4
Wer sich vom Besuch des Centre Beaubourg erholen möchte und vegetarische Kost mag, ist in diesem zwar engen, aber lebendigen kleinen Lokal gleich nebenan – mit ein paar Tischen vor der Tür – genau richtig. Sojasprossen, Tofu, alles frisch und bio.
Marais | 22, rue Rambuteau | Métro: Rambuteau | Tel. 01/42 74 24 66 | tgl. 12–24 Uhr | € | www.lepotagerdumarais.com

Racines F 3
Liebhaber von Weinen aus biologisch-dynamischem Anbau finden in dieser Wein-Bar eine große Auswahl. Die Speisekarte bietet Snacks und vor allem hervorragenden Käse. Das Lokal liegt in der schönen Passage des Panoramas (19. Jh.), der ältesten Passage von Paris.
Bourse | Grands Boulevards, 8, Passage des Panoramas | Métro: Bourse | Mo–Fr 12–24 Uhr | €

EINKAUFEN
Hédonie E 5
Ein Einkaufsparadies für Öko-Freaks: Konfitüren, Honig, Gewürze, Kaffee und viel Schönes zum Verschenken.
St-Germain | 6, rue de Mézières | Métro: Saint-Sulpice | Mo–Sa 11–20 Uhr

Marché Bio Raspail E 4–6
Dieser zwischen den Métrostationen Sèvres-Babylone und Rennes gelegene Markt ist ein reiner, auch recht teurer Bio-Markt. Hier treffen sich am Sonntagmorgen die Schicken und Schönen von Saint-Germain, um Obst vom Kleinbauern aus der Normandie und Fleisch aus artgerechter Tierhaltung zu erstehen.

St-Germain | Boulevard Raspail | Métro: Rennes | So 9–13 Uhr

Rose Bakery — F2

Die Inhaber dieses kleinen Cafés, ein franko-britisches Paar, achten in ihrer Bäckerei und Konditorei sehr genau auf Herkunft und Qualität ihrer Produkte und beziehen diese vorwiegend von kleinen Produzenten. Köstlich: der Karottenkuchen und die Schoko-Kastanien-Torte. Sonntags gibt's Brunch. Man probiere die Scones!

Pigalle | 46, rue des Martyrs | Métro: Anvers | Di–Fr 9–19, Sa, So 10–17 Uhr

AKTIVITÄTEN

Les Amis de la Nature

Die Naturfreunde veranstalten gemeinsame Wanderungen in die unmittelbare Umgebung von Paris, aber auch Spaziergänge durch die kleinen Straßen von Montmartre. Treffpunkt ist jeweils einer der Pariser Bahnhöfe.
www.amisnature-pariscentre.org

Cinéaqua — C3

Eine sensationelle Unterwasserlandschaft mitten in Paris. Östlich des Trocadéro-Platzes, gleich gegenüber vom Eiffelturm, tummeln sich in Europas neuestem Aquarium Haie und Karpfen, Störe und Seeigel. Über 500 Arten bevölkern die insgesamt 3500 qm großen Süß – und Salzwasserbecken, die nach unterschiedlichen Regionen (Pazifik, Karibik, Mittelmeer etc.) unterteilt sind. In drei Kinosälen werden auf riesigen Großleinwänden Filme gezeigt, und das Theaterstück »Ozeanien ist keine Müllkippe« macht Groß und Klein auf die Verschmutzung der Meere und ihre katastrophalen Auswirkungen auf die Tier- und Pflanzenwelt aufmerksam. Phänomenal ist der Blick auf das große Unterwasserbecken vom Café-Restaurant aus.

Trocadéro, 5, av. Albert De Mun | Métro: Trocadéro | www.cineaqua.com | tgl. 10–20 Uhr, letzter Einlass 18 Uhr | Eintritt 20, Kinder 13 €

Patisserie auf anglo-französische Art: In den Köstlichkeiten der Rose Bakery (▶ S. 33) ist das Know-how zweier Konditoren aus England und Frankreich vereint.

EINKAUFEN

In der Shopping-Metropole Paris haben nicht nur Modezaren und angesagte Jungdesigner ihre Läden. In edlen Kaufhäusern und kleinen Boutiquen, in Passagen und auf Flohmärkten finden Sie auch Düfte und Delikatessen, Cooles und Kurioses.

»Überall in der Welt repräsentiert die Pariserin die Eleganz«. So sagte es einmal Frankreichs berühmter Modeschöpfer Yves Saint-Laurent. Zweimal im Jahr bricht in Paris der schiere Wahnsinn aus, nämlich dann, wenn Prêt-à-porter ist, die Pariser Modewoche, der Trendsetter in Sachen Fashion schlechthin. Dann werden Museumsinnenhöfe und alte Revuetheater plötzlich zu prachtvoll dekorierten Show-Rooms, in denen die Chefredakteurinnen der internationalen Hochglanzmagazine um die besten Plätze rangeln – besonders, wenn Topmodels wie Cara Delevingne oder Joan Smalls für Hedi Slimane (Yves Saint-Laurent) oder Marc Jacobs (Louis Vuitton) laufen. Unangefochtener Regent im Hause Chanel ist nach wie vor der Wahl-Pariser Karl Lagerfeld. Wenn er seine Mädchen über den Laufsteg defilieren lässt, hält die internationale Kundschaft den Atem an – wie ist es alles wunderschön!

◄ Einkaufstempel mit Belle-Époque-Kuppel:
die Galeries Lafayette (▶ S. 36).

Die großen Klassiker der französischen Mode, allen voran Christian Dior, findet man im Goldenen Dreieck, dem »Triangle d'or«, das von den drei Avenuen Montaigne, Georges V. und Champs-Élysées eingeschlossen wird, sowie in der eleganten Rue du Faubourg Saint-Honoré. Modische Exzentriker wie Jean-Paul Gaultier oder Yohji Yamamoto haben ihre Boutiquen zwischen Opéra und Palais Royal.

Auf dem linken Seine-Ufer, in Saint German-des-Prés, locken die Läden der jungen französischen Nachwuchs-Designerinnen Vanessa Bruno und Isabel Marant oder auch die Klassiker Sonia Rykiel und Yves Saint-Laurent. An einem der schönsten Plätze von Paris, an der Place Vendôme mit dem Grand Hôtel Ritz im Herzen der Stadt, residieren die Juweliere mit den großen weltbekannten Namen, strahlen Diamanten und Rubine, glänzen Silber und üppiges Gold bei Boucheron oder van Cleef & Arpels. Das berühmte Schmuckhaus Cartier findet man gleich nebenan in der Rue de la Paix.

PASSAGEN, ARKADEN, KAUFHÄUSER

Empfehlenswert ist natürlich bei jedem Wetter ein Spaziergang durch die beiden historischen Einkaufsgalerien Vivienne und Véro-Dodat, verführerisch ein Bummel unter den Arkaden des Palais Royal. Düfte, Dessous, Designer-Ware, Delikatessen – das alles gibt es in großer Auswahl in den Edel-Kaufhäusern Galeries Lafayette und Printemps auf dem rechten und im Bon Marché auf dem linken Ufer der Seine. Und die Flohmärkte nicht zu vergessen! Sie gehören zu Paris wie das tägliche Stück Baguette. Der größte und berühmteste ist der Marché de la Porte de Saint Quen am Rand der Stadt, ein Riesenflohmarkt mit wunderschönem Mobiliar, Silber, Büchern. Das muss man einmal gesehen haben!

BESONDERE EMPFEHLUNGEN
KAUFHÄUSER
Le Bon Marché 👥   📖 E5

Das älteste Kaufhaus von Paris ist das einzige auf dem linken Seine-Ufer und der Lieblingsladen vieler junger Pariser Familien, weil sie hier auch für die Kleinsten alles finden. Das Feinkostgeschäft Grande Épicerie ist das größte der Stadt mit einer überwältigenden, wundervoll drapierten Auswahl an Produkten aus aller Welt. Für Gourmets ein reines Schlaraffenland – zum Einkaufen mit allen Sinnen.
St-Germain | 38, rue de Sèvres | Métro: Sèvres-Babylone | www.lebonmarche.fr

Galeries Lafayette E 2

Der wohl prächtigste Konsumtempel von Paris mit der wunderschönen Glaskuppel, 1906 bis 1908 erbaut, hat eine imposante Parfum-Abteilung und zeigt auf Tausenden von Quadratmetern alles, was die angesagten Designer aktuell in ihrem Sortiment haben (sehenswert!). Die Dachterrasse bietet eine tolle Aussicht auf Paris. Man kann sie über die Rolltreppe oder den Fahrstuhl erreichen, der Zugang ist kostenlos. Von Mai bis September gibt's oben Kleinigkeiten zu essen. Das ebenso moderne Luxuskaufhaus Le Printemps liegt gleich nebenan (▶ S. 72).
Opéra | 40, bd. Haussmann | Métro: Chaussee d'Antin | www.galeries lafayette.com

KULINARISCHES
Debauve & Gallais E 4

Charmanter, kleiner alter Laden. Hier gibt's die berühmten »dragées«, die mit gefärbtem Zuckerguss überzogenen Mandeln, die sich die Franzosen als Glücksbringer schenken.
St-Germain | 30, rue des Sts-Pères | Métro: Rue du Bac

Pierre Hermé E 4

Der Star unter den Pariser Patissiers. Im feinen Hotel Royal Monceau zeichnet er für das üppige Frühstück und die köstlichen Desserts in den beiden hoteleigenen Restaurants verantwortlich. Das süße Angebot in seinen einzigartig schön gestalteten Läden ist vielfältig – von Teegebäck bis zu Pralinen – und bietet sich auch als Mitbringsel an.
Saint-Germain | 72, rue Bonaparte | Métro: St-Sulpice

Roland Barthélemy E 4

Viel Kultur ist mit der Käseproduktion in Frankreich verbunden, um Roquefort und Camembert ranken sich zahllose Legenden. Wer einen Weißschimmelkäse aus der Normandie als typisches Symbol der französischen Gastronomie mit nach Hause nehmen möchte, kann ihn sich fachgerecht und reisefreundlich verpacken lassen. Vor dem Geschäft von Roland Barthélemy steht auch Catherine Deneuve manchmal in der Schlange.
St-Germain | 51, rue de Grenelle | Métro: Rue du Bac | www.roland barthelemy.com | im Aug. geschl.

MÄRKTE
Marché aux Puces de Saint-Ouen F 1

Kenner dieses größten Flohmarkts von Paris – auch kurz Clignancourt genannt – halten sich nicht bei den Billigständen an der Métrostation auf, sondern steuern die kleinen Seitenstraßen an: Hier ist die Ware edel, werden bei einem Gläschen Wein lange Verhandlungen über Preise geführt.
Porte de Clignancourt | Rue des Rosiers | Métro: Porte de Clignancourt | Sa, So und Mo 5–16 Uhr

MODE
Isabel Marant H 4

Die junge französische Designerin ist mit ihrem Ethno-Stil zu Erfolg gekommen. Ihre hochwertigen weiten Kleider und bestickten Tuniken sind nicht zu teuer und bei den Pariserinnen sehr begehrt. Der Renner des Labels sind die Blusen.
Bastille | 16, rue de Charonne | Métro: Ledru-Rollin

Maison Fabre F3

Wer einmal im Besitz eines Paars Handschuhe von Fabre war, wird sich immer wieder eins wünschen: Fabre bietet eine große Auswahl an Elegantem aus Leder in allen Farben.
Palais Royal | 128, Galerie de Valois | Métro: Palais Royal

Vanessa Bruno E3

Vanessa Bruno war früher einmal Model, Sängerin und Schauspielerin und zählt heute zu den Stars unter den Pariser Designerinnen. Ihre sehr feminine Mode zeichnet sich aus durch fließende Schnitte, weiche Farben, weite Hosenanzüge. Hier finden Sie auch besonders schöne Schuhe und Handtaschen.
Louvre | 12, rue de Castiglione | Métro: Tuileries | www.vanessabruno.fr

Zadig & Voltaire G4

Angesagt. Lässige Streetwear aus Paris, originelle Accessoires und Düfte.
Marais | 42, rue des Francs Bourgeois | Métro: St-Paul | www.zadig-et-voltaire.com

SONSTIGES
Sennelier E4

In diesem Traditionsgeschäft besorgten sich schon Picasso und seine Kollegen ihre Mal-Utensilien. Künstler und solche, die es werden wollen, finden hier seltene Pigmente, erstklassige Ölfarben, Leinwände, Pinsel und mehr.
St-Germain | 3, quai Voltaire | Métro: St-Germain-des-Prés | www.magasinsennelier.com

Weitere Geschäfte und Märkte finden Sie im Kapitel **PARIS ERKUNDEN**.

Bei Zadig & Voltaire (▶ S. 37) sind die Kleider meist aus edlen Materialien wie Kaschmir oder Seide gefertigt. Die Kreationen gibt's auch bei uns und im Internet.

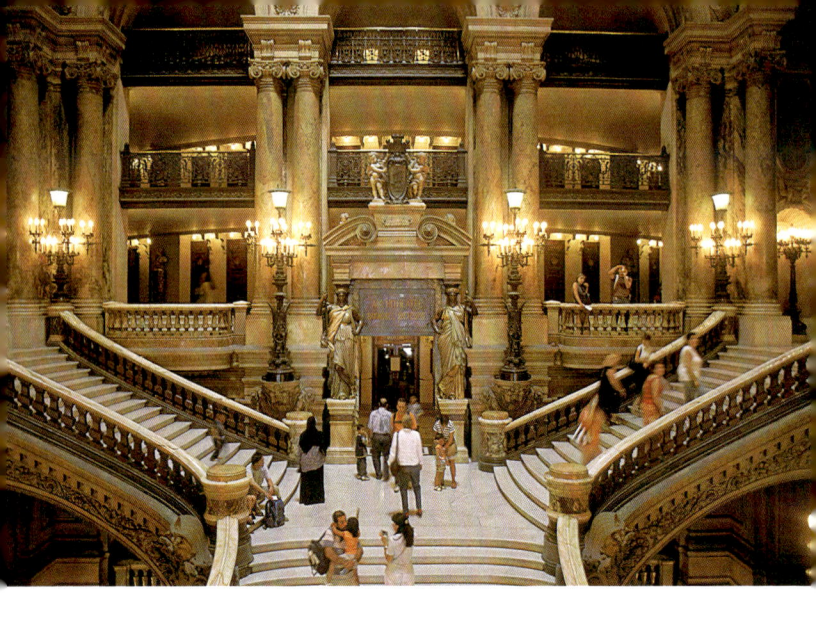

KULTUR UND UNTERHALTUNG

Es bräuchte Wochen, um die Bandbreite des kulturellen Angebots von Paris auch nur annähernd zu erfassen. Ob Theater oder Konzert, Oper oder Tanz, Varieté oder Kino – für Abwechslung am Abend ist allerbestens gesorgt.

Oper? Ballett? Theater? Revue? Vielleicht ein Konzert? Und wenn ja: Klassik, Jazz, Rock, Chansons, Weltmusik oder gar Swing, der fast hundert Jahre, nachdem er in den Jazzclubs und Vaudeville-Theatern geboren wurde, wieder zum Klang der Zeit wird. Caravan Palace heißt die angesagte Band in Frankreich, sie spielt Lounge-Sinti-Swing. Doch wäre nicht auch ein Kinoabend in dieser kinoverrückten Metropole ein Vergnügen? Oder sollte man sich auf ein Tête-à-tête an der Piano-Bar eines der legendären Pariser Hotelpaläste freuen?
Wenn in zahlreichen anderen Städten der Erde bereits die Läden heruntergerollt werden, wirft sich Paris in Schale für ein abendliches Kultur- und Unterhaltungsangebot, das allen Erwartungen mehr als gerecht wird. Weit stehen die Portale der Traditionsbühne Comédie Française (▶ S. 41) und des Varieté- und Tanztheaters Chatelêt (chatelet-theatre.com) offen,

◀ Großes Entrée zu Ballett und Oper: der
Aufgang zur Opéra Garnier (▶ S. 41).

die Besucher strömen in die neue Oper an der geschichtsträchtigen Bastille und in die beliebten Konzertsäle wie etwa Salle Pleyel (▶ S. 40) und Salle Gaveau (www.sallegaveau.com).

MUSIK LIEGT IN DER LUFT

Wie viele bedeutende Komponisten hat Frankreich hervorgebracht! Hector Berlioz, César Franck, Camille Saint-Saëns, Maurice Ravel, Claude Debussy und andere im 19. Jh. Später dann Olivier Messian und sein Student, der radikale Pierre Boulez. Von Mai bis September organisiert die Stadt klassische Konzerte in rund 20 Pariser Parks, und sonntags gibt es in zahlreichen Kirchen, häufig gratis, Orgelkonzerte. Die Programme liegen in den jeweiligen Rathäusern oder Fremdenverkehrsämtern aus.

Wenn es Herbst wird, beginnt das **Festival d'Automne**, dann reisen Theaterleute wie René Pollesch und Christoph Marthaler an und zeigen ihre neuesten Produktionen. Auch Trisha Brown und Anne Teresa de Keersmaeker sind berühmte Namen in einem hochkarätigen Programm in den Bereichen Tanz, Theater, Konzerte, Film, Kunst. Eine pariserische Spezialität sind die Café-Théâtres. Auf den Bühnen dieser Zimmertheater, in denen man an kleinen Tischen auch essen kann, präsentieren sich junge Sänger, Schauspieler oder Komiker in Ein – bis Zwei-Personen-Shows.

JAZZ – DER SOUND DER STUNDE

Paris ist leidenschaftliche Jazz-Stadt. Die Clubs sind legendär, zahlreich waren die Auftritte der ganz Großen seit dem Zweiten Weltkrieg: Duke Ellington und Charlie Parker, Louis Armstrong und Josephine Baker. In den Kellern im Quartier Latin und im Bastille-Viertel spielen regelmäßig internationale Stars und für alle Fans des Free Jazz ist das alljährlich im Sommer stattfindende Paris Jazz Festival ein Muss (▶ S. 44). Und die typisch französische Akkordeonmusik? Das Chanson? Sänger wie Edith Piaf, Jacques Brel, Georges Brassens? Sie erleben gerade, in traditioneller oder auch moderner Form als »nouvelle chanson française«, ein Revival. »What's New, Pussycat?« Woody Allen drehte seinen Film zu Teilen im Pariser Kabarett Crazy Horse, das ebenso wie die Revuen im Moulin Rouge und dem Lido zu den begehrten touristischen Zielen der französischen Metropole zählt.

Erst spät füllen sich die großen Boulevards und Straßen rund um die Bastille, in Saint-Germain und dem Quartier Latin, und in den Diskotheken (»boîtes«) ist vor Mitternacht noch gar nichts los. Paris verfügt über eine große, perfekt vernetzte, hochmobile Club-Szene mit House und Techno, Funk und Groove, Salsa und Latin. Wenn sie »ihren« Club gegen ein, zwei Uhr morgens stürmen, haben die Nachtschwärmer (»nuitards«) meist schon einen Zug (»circuit«) durch ganz bestimmte Kneipen hinter sich. Den Erfolg eines neuen In-Platzes bestimmen die »branchés«: jene, die wissen, wo's langgeht.

BESONDERE EMPFEHLUNGEN

BARS, CLUBS UND DISKOTHEKEN

Le Balajo H 4

Wenn die Bastille-Oper ihre Tore schließt, zieht es viele noch in die umliegenden Straßen mit ihren Bars und Kneipen. In der Rue de Lappe befindet sich der letzte Musette-Tanzpalast von Paris, 1936 gegründet: Im Balajo, das zugleich Disco ist, wird wie zu Edith Piafs und Arlettys Zeiten nach Akkordeonklängen Valse musette getanzt und zum Cha-Cha-Cha aufgefordert, aber es gibt auch Rock'n'Roll, Rap und Oldies der 60er- und 70er-Jahre.
Bastille | 9, rue de Lappe | Métro: Bastille | www.balajo.fr

Bar Lutetia E 4/5

Diese elegante Piano-Bar des Hotelpalastes Lutetia am linken Seine-Ufer ist eines der schönstes Art-déco-Zeugnisse von Paris und war schon für Picasso und Josephine Baker ein absoluter Anziehungspunkt. Live-Jazz.
☉ Allabendlich ab 19 Uhr lässt das schicke Paris des linken Ufers hier beim Aperitif den Tag ausklingen.
St-Germain | 45, bd. Raspail | Métro: Sèvres-Babylone | www.lutetia-paris.com | tgl. 18–1 Uhr

Montana E 4

Legendärer 70er-Jahre-Nachtclub, in dem Catherine Deneuve und Alain Delon tanzten. 2009 wiedereröffnet, heute Pilgerstätte der Schicken und Schönen wie Kate Moss. Achtung: Türsteher.
St-Germain | 28, rue St-Benoit | Métro: St-Germain | tgl. 23–5 Uhr

New Morning G 2

Für Jazzfans die beste Adresse von Paris. Hier haben schon alle Großen des Jazz gespielt.
Gare de L'Est | 7, rue des Petites Écuries | Métro: Château d'Eau | www.newmorning.com | tgl. ab 21.30 Uhr

KINO

Cinémathèque Française J 6

Das wohl bedeutendste Filmmuseum der Welt! 40 000 Filme sind hier archiviert. Ein Tipp für Cinéasten.
Bercy | 51, rue Bercy | Métro: Bercy | Tel. 01/71 19 33 33 | www.cinemathequefrancaise.com | Mo und Mi–Sa 12–19, So 10–20 Uhr, Di geschl. | Eintritt 5 €

KONZERT

Salle Pleyel C 2

Der Konzertsaal wurde in jüngster Zeit renoviert und ist vor allem wegen

seiner ausgezeichneten Akustik so beliebt. Höchst abwechslungsreiches Programm, Auftritte internationaler Orchester.
Faubourg St-Honoré | 252, rue du Faubourg St-Honoré | Métro: Ternes | Tel. 01/42 56 13 13 | www.sallepleyel.fr

OPER
Opéra Garnier E 2/3
Das berühmte, von Marmor und Gold überbordende Pariser Opernhaus aus der Belle Époque wurde 1875 eingeweiht. Meist wird hier Ballett gezeigt, doch neuerdings auch die ein oder andere Oper. Wenn nicht geprobt wird, können das prächtige Foyer und das von Marc Chagall geschaffene Deckengemälde besichtigt werden. Es gibt ein neues, sehr schickes Restaurant (▶ S. 47) und eine Ballett-Boutique.

Opéra | Pl. de l'Opéra | Métro: Opéra | Tel. 08/92 89 90 90 | www.operade paris.fr

THEATER
Comédie Française F 3
Wer die französischen Klassiker Corneille, Racine usw. mag und ein wenig mehr als nur ein paar Brocken Französisch spricht, sollte sich unbedingt einen Abend in Frankreichs ältestem Nationaltheater gönnen! Im Foyer steht der Sessel Molières. Der Dichter leitete eine Gruppe von Schauspielern, die später zur Staatsschauspieltruppe Comédie Française wurde.
Louvre | 2, rue de Richelieu | Tel. 01/44 58 15 15 | www.comedie-francaise.fr

Weitere empfehlenswerte Adressen finden Sie im Kapitel **PARIS ERKUNDEN**.

Paris jazzt bis zum nächsten Morgen: Der Jazzclub New Morning (▶ S. 40) ist Legende – genauso wie viele große Künstler, die hier schon aufgetreten sind.

FESTE FEIERN

Die Bewohner von Paris wissen zu feiern und finden hierzu immer einen Anlass. Sie zelebrieren Kunst und Musik, Revolution und Sport, gutes Essen und neuen Wein. Auch Gäste sind willkommen – und besonders viel los ist im Herbst.

Stolz weht die Trikolore auf den Dächern der Stadt, und Militärflugzeuge malen Frankreichs Farben Blau-Weiß-Rot an den Himmel, wenn das Land alljährlich am 14. Juli des Sturmes auf die Bastille gedenkt und mit pompösen Paraden den Jahrestag der Revolution von 1789 feiert. Dann schwingen die Pariser ihr Tanzbein zu Akkordeonklängen, auf Straßen und Plätzen wird gesungen – der französische Nationalfeiertag ist der Höhepunkt des Pariser Festkalenders.

Außerdem veranstaltet die Stadt anspruchsvolle Jazz Festivals, zum Sommeranfang am 21. Juni wird in Cafés, Sälen, Innenhöfen, auf Plätzen und in Straßen die »Fête de la Musique« gefeiert, und im Sommer lädt »Paris Plage« mit viel Sand, Eis am Stil, bunten Schirmen und Musik an die Seine-Quais zum Sonnenbaden ein. Wenn es Herbst wird, zieht das »Festival d'Automne« mit einem großen Angebot an Theater, klassischen

◀ Parade zu Pferd: Am 14. Juli feiert auch Paris den Nationalfeiertag (▶ S. 44).

Konzerten, Ballett, Kino und Kunstausstellungen die Kultur-Begeisterten an. Und wenn im November der Beaujolais Nouveau ausgeschenkt wird, füllen sich die Kneipen, und die Pariser zelebrieren den neuen Wein bis zum frühen Morgen.

JANUAR
Fête des Rois (Dreikönigstag)
Am 6. Januar stehen die Pariser vor den Bäckereien Schlange, um die »Galette des rois« zu kaufen. Der »Königskuchen« aus Blätterteig ist mit Marzipan gefüllt und ein kleiner Glücksbringer versteckt sich darin. Wer ihn findet, trägt einen Tag lang eine goldene Krone aus Papier – als König oder Königin.
6. Januar

APRIL
Marathon de Paris
Es ist ein großes Spektakel, wenn rund 35 000 Läufer die Champs-Élysées hinunter in Richtung Bois de Vincennes laufen. Zurück geht es am linken Ufer zum Bois de Boulogne.
1. So im April | www.parismarathon.com

MAI
Fête du Travail (Tag der Arbeit)
Am 1. Mai stehen in Frankreich die Maschinen still. Überall duftet es nach Maiglöckchen (»muguets«) die, zu kleinen Sträußen gebunden, an jeder Straßenecke als Glücksbringer verkauft werden.
1. Mai

La Nuit des Musées
In der Nacht der Museen öffnen alle Pariser Museen ihre Türen bis 1 Uhr morgens und locken Interessierte mit speziellen Events und Programmen.
Sa nach Christi Himmelfahrt | www.nuitsdemusees.culture.fr

French Open
Seit 1891 findet das Grand-Slam-Turnier »Internationaux de France« im Stade Roland-Garros statt. Bis zu 400 000 Zuschauer pilgern jährlich in das berühmte Tennisstadion.
Ende Mai/Anfang Juni | www.rolandgarros.org

JUNI
Prix de Diane
Zum Pferderennen in Chantilly trifft sich die Crème de la Crème der Pariser Gesellschaft. Zu sehen sind die schnellsten Pferde der Welt, die tollsten Damenhut-Kreationen – und stets gefüllte Champagnergläser.
2. Sa im Juni | Hippodrome de Chantilly | www.france-galop.com

Fête de la Musique
Die Pariser lieben es, wenn am längsten Tag des Jahres an jeder Straßenecke, in jeder Kneipe, in den Parks und Hinterhöfen ihrer Stadt bis spät in die Nacht musiziert und getanzt wird. Freier Eintritt zu Musikveranstaltungen.
21. Juni | www.fetedelamusique.fr

JUNI/JULI

Festival Chopin

Ein Konzertabend bei Kerzenschein in der Orangerie des Rosengartens im Bois de Boulogne ist ein Genuss.
Mitte Juni–Mitte Juli | www.frederic-chopin.com

Paris Jazz Festival

Für alle Fans des Free Jazz ein Muss: Fast zwei Monate lang kann man am Wochenende in Paris internationale Jazz-Größen hören.
Parc Floral de Paris, Bois de Vincennes | www.parisjazzfestival.fr
Juni und Juli

JULI

Paris Cinéma

Zwei Wochen lang ist ganz Paris ein einziges Kino. In allen Vierteln Premieren, Retrospektiven, öffentliche Diskussionen zum Thema Film.
Anfang Juli | www.pariscinema.org

Le Quatorze Juillet (Nationalfeiertag)

Am 14. Juli 1789 marschierten Tausende von Parisern nach Versailles und stürmten mit geballten Fäusten und den Worten: »Komm raus! Wir haben nichts zu fressen und du badest dich in deinen Weinen« die Gemächer der Königin. Ganz Frankreich feiert bis heute am 14. Juli eine Revolution, die dem Land die republikanischen Ideale brachte: »Liberté, égalité, fraternité« – Freiheit, Gleichheit und Bruderlichkeit. Am Morgen des 14. Juli findet seit 1919 die große Militärparade auf den Champs-Élysées statt, die vom französischen Staatspräsidenten abgenommen wird. Gegen Abend erleuchtet dann ein gigantisches Feuerwerk am Trocadéro die Seine-Metropole.
14. Juli

Le Tour de France

Nach strapaziösen 3500 km ist der Höhepunkt erreicht: Die Radfahrer treffen zum großen Finale auf den Champs-Élysées ein, und die Menschenmassen jubeln.
Ende Juli | www.letour.fr

OKTOBER BIS DEZEMBER

Nuit Blanche

Die Pariser Kulturnacht ist ein gigantisches nächtliches Straßen-Kunstfest mit Video-Shows, Licht-Installationen und Rossini-Opern-Projektionen.
1. Sa im Oktober | www.paris.fr

Prix de l'Arc de Triomphe

Im Hippodrome de Longchamp im Bois de Boulogne gehen 20 Pferde an den Start der insgesamt 2400 m langen Rennstrecke. In den Wettlokalen ist zuvor der Teufel los. Ein gesellschaftliches Großereignis.
1. So im Oktober | www.prixarcde triomphe.com

La Semaine du Goût

Die Franzosen und ihre Freude an der Esskultur! Sehen, riechen – schmecken lernen. Um Mitte Oktober öffnen die Köche zahlreicher Pariser Restaurants ihre Türen und lehren Jung und Alt die Geheimnisse der viel gerühmten französischen Küche zu entdecken. Natürlich darf es sich jeder – zu niedrigen Menü-Preisen – auch von Herzen schmecken lassen.
www.legout.com
Mitte/Ende Oktober

FIAC (Foire Internationale d'Art Contemporain)

Der Pariser Salon für zeitgenössische Kunst hat für die internationale Kunstszene in den vergangenen Jahren immer mehr an Bedeutung gewonnen. Französische und internationale Galerien zeigen Arbeiten etablierter, aber auch junger, unbekannter Künstler. Die umfangreiche Ausstellung findet in dem kürzlich renovierten Grand Palais statt, einem imposanten Gebäude aus Eisen und Glas mit einer riesigen gläsernen Kuppel, das eigens für die Weltausstellung 1900 konstruiert und später vor dem Abriss gerettet wurde.

Ende Oktober | www.fiac.com

Festival d'Automne

Das Herbstfestival ist das große Pariser Kulturereignis überhaupt, und es macht diese Jahreszeit in Paris zu einer ganz besonders attraktiven. Nach der langen Sommerpause drängt ein internationales Publikum voller Ungeduld in die Konzert – und Kinosäle, Theater und Opernhäuser, gespannt auf die neuen Produktionen und Inszenierungen. Die Tische zahlreicher guter Restaurants werden für diese Zeit meistens lange im Voraus reserviert.

Oktober–Dezember | www.festival-automne.com

Fête du Beaujolais Nouveau

Vorsicht: Anfang November scheint ganz Paris volltrunken – in den Kneipen und Cafés stellen die Wirte den neuen Jahrgang des Beaujolais vor. Ein Fest des Rotweins!

3. Do im Nov. | www.beaujolais gourmand.com

Wer bekommt mehr Aufmerksamkeit? Beim Prix de Diane (▶ S. 43), dem Galopprennen in Chantilly, sind die Hüte der Damen so interessant wie die Rennpferde.

MIT ALLEN SINNEN
Paris spüren & erleben

Reisen – das bedeutet aufregende Gerüche und neue Geschmackserlebnisse, intensive Farben, unbekannte Klänge und unerwartete Einsichten; denn unterwegs ist Ihr Geist auf besondere Art und Weise geschärft. Also, lassen Sie sich mit unseren Empfehlungen auf das Leben vor Ort ein, fordern Sie Ihre Sinne heraus und erleben Sie Inspiration. Es wird Ihnen unter die Haut gehen!

◀ Seit 2013 ist Stéphane Bidi Chefkoch im Restaurant L'Opéra (▶ S. 47).

ESSEN UND TRINKEN

Meurice E3

In einem der schönsten Grand Hotels von Paris wird heute in diesen Tagen der Einzug des weltberühmten Drei-Sterne-Kochs Alain Ducasse wie der eines Imperators erwartet. Wer's mag, gönne sich das Erlebnis, zwischen Kristalllüstern, antiken Spiegeln, Marmor und Fresken in elegantem Rahmen mit den köstlichsten Speisen verwöhnt zu werden, die Frankreichs Küche bieten kann. Man glaubt sich in die Zeiten von Versailles zurückversetzt.

Tuilerien/Louvre | 228, rue de Rivoli | Métro: Tuileries | Tel. 01/44 58 10 55 | www.lemeurice.com | Mo–Fr 12.30–14 und 19.30–22 Uhr

Restaurant L'Opéra im Palais Garnier 🚩 E 3/4

Neuerdings zieht in der Opéra Garnier (▶ S. 41) ein exzentrisches Restaurant mit Terrasse und Blick auf die benachbarten Haussmann-Fassaden nicht nur die Ballett-Welt an. Ohne die denkmalgeschützten Kuppeln und Säulen anzutasten, hat die Pariser Architektin Odile Decq ein geschwungenes Zwischengeschoss konstruiert, das auf Säulen schwebt. Fließende Formen in Weiß und leuchtendem Rot, sehr modern, sehr chic. Übrigens: Der auf dem Dach der Oper und weiteren sieben großen Dächern der Stadt geerntete Honig ist eine begehrte Spezialität.

Opéra | Restaurant l'Opéra | Palais Garnier | Place Jacques Rouché | Métro: Opéra | Tel. 01/42 68 86 80 | www.operadeparis.fr

Weinverkostung bei Taillevent C2

Insider sagen, dieses klassisch eingerichtete Restaurant mit nur wenigen Tischen sei unschlagbar, weil hier vom Ambiente über die Kreationen des Küchenchefs und den Service bis zum Wein einfach alles stimme. Das Haus ist für seinen Weinkeller berühmt und veranstaltet regelmäßig persönliche Verkostungen und Führungen. Für Liebhaber edler Tropfen ein einzigartiges Erlebnis.

Les Caves de Taillevent | 199, rue du Faubourg-Saint-Honoré | Métro: George V. | Tel. 01/45 61 51 40 | www.taillevent.com

EINKAUFEN

Le Chocolat d'Alain Ducasse H 4

»Ich habe immer davon geträumt, für meine Restaurants meine eigene Schokolade herzustellen« – und jetzt ist es so weit: Sterne-Koch Alain Ducasse hat seinen lang gehegten Schoko-Traum verwirklicht und in einer ehemaligen Bankfiliale im Bastille-Viertel eine Schokoladen-Manufaktur eröffnet. Hinter massiven Türen aus Stahl röstet Meisterkonditor Nicolas Berger die besten Kakaobohnen aus der ganzen Welt, von Peru bis Vietnam, zer-

kleinert sie mit antiken Werkzeugen und rührt sie schließlich zu köstlichen Pralinen, Schokotrüffeln, feinsten Tafeln. Zum Schmelzen!
Bastille | 40, rue de la Roquette | Métro: Bastille | Tel. 01/48 05 82 86 | www.lechocolat-alainducasse.com | Di–Sa 10.30–19 Uhr

Hermès D/E 3
Die Geschichte des Pariser Traditionshauses am rechten Seine-Ufer beginnt mit Thierry Hermès. 1801 als Sohn einer hugenottischen Familie in Krefeld geboren, lernte er das Sattlerhandwerk, heiratete eine Französin, zog nach Paris und stellte für die Pferde der betuchten Pariser hochwertige Sättel und Zaumzeug her. Hermès war gegründet, befindet sich seither in Familienbesitz und ist für seine exquisite Handwerkskunst weltweit berühmt. Keine Scheu! Die Verkäuferinnen in dem schönen Geschäft an der eleganten Rue du Faubourg St-Honoré reagieren freundlich, auch wenn die Kundin das begehrte Seidentuch dann doch nicht kauft, geschweige denn die berühmte »Birkin bag«.
Opéra | 24, Faubourg-Saint-Honoré | Métro: Madeleine | www.hermes.com

Ladurée C 3
In dem Film »Marie Antoinette« der amerikanischen Regisseurin Sofia Coppola türmen sich während der opulenten königlichen Gelage in Versailles Berge bunter Pralinen auf silbernen Tabletts. Die Edelprodukte stammen von der Pariser Pâtisserie Ladurée, 1862 eröffnet, die neben den charakteristischen Macaron-Doppelkeksen in aufwendigen Schachteln auch köstliche Konfitüren und Honig verkauft. Nun gibt es das ausgesprochen pariserische Geschäft mit Restaurant auch an den Champs-Élysées. In der ersten Etage laden kleine Salons zu Tee und leichten Speisen ein, die Straßenterrasse zum Sehen und Gesehenwerden.
Champs-Élysées | 75, ave des Champs-Élysées | Métro: Georges V. | tgl. 7.30–24 Uhr

AKTIVITÄTEN
Parfümkurs bei Maison Guerlain
 D 3
Seinen ersten Duft kreierte Jean-Paul Guerlain unter der Aufsicht seines Großvaters mit 16 Jahren und seitdem entsprangen der Nase des Pariser Parfümeurs mehr als 100 Parfüms, darunter »Vétiver« als eines seiner berühmtesten Wässerchen. In der ganzen Welt kann man Guerlain-Düfte kaufen, doch über die gesamte Palette der Flakons mit den extravaganten Rezepturen verfügt nur das denkmalgeschützte Stammhaus in Paris – ein exklusives Reich der Düfte. Eine geschwungene Holztreppe führt in den ersten Stock zum goldverzierten Saal mit der Parfümorgel, an der sich rund um einen Lüster alle Düfte des Hauses reihen – für Suchende und Sammler ist

Probieren erlaubt. Maison Guerlain bietet auch Workshops an. Darin erfährt man alles über Parfüms und ihre Entstehung. Am Ende kreieren die Teilnehmer sogar ihre eigenen Düfte. Der Tageskurs für Erwachsene kostet 220 Euro, Nachmittagskurse für Kinder 70 Euro.

Champs-Élysées | 68, av des Champs-Élysées | Métro: Franklin D. Roosevelt | Tel. 01/45 62 52 57 | www.guerlain.com

Bootsfahrt auf der Seine 🚻 F4
Ob tagsüber oder abends, wenn das architektonische Gesamtkunstwerk Paris in seinem ganzen Lichterglanz erstrahlt: Es ist eine Freude, die Stadt vom Fluss aus zu erleben. Der Klassiker unter den Seine-Rundfahrten startet an der Brücke Pont-Neuf im Herzen der Stadt und während sich in der Ferne die Türme von Notre-Dame und der Eiffelturm gegen den Himmel abzeichnen, hören die Passagiere ein wenig zur Geschichte von Paris.

Bateaux-Vedettes du Pont Neuf | Île de la Cité | Square du Vert Galant | Métro: Châtelet

WELLNESS
Six Senses Spa E3
Für die meisten Pariser ist das Leben zwischen Métro und Arbeitsplatz anstrengend, und darum schießen die Wellness-Tempel in dieser Stadt wie Pilze aus dem Boden. Alle großen Hotels haben natürlich ihre sehr exklusiven Spa-Bereiche, das Bristol beispielsweise oder der neue asiatische Hoteltempel Mandarin Oriental. Wer sich zwischen Museumsbesuch und Abendessen noch ein Entspannungs- und Verwöhnprogramm gönnen möchte: In direkter Nachbarschaft zu den Tuilerien-Gärten sorgt das Six Senses Spa in wunderschönem Rahmen auf angenehmste Weise für das Wohl von Körper und Seele.

Louvre | 3, rue de Castiglione | Métro: Tuileries | www.sixsenses.com

Paris vom Wasser aus erleben: Einfach nur sitzen und schauen kann man bei einer Bootsfahrt auf der Seine (▶ S. 49). Was für ein Erlebnis, wenn Notre Dame ins Bild kommt.

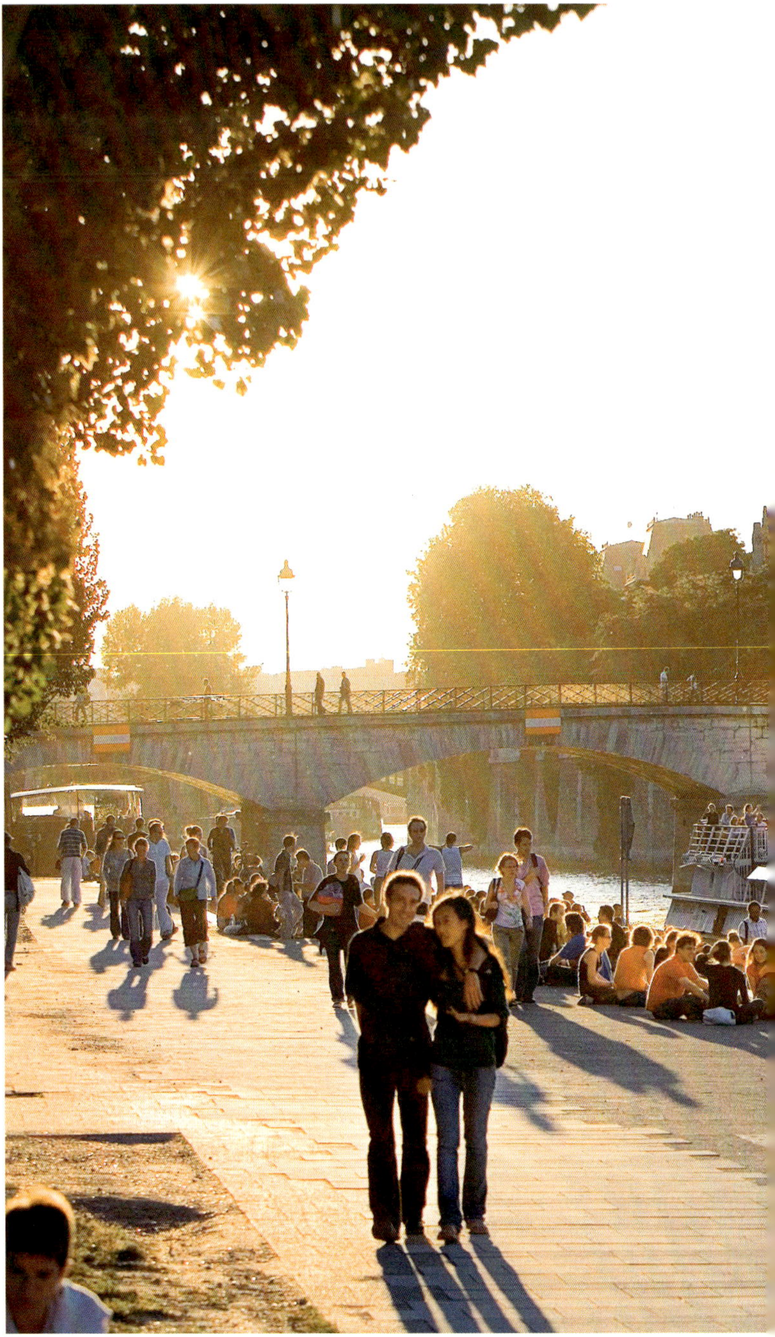

PARIS ERKUNDEN

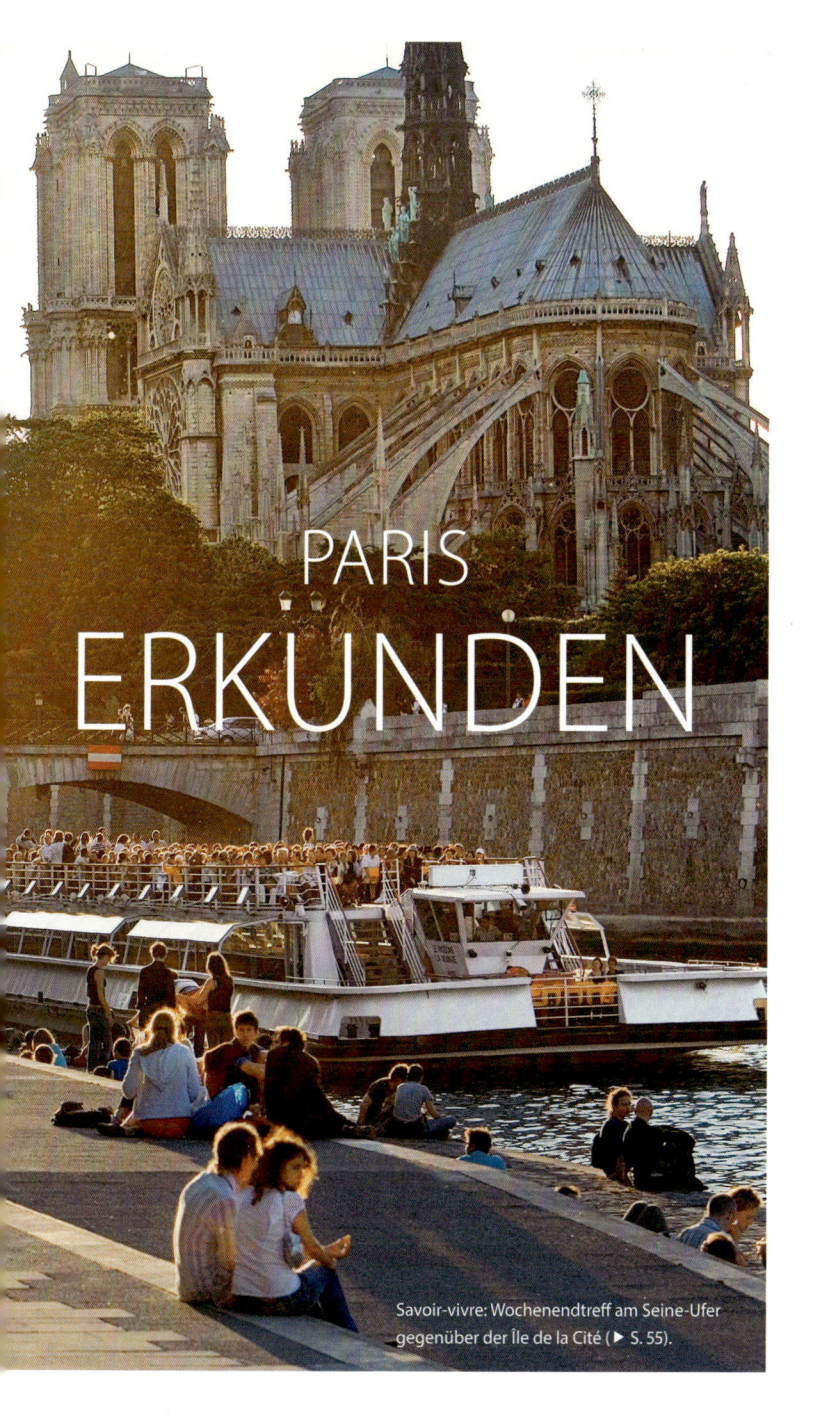

Savoir-vivre: Wochenendtreff am Seine-Ufer gegenüber der Île de la Cité (▶ S. 55).

EINHEIMISCHE EMPFEHLEN

Die schönsten Seiten Paris' kennen am besten diejenigen, die diese Stadt seit Langem oder schon immer ihr Zuhause nennen. Zwei dieser Bewohner lassen wir hier zu Wort kommen – Menschen, die eines gemeinsam haben: die Liebe zu ihrer Stadt.

Anne-Charlotte Lemaire, 53

Von meinem Arbeitsplatz in der Rue de Rivoli ist es nur ein Katzensprung bis zum **Pont des Arts**. Die »Brücke der Künste« war die erste Eisenbrücke von Paris und immer schon den Fußgängern vorbehalten – nach einem arbeitsreichen Tag ein schöner Platz zum Entspannen und für meinen Freund Jean-Paul, der sein Büro auf dem linken Seine-Ufer hat, und mich ein toller Treffpunkt. Herrlich, der Blick auf die Ostspitze der Île de la Cité und den Louvre. Aber man darf nicht zu spät kommen, denn am Abend treffen sich hier die Rucksacktouristen zu regelrechten Picknickfesten. Seit ein paar Jahren ist es auch noch Brauch, dass Paare aus aller Welt kleine Vorhängeschlösser als Zeichen ihrer Liebe an den Eisengitterzaun hängen und die Schlüssel dann in die Seine werfen, speziell am Valentinstag. Doch zum Glück lässt die Stadt Paris die, wie ich finde, albernen und störenden »Liebesschlösser« in unregelmäßigen Abständen wieder entfernen.

1. Arrondissement | Métro: Pont Neuf

Sophie St-Hubert, 61

Zweimal im Jahr verabrede ich mich mit meiner Freundin Jacqueline zu einem genussvollen Abendessen. Wir haben beide ein gut gefülltes Portemonnaie in der Handtasche, denn unser jahrzehntelanges Stammlokal »L'Ami Louis« im Marais gehört nicht gerade zu den preiswerten Adressen der Stadt. Im Gegenteil. Doch es ist eins, das Klasse hat. Ein Lokal, dessen Gerichte noch wirklich auf einem Holzherd »gekocht« werden. In dem keine Kristallleuchter von der Decke hängen und keine kunstvoll gedrechselten Appetithäppchen, »amusegueules«, gereicht werden, sondern die kleine Karte handgeschrieben ist und der Mantel auch mal zum Knäuel gerollt auf dem Garderobenständer an der Saalseite landet.

Im Innern scheint die Zeit stehen geblieben zu sein. Alles ist pittoresk alt geworden. Ein üppiger Früchteberg, bestehend aus heftig duftenden Passionsfrüchten, süßen Malaga-Trauben, Feigen, Datteln und frischen Walnüssen erhebt sich auf einem der Tische. Was wählen wir? Gänseleber auf gegrilltem Bauernbrot? Jakobsmuscheln, saftig gebraten und vom Duft frischen Knoblauchs durchzogen? Fasan?

In jedem Fall beginnen wir unser Fest am liebsten in diesem französischen Bistro par excellence, in dem es eng, laut und immer voll ist und wo selbst Bill Clinton und Woody Allen frühzeitig reservieren müssen, wenn sie in Paris sind. Selbstverständlich starten wir das Vergnügen immer mit einem Glas Champagner. Und dann einfach sitzen, genießen, reden – und das herrliche Ambiente genießen.

Ein kleiner Tipp noch: Sonntags bietet »L'Ami Louis« ein herrliches Mittagessen zum halben Preis (L'Ami Louis, Marais, 32, rue du Vertbois, Tel. 01/48 87 77 48, Métro: Temple, tgl. außer Mo, Di 12–14, 19.30–23 Uhr, €€€).

> *»Ein Lokal, das Klasse hat, ist das L'Ami Louis. Dort starten wir immer mit einem Glas Champagner.«*
>
> Sophie St-Hubert

Die Einheimischen müssen es wissen: Nicht nur Sophie St-Hubert, auch viele andere Pariser kehren bei L'Ami Louis (▶ S. 52) ein, wenn sie richtig gut essen wollen.

ÎLES, BEAUBOURG UND MARAIS

Die Seine teilt die Innenstadt von Paris in »Rive Droite«, das rechte, und »Rive Gauche«, das linke Ufer, mit ganz unterschiedlichen Stadtteilen. Dazwischen liegen die »Îles«, die Inseln. Hier thront Notre-Dame, die französische Kirche schlechthin.

»Fluctuat nec mergitur«, steht auf dem Pariser Stadtwappen unter dem silbernen Segelschiff: »Es schwimmt, aber versinkt nicht.« Paris wurde auf einer Insel geboren. Sie heißt Île de la Cité und hat die Form eines Schiffes, das auf der Seine dahinzugleiten scheint, beladen mit einer gewaltigen gotischen Kathedrale und einer Festung, die einst von den französischen Königen bewohnt und zum Kerker wurde, als diese ihre Residenz in den Louvre verlegten.

Notre-Dame, die »Pfarrei der französischen Geschichte«, gehört zu den bedeutendsten gotischen Kathedralen Frankreichs und ist ein meisterhaftes Zeugnis mittelalterlicher Baukunst. Auch als Schauplatz historisch großer Augenblicke ist die Kirche berühmt: 1430 wurde hier der neunjährige Henry VI. von England zum König von Frankreich gekrönt, 1455 der Revisionsprozess gegen Jeanne d'Arc, die 1431 in Rouen verbrannt worden

◀ Die Stadt liegt Betrachtern zu Füßen bei einem Blick von Notre-Dame (▶ S. 58).

war, eröffnet, 1559 Maria Stuart zur Königin gekrönt. 1804 fand hier in Anwesenheit des Papstes die Kaiserkrönung Napoleons statt, die der Maler Jean-Jacques David im Bild festgehalten hat. Das Gemälde hängt im Louvre.

Seit Eugène Haussmann, radikaler Sanierer unter Napoleon III., in das mittelalterliche Stadtgefüge eingriff, ist die Île de la Cité administratives Zentrum. Der Justizpalast, die Polizeipräfektur und das älteste Krankenhaus von Paris, Hôtel Dieu, befinden sich hier. Bis heute sind Geschäfte und Wohnungen kaum zu finden. Ein Farbtupfer ist der stimmungsvolle Blumenmarkt auf dem Platz vor der Präfektur, der sich sonntags in einen Vogelmarkt verwandelt.

Von der Île de la Cité führt eine kleine Brücke zu ihrer vornehm-stillen Schwester Île Saint-Louis ⭐. Dieses kleinste der Pariser »Dörfer« im Schatten von Notre-Dame, das nach Ludwig dem Heiligen benannt wurde, ist ein städtebauliches Gesamtkunstwerk. Bis heute prägen besonders schöne Stadtpaläste (»hôtels particuliers«) mit luxuriöser Ausstattung den aristokratischen Charakter der beschaulichen Insel – ein exklusiver Ort mit stillen baumbesäumten Quais, einigen charmanten Hotels, wenigen Restaurants und Läden und herrlichen Blicken über die Seine.

MARAIS: AUS DEM SUMPF ZUM KULTURVIERTEL

Weitaus lebendiger, doch nicht weniger exklusiv ist das östlich gelegene Marais auf dem linken Seine-Ufer, mit der Île Saint-Louis verbunden durch drei schmale Brücken. Marais bedeutet Sumpf, und es waren die Mönche des Templer-Ordens, die diese Sümpfe im Mittelalter trocken legten und Häuser bauten. Zwischen dem 16. und 18. Jh. entwickelte sich das Quartier zum aristokratischen Zentrum von Paris: Der Hofadel ließ sich elegante Stadtpalais bauen, die »hôtels«, eine Mischung aus Wohnhaus und Palast, in denen die Kultur der »salons« florierte.

Als Frankreichs Sonnenkönig Ludwig XIV. (1643–1715) seine Residenz von Paris nach Versailles verlegte, verlor das Marais an Attraktivität – der Adel suchte nach neuen Plätzen. Kleine Handwerksbetriebe und arme

Leute zogen in das verlassene Viertel, das sich nun sehr rapide veränderte und mit der Französischen Revolution vollends verfiel. Erst Charles de Gaulle und seinem Kultusminister André Malraux gelang es in den 1960er-Jahren, das vom Abriss bedrohte Viertel unter Denkmalschutz zu stellen und die meisten der historischen Gebäude und Palais zu restaurieren, darunter das wunderschöne Hôtel-Salé, in dem das nach umfassender Renovierung 2014 wiedereröffnete Picasso-Museum (▶ S. 139) seinen Platz fand.

Regierungssitz des Pariser Bürgermeisters ist das Rathaus Hôtel de Ville, ein imposanter Bau im Stil der Neurenaissance. Bis 1830 hieß der Platz davor Place de Grève, ein Ort zahlreicher Feste, aber auch gefährlicher Revolten und grausiger öffentlicher Hinrichtungen. Als Inbegriff des modernen Paris gilt das Kunst- und Kulturzentrum Centre Pompidou-Beaubourg, ein farbiger Hightech-Bau mit großer Piazza, in dessen Umkreis zahlreiche angesagte Galerien und Restaurants liegen.

SEHENSWERTES

❶ Centre Pompidou-Beaubourg

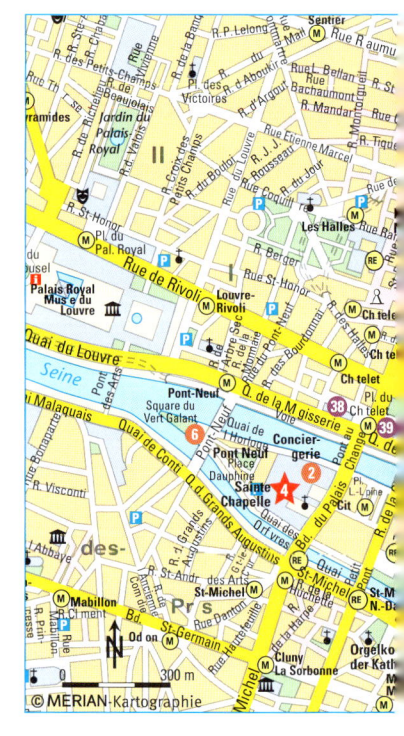

Der 1977 erbaute Kunst- und Kulturtempel aus Stahl und Glas, der im Januar 2000 nach Renovierung wiedereröffnet wurde, gehört zu den größten Pariser Attraktionen. Er beherbergt unter anderem eine riesige Bibliothek, das Musée National d'Art Moderne (▶ S. 134), ein Zentrum für Gebrauchsdesign, das Institut für Akustik und Musik und eine Cinémathèque. Im vierten und fünften Stockwerk ist die Kunst des 20. Jh. zu sehen. In der sechsten Etage werden Wechselausstellungen weltbekannter Künstler präsentiert. Die Aussicht von hier oben über Paris ist phänomenal, das schicke Restaurant Le Georges ein begehrter Treffpunkt. Eine fantastische Bühne für Kleinkunst und Pantomime, Gitarrenspiel und Clownerie bietet der große Platz davor, die Piazza Beaubourg, auf der auch das originalgetreu nachgebaute Atelier des Bildhauers Constantin Brancusi steht. Gleich neben dem Centre Pompidou sprudelt der von Jean Tinguely und Niki de Saint-Phalle nach dem Strawinsky-Ballett »Le Sacre du Printemps« gestaltete Brunnen mit seinen großen, bunten Figuren, die Wasser speien.

Beaubourg | 120, rue St-Martin | Métro: Rambuteau, Hôtel de Ville | Tel. 01/44 78 12 33 | www.centrepompidou.fr | Mi–Mo 11–21 Uhr | Eintritt 11–13 €

❷ Conciergerie ⛨ F4

Das gotische Schloss liegt auf der Île de la Cité. An einem der zwei dicken Ecktürme, der Tour de l'Horloge, wurde 1370 die erste öffentliche Uhr von Paris angebracht. Seit 1431 war die Burg Kerker für Staatsgefangene. Während der Großen Revolution warteten hier über 2600 Gefangene auf ihre Hinrichtung durch die Guillotine, darunter Königin Marie Antoinette, Robespierre und Danton. Sehenswert sind vor allem der Wachraum (»Salle des Gardes«), das architektonische Kleinod »Salle des Gens d'Armes« und die Schlossküche.

Île de la Cité | 1, quai de l'Horloge | Métro: Cité | conciergerie.monuments-nationaux.fr | März–Okt. tgl. 9.30–18, Nov.–Feb. 9–17 Uhr, Kassenschluss 30 Min. vorher | Eintritt 8,50 €

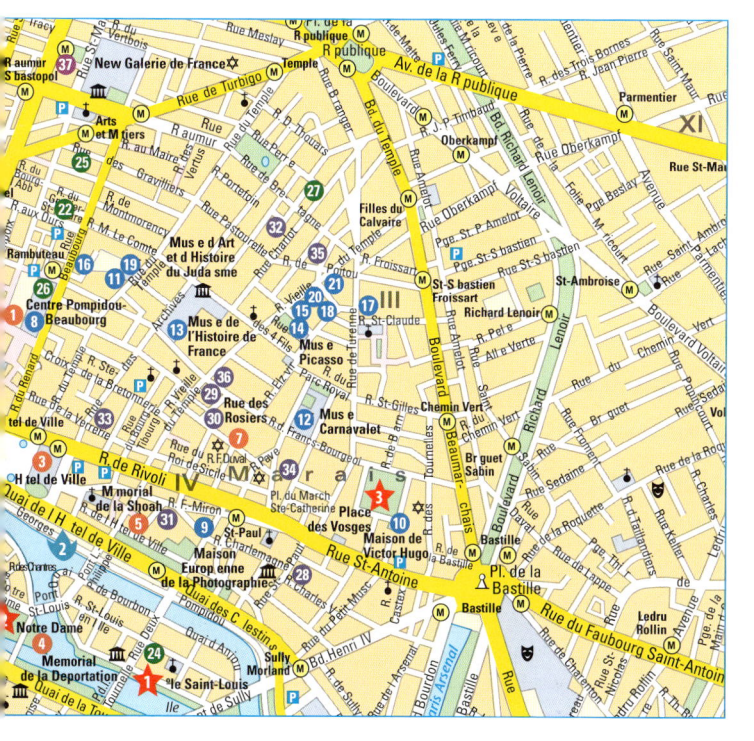

❸ Hôtel de Ville G 4

Nach einem Brandanschlag der Pariser Kommune 1871 wurde das Rathaus im Stil der Neorenaissance wieder aufgebaut. An seiner Fassade befinden sich über 100 Skulpturen von Persönlichkeiten, die in Paris geboren wurden. Wo im Mittelalter getanzt wurde und das Schafott stand, versammeln sich die Pariser heute zu Demonstrationen und laufen im Winter Schlittschuh auf einer künstlichen Eislaufbahn.

Hôtel de Ville | Pl. de l'Hôtel de Ville | Métro: Hôtel de Ville | Tel. 01/42 76 50 49 | Führung: nur Mo 10.30 Uhr (tel. Anmeldung erforderlich)

❹ Mémorial de la Déportation G 4

Das 1962 errichtete Mahnmal für die Opfer des Nationalsozialismus erhebt sich an der Südostspitze der Seine-Insel Île de la Cité.

Île de la Cité | Sq. de l'Île-de-France | Métro: Cité

❺ Mémorial de la Shoah G 4

Die Gedenkstätte für die Opfer des Holocaust dokumentiert die Chronologie jüdischen Schicksals in Frankreich und Europa in der Zeit vor und nach dem Ersten Weltkrieg.

Marais | 17, rue Geoffroy-l'Asnier | Métro: St-Paul | www.memorialdela shoah.org | So–Fr 10–18, Do bis 22 Uhr | Eintritt frei

⭐ Notre-Dame F 4

Die Kathedrale »Zu Unserer Lieben Frau« ist Wahrzeichen von Paris und einer der bedeutendsten Sakralbauten der Frühgotik, erbaut zwischen 1163 und 1345. Notre-Dame war fortan Schauplatz höchster staatlicher Feierlichkeiten. Während der Französischen Revolution wurde die Kirche von Robespierre wie 2346 andere Kirchen Frankreichs zu einem »Tempel der Vernunft« erklärt (»temple de la raison«). Wenig später sollte sie abgerissen werden, doch Robespierre rettete sie, indem er sie dem »höchsten Wesen« weihte. 1830 verwüsteten Aufständische das erzbischöfliche Palais und die Schatzkammer.

Nach dem Erscheinen von Victor Hugos Roman »Notre-Dame de Paris« (1831) wurde das Bauwerk von Viollet-le-Duc restauriert. Besonders eindrucksvoll ist die Fassade mit ihren drei Portalen: Portal des Jüngsten Gerichts (Mitte), Marienportal (links), Annenportal (rechts). Über den Portalen erstreckt sich die Königsgalerie über die ganze Breite der Fassade. Die Kirche wird von drei großen Rosettenfenstern durchbrochen: Bei der Westrosette (um 1230) steht Maria in der Mitte, die Nordrosette (um 1250) zeigt Figuren und Geschehnisse des Alten Testaments, die Südrosette (um 1270) Christus umgeben von Aposteln und Märtyrern.

Île de la Cité | Pl. du Parvis-Notre-Dame | Métro: Cité | www.notredame deparis.fr | tgl. 8–18.45 Uhr

---

Orgelkonzert in der Kathedrale 1

Notre-Dame, der bedeutendste Sakralbau der Gotik, lädt jeden Sonntagnachmittag zu einem Orgelkonzert ein, das kostenlos und nicht nur für Musikfreunde ein Erlebnis ist (▶ S. 12).

⭐ Place des Vosges 🏷 G/H 4

Der älteste der großen Pariser Plätze ist wohl auch der schönste. Er wurde unter Henri IV. (1589–1610) angelegt. Der von einheitlichen Fassaden aus hellem Stein und roten Ziegeln umschlossene Platz sollte sowohl dem Adel als auch dem Volk für seine Feste dienen. Die 36 Adelspaläste werden nur von zwei Gebäuden überragt: dem Pavillon du Roi in der Mitte der Südseite und dem Pavillon de la Reine gleich gegenüber, den Stadtwohnungen des Herrscherpaares. In Nr. 14 wohnte Victor Hugo von 1832 bis 1848. 1902 wurde hier die Maison de Victor Hugo (▶ S. 133) eingerichtet.

❻ Pont-Neuf 🏷 F 4

Die »Neue Brücke«, 1606 unter Henri IV. vollendet, war die erste »moderne« Brücke von Paris. Hier verzichtete man erstmals auf die Brückenbebauung durch Häuser, legte Bürgersteige an und gab den Blick auf die Seine und den alten Königspalast frei. Von hier aus sieht man auch auf die grüne Spitze der Cité-Insel, wo weithin sichtbar das Reiterstandbild von Henri IV. aufragt, wegen seiner vielen Liebschaften vom Volk als »immergrüner Galan« verspottet. 1985 hüllte der bekannte Verpackungskünstler Christo den Pont-Neuf ein.

Île de la Cité | Métro: Pont-Neuf

❼ Rue des Rosiers 🏷 G 4

Seit mehr als 700 Jahren hat die jüdische Bevölkerung im Marais ihr Quartier. In der lebendigen kleinen »Rosenstraße« mit den krummen Häusern reihen sich winzige Lebensmittelgeschäfte mit köstlichem Apfelkuchen,

Ein Platz zum Feiern: Auf der Place des Vosges (▶ S. 59), wo die Pariser schon vor 400 Jahren große Feste zelebrierten, feiern heute Menschen aus aller Welt das Leben.

Im Marais lohnt es sich, in aller Ruhe zu bummeln und dabei Ausschau zu halten nach den schönen alten Geschäften wie dieser jüdischen Bäckerei.

Mohnschnitten, Falafel und koscherem Fleisch aneinander, hier und da gibt es einen Buchladen mit hebräischer Literatur, kleine Betschulen und auch das ein oder andere Café.
Marais | Métro: St-Paul

⭐ Sainte-Chapelle ♦ F4
Die in den riesigen Komplex des Justizpalastes auf der Cité-Insel integrierte zierliche Kapelle ist ein Meisterwerk der französischen Hochgotik und der älteste noch erhaltene Teil des Königspalastes, der vor dem Bau des Louvre an dieser Stelle stand. Louis IX. (1226–1270) ließ die Kirche zwischen 1244 und 1248 als Palastkapelle für die Reliquie der Dornenkrone Christi errichten. Das Besondere sind die zwei übereinanderliegenden Kapellen: Die untere – sieben Meter hoch und gold und blau ausgemalt – war für das Hofgesinde bestimmt, die obere, eigentliche Sainte Chapelle der Königsfamilie vorbehalten. Man erreicht sie über eine Wendeltreppe. Die schwerelos wirkende Oberkirche scheint nur aus Glas und Licht zu bestehen – bei Sonnenschein ein unvergessliches Erlebnis. Über 1000 Szenen erzählen in den 15 farbigen Fenstern Geschichten aus dem Alten und Neuen Testament. Einige Fenster der Kapelle stammen noch aus dem 13. Jh., die Rosette der Fassade aus dem 15. Jh.

🕐 Am frühen Nachmittag erstrahlt die lichtdurchflutete Kapelle in Rot und Blau.
Île de la Cité | Bd. du Palais, im Palais de Justice | Métro: Cité | sainte-chapelle.monuments-nationaux.fr | März–Okt. tgl. 9.30–18, Nov.–Feb. 9–17 Uhr | Eintritt 8,50 €

Îles, Beaubourg und Marais | 61

> **Chillen am Strand** 2
>
> Zwischen Mitte Juli und Mitte August fühlen sich Tausende von Parisern an ihrem Seine-Strand wie an der Côte d'Azur: Liegestühle unter Palmen, die Füße im weißen Sand, eine Runde Beach-Volleyball, ein Glas Pastis zum Apéritif und viel Musik (▶ S. 12).

MUSEEN UND GALERIEN

MUSEEN
- **8 Centre Pompidou** ▶ S. 134
- **9 Maison Européenne de la Photographie** ▶ S. 133
- **10 Maison de Victor Hugo** ▶ S. 133
- **11 Musée d'Art et d'Histoire du Judaïsme** ▶ S. 134
- **12 Musée Carnavalet** ▶ S. 134
- **13 Musée de l'Histoire de France** ▶ S. 136
- **14 Musée National d'Art Moderne – Musée Picasso** ▶ S. 139

GALERIEN
- **15 Galerie Chantal Crousel** ▶ S. 140
- **16 Galerie Daniel Templon** ▶ S. 140
- **17 Galerie Emmanuel Perrotin** ▶ S. 140
- **18 Galerie Karsten Greve** ▶ S. 141
- **19 Galerie Marian Goodman** ▶ S. 141
- **20 Galerie Thaddaeus Ropac** ▶ S. 141
- **21 Galerie Yvon Lambert** ▶ S. 141

ESSEN UND TRINKEN

22 Ambassade d'Auvergne X 0
Rustikal – Das Restaurant ist ein Muss für alle, die französische Spezialitäten aus der Auvergne mögen.
Marais | 22, rue du Grenier-St-Lazare | Métro: Rambuteau | Tel. 01/42 72 31 22 | www.ambassade-auvergne.com | tgl. 12–23 Uhr | €€

23 Benoît F 4
Bistro par exellence – Das 1912 eröffnete Lokal mit stilvollem Interieur gehört zum ständig wachsenden Imperium des Sternekochs Alain Ducasse. Schicker Promi-Treff.
Châtelet | 20, rue St-Martin | Métro: Châtelet | Tel. 01/42 72 25 76 | www.benoit-paris.com | Mo–Fr bis 22 Uhr | €€

24 Berthillon G 4
Seit drei Generationen – Das beste Eiscafé der Stadt mit 60 verschiedenen Sorten Eis und Sorbet.
Île St-Louis | 29–31, rue St-Louis-en-l'Île | Métro: Pont Marie | www.berthillon.fr | Mi–So 10–20 Uhr

25 Derrière ▶ S. 28

26 Georges G 3/4
Einzigartiges Panorama – Nicht zuletzt wegen des tollen Blickes auf die Stadt ist das Restaurant auf dem Dach des Centre Pompidou (▶ S. 134) so begehrt. Super gestylt. Ein wenig zu teuer, aber wie gesagt: der Blick!
Beaubourg | 120, rue St-Martin | Métro: Rambuteau, Hotel de Ville | Tel. 01/44 78 47 99 | Mi–Mo bis 2 Uhr | €€

27 Nanashi G 3
Angesagt – Wer in Paris weiß, wo's langgeht, geht ab und an zu diesem Japaner und genießt dessen besonders frische und leichte Küche.
Marais | 57, rue Charlot | Métro: St Sébastien-Froissart | Mo–Sa 12–24, So 12–18 Uhr | €€

EINKAUFEN

ANTIQUITÄTEN

㉘ Village Saint-Paul G 4

Ein ganzes »Dorf« voller Antiquitäten in den alten Gässchen des Marais-Viertels am rechten Seine-Ufer.

Marais | 7–21, rue St-Paul | Métro: St-Paul | Do–Mo

BÜCHER

㉙ La Librairie des Archives G 4

Kunstliebhaber werden in diesem Laden für Kunstbände fündig. Seltene und vergriffene Bücher.

Marais | 83, rue Vieille-du-Temple | Métro: St-Sébastien-Froissart | www.librairiedesarchives.com

KULINARISCHES

㉚ Finkelsztajn G 4

Jiddische Leckereien – Zum Imbiss am Mittag einfach ein Stück köstlichen hausgemachten Mohnstrudel kaufen und ihn im Schatten der Bäume auf der Place des Vosges (▶ S. 59) verzehren? Hinter einer Mosaikfassade aus den 1930er Jahren betreibt Florence Finkelsztajn ein Feinkostgeschäft mit Bäckerei und Konditorei und zelebriert jiddische Küche. Auch russische und polnische Backspezialitäten.

Marais | 24, rue des Écouffes/Ecke 19, rue des Rosiers | Métro: St-Paul

㉛ Izraël G 4

Dieser Gewürzladen ist legendär! Es gibt Unmengen an exotischen Kräutern, Trockenfrüchten und internationalen Spirituosen. So mancher kommt auch nur hierher, um die Aromen zu schnuppern.

Marais | 30, rue François-Miron | Métro: St-Paul

MÄRKTE

㉜ Marché des enfants rouges G 4

Seit 1615 gibt es auf diesem Markt die frischesten Fische, das frischeste (Bio)-Gemüse, den köstlichsten Käse. Erholsam: ein Glas Wein und ein Teller Antipasti auf der überdachten Terrasse in einem der kleinen Restaurants. Sehr lebendiges Treiben und Treffpunkt der Leute aus dem Viertel.

Marais | 39, rue de Bretagne | Métro: St Sébastien-Froissart

MODE

㉝ Azzedine Alaïa G 4

Auf den Klingelknopf drücken, dann öffnet sich die Tür zu dem fabrikähnlichen Showroom, in dem der Modedesigner aus Tunesien Haute-Couture-Kreationen zeigt. Sexy Schuhe.

Marais | 18, rue de la Verrerie | Métro: Hôtel de Ville

㉞ L'Éclaireur G 4

Ein Wegweiser für alle (Damen)-Mode-Interessierten. Mehrere Designer-Boutiquen unter einem Dach, gestylt von Philippe Starck und Jean Nouvel. Den Herren wird jeder Mode-Wunsch in der nahen Rue Malher erfüllt.

Marais | 3, rue des Rosiers | www.leclaireur.com | Métro: St-Paul

㉟ Les Prairies de Paris G 3/4

Galerie und Boutique in einem: Im Erdgeschoss ihrer zweiten Pariser Niederlassung organisiert Laetitia Ivanez Ausstellungen und Events, unten präsentiert sie ihr eigenes Modelabel (viel Farbe). Abteilung für Kinder.

Marais | 23, rue de Debelleyme | Métro: St-Sébastien Froissart | www.lesprairiesdeparis.com

Bis unter die Decke stapeln sich bei Izraël (▶ S. 62) die herrlichsten Gewürze. Es duftet so wunderbar, dass einem beinahe schwindelig wird.

36 Zadig&Voltaire ▶ S. 37

KULTUR UND UNTERHALTUNG

37 Gaité Lyrique 🚩   G 3

Das hat es in Paris bisher noch nicht gegeben: ein Forum für digitale Kunst in historischem Rahmen. Das ehemals berühmte Operettenhaus Théatre de la Gaité aus der Belle Époque ist nach zehnjähriger Renovierung in ein hochmodernes Forum für digitale Medien umgewandelt worden. Jetzt gibt's hier Life-Auftritte angesagter DJs von elektronischer Musik, Video-Projektionen, Installationen, Performances, Ausstellungen und Konzerte. Dazu Shop und ein Café mit Magazinauswahl.

Beaubourg | 3 bis, rue Papin | Métro: Reaumur Sébastopol | www.gaite-lyrique.net | Di–Sa 14–20, So 14–18 Uhr | Eintritt 7 €, erm. 5 €

38 Théâtre du Chatelêt   F 4

Das schöne, kürzlich renovierte Haus im Second-Empire-Stil lockt ein breites Publikum mit seinem vielfältigen Programm: Klavierabende, Varieté und Tanztheater ebenso wie Jazz, Chanson und komische Oper.

Châtelet | 1, pl. du Châtelet | Métro: Châtelet | Tel. 01/40 28 28 00 | www.chatelet-theatre.com

39 Théâtre de la Ville   F 4

Eines der führenden Pariser Tanztheater mit internationalen Choreografien. Unter anderem kann man hier Aufführungen von Berühmtheiten wie Sasha Waltz und Anne Teresa De Keersmaeker erleben.

Châtelet | 2, pl. du Châtelet | Métro: Châtelet | Tel. 01/42 74 22 77 | www.theatredelaville-paris.com

LOUVRE, OPÉRA UND HALLEN

Im Herzen der Stadt mit dem Palais Royal, der Opéra Garnier und dem weltberühmten Louvre zeigt sich Paris von seiner mondänen Seite. Hier lag früher mit dem Großmarkt Les Halles auch der »Bauch von Paris«. Diese Gegend soll wieder gedeihn.

Paris hat 20 Stadtbezirke und jedes dieser »arrondissements« besteht aus vier Vierteln, den »quartiers«. Bei der postalischen Anschrift wird die Nummer des Arrondissements in die Postleitzahl von Paris (75000) eingefügt, zum Beispiel 75001 für einen Adressaten im 1. Arrondissement. Die Nummerierung der Häuser beginnt immer an dem der Seine am nächsten gelegenen Teil der Straße. Die Nummerierung der Arrondissements verläuft von 1 aus spiralförmig nach außen.

Herz der Hauptstadt ist das Arrondissement Louvre mit der Nummer 1. Rund um die Place André Malraux mit dem Palais Royal (▶ S. 67), einer der Urzellen der Großen Revolution, zeigt sich Paris als mondäne Metropole: Hier nimmt die Avenue de l'Opéra ihren Ausgang, hier verlaufen die 3 km lange Rue de Rivoli mit den berühmten Arkaden, an die das Louvre-Museum (▶ S. 136, 142) und die Tuilerien-Gärten (▶ S. 66) grenzen und

◄ Der Arc de Triomphe du Carrousel im
Jardin des Tuileries (▶ S. 66).

die Einkaufsstraße Rue du Faubourg St-Honoré. Von der vornehmen Place Vendôme mit ihren Juweliergeschäften, Banken und dem Grand Hotel Ritz, führt die Luxusstraße Rue de la Paix direkt zur Opéra Garnier (▶ S. 41). Von hier aus sind die Nobel-Kaufhäuser Printemps und Galeries Lafayette nicht weit, sowie rund um die Börse die überdachten Passagen aus dem 19. Jh. – Wunderwerke der Architektur mit ihren Restaurants, Tee-Salons und kleinen Kuriositätenläden. Auch ein Blick in den Lesesaal der altehrwürdigen Nationalbibliothek (▶ S.100), wo seit Beginn des 18.Jh. alte Handschriften und Bücher archiviert werden, lohnt sich.

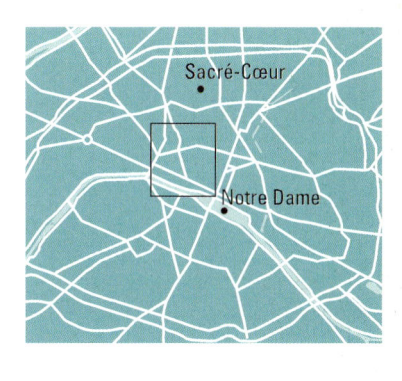

DER BAUCH VON PARIS

Mehr als hundert Jahre befand sich in der Mitte von Paris der Großmarkt Les Halles, der als »Bauch von Paris« in Emile Zolas gleichnamigem Roman »Le ventre de Paris« zu Berühmtheit kam. Zola und zahlreiche seiner Schriftsteller-Kollegen liebten und beschrieben das spezielle Milieu der Markthallen, wo sich die Bürger vom Kohlkopf bis zum Hühnchen alles besorgen konnten, was sie für ihren Mittagstisch brauchten. Die eindrucksvolle filigrane Eisenarchitektur der Hallen war dem Architekten Victor Baltard zu verdanken, der sie unter Napoleon III. errichtet hatte.
Auf ihren Abriss und die Übersiedlung im März 1969 an die Peripherie nach Rungis reagierten die Pariser empört. Dass ihr geliebter Großmarkt aus dem Stadtbild verschwinden musste und ein gähnendes Loch hinterließ, das im Auftrag des Pariser Bürgermeisters Jacques Chirac mit dem Forum des Halles gestopft wurde – darüber kommen sie bis heute nicht hinweg. Der unterirdische Kommerzkomplex aus verspiegeltem Glas, Beton und Aluminium beherbergt Läden, Restaurants, Kinos und das Forum des Images, in dem Filme zum Thema Paris gezeigt werden.
Nun soll es auch mit diesem urbanen Albtraum bald ein Ende haben: Bürgermeister Delanoe hat grünes Licht für die Umgestaltung des gesamten Hallen-Bereichs gegeben, und die Arbeiten haben bereits begonnen. Bis 2016 soll das Einkaufszentrum fertig sein und ein großzügig angeleg-

ter Park den Bauch von Paris wieder attraktiv machen. Als »Kirche des Hallenviertels« genießt Sainte-Eustache (▶ S. 68), zwischen Gotik und Renaissance am Markt erbaut, große Beliebtheit. In einer ihrer Kapellen befindet sich eine farbenprächtige Skulptur des Künstlers Raymond Mason aus den 1960er-Jahren, die an das ehemalige Marktgeschehen erinnert: »Der Auszug von Obst und Gemüse aus dem Herzen von Paris«.

SEHENSWERTES

1 Arc de Triomphe du Carrousel
E 3/4

1806–1808 zur Verherrlichung der napoleonischen Siege im klassizistischen Stil errichtet, war der von einer Bronze-Quadriga gekrönte »kleine Triumphbogen« zwischen Louvre und Tuileriengarten einst der Zugang zum Hof des Tuilerienschlosses.
Louvre | Rue de Rivoli | Métro: Palais Royal

2 Fontaine des Innocents
F 3/4

Wo heute der Renaissancebrunnen von Pierre Lescot (1510–1578) plätschert, stank es bis 1786 zum Himmel. 800 Jahre lang hatte man hierher die Toten des Krankenhauses Hôtel Dieu und der umliegenden Pfarrgemeinden gebracht. Das Massengrab soll bis zu zwei Millionen Tote gezählt haben.
Les Halles | Sq. des Innocents | Métro: Châtelet Les Halles

5 Jardin des Tuileries
E 3

Die 25 ha große Parkanlage zwischen Louvre und Place de la Concorde wurde 1664 vom königlichen Gartenarchitekten Le Nôtre zu einem klassischen Meisterwerk gestaltet. Seinen Namen erhielt der Garten durch die zahlreichen Ziegelöfen, in denen die Ziegel (»tuiles«) für die umliegenden Quartiers gebrannt wurden. Herrliche Alleen laden zum Flanieren ein, zwischen den zahlreichen Marmorstatuen auf den Rasenflächen erholen sich die Pariser in der Mittagspause.
Concorde | Métro: Tuileries, Concorde

Boule spielen in den Tuilerien

»Pétanque« nennen die Franzosen ihren Nationalsport – Boule spielen. Und was könnte entspannender wirken und zugleich mehr Spaß machen, als sich in einen Pariser Park zu setzen und den alten Männern zuzuschauen, wie sie in kleinen Grüppchen zusammenstehen und sich auf den Wurf ihrer Kugeln konzentrieren?

3 Madeleine
E 3

Der zunächst von Napoléon geplante »Ruhmestempel der Armee« wurde unter Louis XVIII. (1815–1824) Pfarrkirche. Der Sakralbau ist von einer majestätischen Kolonnade umgeben, deren 52 korinthische Säulen in 50 m Höhe einen Skulpturenfries tragen. Nahe der Madeleine gibt es einen wunderschönen Blumenmarkt.
Madeleine | Pl. de la Madeleine | Métro: Madeleine

Louvre, Opéra und Hallen | 67

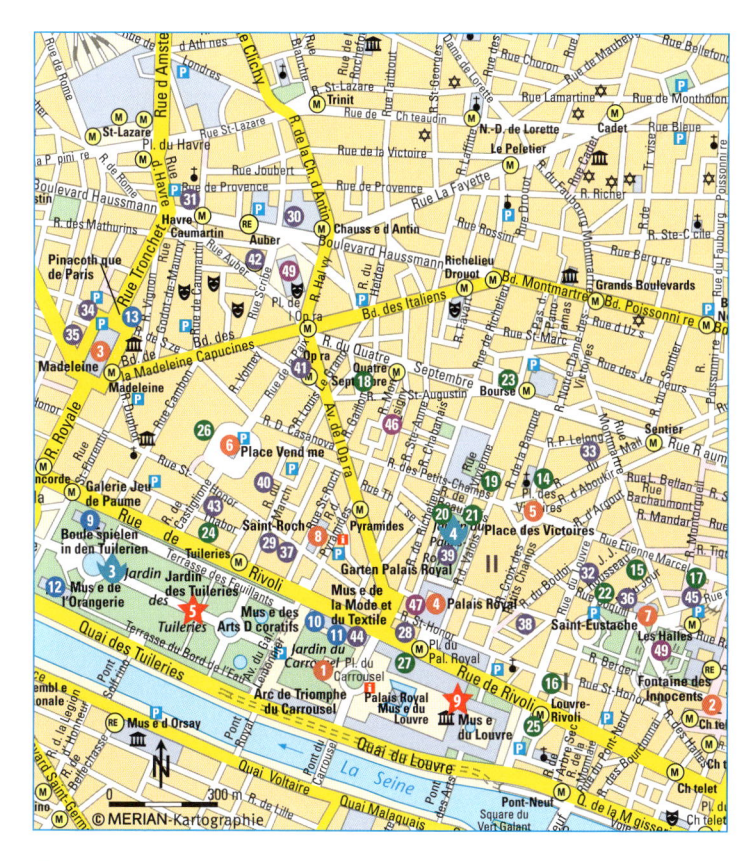

❹ Palais Royal E3

Unter den königlichen Arkaden des Palais Royal, das sich Kardinal Richelieu 1629 bauen ließ, siedeln kleine Antiquitäten- und Briefmarkenläden, Cafés und Restaurants. Im Nobelrestaurant Le Grand Véfour speisten schon Napoléon und Victor Hugo. Zu Beginn des 18.Jh. war das königliche Palais Treffpunkt der Aristokratie. Künstler, Schriftsteller und Kurtisanen vergnügten sich in den Spielsälen und Clubs. Um 1789 wurde der Garten zum Agitationsfeld der Revolutionäre. 1954 starb die Schriftstellerin Colette hinter einem der Fenster des Palais, der Schriftsteller und Regisseur Jean Cocteau hatte hier lange eine Wohnung. Heute beherbergt das Kardinalsgebäude den Staatsrat und das Kultusministerium. Für großes Aufsehen sorgte 1986 die Aufstellung der schwarz-weißen Marmorsäulen des französischen Künstlers Daniel Buren.

Palais Royal | Pl. du Palais Royal | Métro: Palais Royal

Entspannen im Garten des Königspalastes ④

Le Jardin du Palais Royal ist einer der stillsten und schönsten Palastgärten von Paris: Auf den breiten Wegen wandelt man zwischen üppig angelegten Blumenbeeten unter Linden (▶ S. 13).

❺ Place des Victoires F3

Der runde königliche Platz von 1685 mit Säulengängen, eleganten Häusern und einem Denkmal des Sonnenkönigs Louis XIV. in der Mitte wurde von Jules Hardouin-Mansart gestaltet. Große Modehäuser locken hier mit ihren Kreationen, und viel Mondänes gibt es auch in den angrenzenden Straßen.
Palais Royal | Métro: Bourse, Palais Royal

❻ Place Vendôme E3

Der unter Louis XIV. (1643–1715) angelegte aristokratische Platz ist streng klassizistisch. Die aus Bronze gegossene, 44 m hohe Vendôme-Säule wird von einer Statue Napoléons gekrönt. Hier befinden sich das Justizministerium und das Nobelhotel Ritz mit der berühmten Hemingway-Bar (▶ S. 71).
🕘 Der Platz ist ein einzigartiges Erlebnis bei nächtlicher Beleuchtung.
Tuilerien | Métro: Concorde, Tuileries

❼ Saint-Eustache F3

Die »Kirche des Hallenviertels«, zweitgrößter Sakralbau von Paris, genießt die 1532–1637 nach dem Vorbild von Notre-Dame entstandene Kirche höchste Popularität. Hier wurde das Totenamt für Mozarts Mutter gehalten, fand das Requiem für Mirabeau statt, wurde 1622 Molière getauft und feierte Louis XIV. seine Erstkommunion.
Les Halles | Rue Rambuteau | Métro: Les Halles

❽ Saint-Roch E3

Diese Kirche an der Rue Sainte-Honoré im Herzen von Paris wurde 1653–1740 nach Plänen des Architekten Jacques Lemercier erbaut. Sehenswert ist das Interieur mit der Sainte-Chapelle, der Marienkapelle. In Saint-Roch befinden sich die Gräber bedeutender Franzosen wie des Dramatikers Pierre Corneille, des großen Gartenarchitekten Le Nôtre und des Schriftstellers Denis Diderot. Weltberühmt ist auch die denkmalgeschützte Orgel.
Louvre | 296, rue St-Roch | Métro: Pyramides, Tuileries

MUSEEN

❾ **Jeu de Paume** ▶ S. 132
❿ **Musée des Arts Décoratifs** ▶ S. 134
⭐ **Musée du Louvre** ▶ S. 136, 142
⓫ **Musée de la Mode et du Textile** ▶ S. 137
⓬ **Musée de l'Orangerie** ▶ S. 138
⓭ **Pinacothèque de Paris** ▶ S. 140

ESSEN UND TRINKEN
RESTAURANTS

⓮ Chez Georges F3

Typisch pariserisch – Das kleine Restaurant ist eine wahre Institution im Viertel. Man glaubt sich in die Zeit um 1900 zurückversetzt: Theke, Gestühl, Spiegel – alles original. Hierher kommen auch viele Businessleute.
Sentier | 1, rue du Mail | Métro: Sentier | Tel. 01/42 60 07 11 | Mo–Sa 12–14 und 19–21.45 Uhr | €€

🟢 15 Le Cochon à l'Oreille 🏷️ F3

Belle-Époque-Ambiente – An den gekachelten Wänden Szenen aus dem Markthallen-Leben, im Topf Arme-Leute-Gerichte wie Lammbries. Touristisch, aber liebenswert.

Les Halles | 15, rue Montmartre | Métro: Les Halles | Tel. 01/42 36 07 56 | Di–Fr 12–15 und 19.30–22.30 Uhr | €€

🟢 16 La Dame de Pic ▶ S. 28

🟢 17 L'Escargot Montorgueil 🏷️ F3

Spezialität: Schnecken – Gute französische Küche genossen hier schon Marcel Proust und Sarah Bernard, nach der auch einer der »Salons« benannt ist. Charlie Chaplin und Picasso nannten das im Empire-Stil eingerichtete Traditionslokal liebevoll ihre »Pariser Kantine«. Persönliches Ambiente.

Les Halles | 38, rue Montorgueil | Métro: Étienne-Marcel, Les Halles | Tel. 01/42 36 83 51 | www.escargot-montorgueil.com | Di–So bis 23 Uhr | €€

🟢 18 La Fontaine Gaillon 🚩 🏷️ E3

Essen bei Départdieu – Korpulenter Obelix-Darsteller, notorischer Gourmet, Besitzer eines Weingutes und französischer Filmstar mit russischem Pass: Gérard Départdieu schaut immer mal nach, ob sich die Gäste in seinem Restaurant wohlfühlen. Klassischer Chic mit Brunnen auf der begrünten Terrasse. Gleich gegenüber: Départdieus Restaurant L'Écaille de la Fontaine (Fisch und Meeresfrüchte).

Opéra | Place Gaillon | Métro: Opéra | Tel. 01/47 42 63 22 | www.restaurant-la-fontaine-gaillon.fr

Die klassizistische Place Vendôme (▶ S. 68) zählt zu den fünf königlichen Plätzen von Paris. Die Triumphsäule erinnert an Napoleons Sieg in der Schlacht bei Austerlitz.

Zu ihm schaut man auf im 21. Jahrhundert: Im Restaurant Grand Véfour (▶ S. 70), wo schon Napoleon speiste, herrscht heute der Küchenchef Guy Martin.

⑲ Le Grand Colbert   F3

Architektonisches Juwel – Allein der gekachelte Fußboden! Und die 6 m hohen Wände und Malereien. Die nach dem berühmten französischen Minister Jean-Baptiste Colbert (unter Ludwig XIV.) benannte »Grande Brasserie Parisienne« ist bereits seit 1900 beliebter Treffpunkt eines kosmopolitischen Publikums.

Bourse | 2–4, rue Vivienne | Métro: Bourse | Tel. 01/42 86 87 88 | www.legrandcolbert.fr | tgl. 12–1 Uhr | €€

⑳ Le Grand Véfour   F3

Seit 1784 – Hier haben von Napoléon über Victor Hugo bis zu Colette schon zahlreiche Größen gespeist. Wunderschönes Interieur unter Denkmalschutz. Besitzer ist seit 2000 Frankreichs Spitzenkoch Guy Martin.

Palais Royal | 17, rue de Beaujolais | Métro: Bourse | Tel. 01/42 96 56 27 | www.grand-vefour.com | Mo–Fr abend bis 22.15 Uhr | €€€€

㉑ Restaurant du Palais Royal   F3

Exquisite Lage – Zur königlichen Residenz gehört einer der schönsten öffentlichen Gärten von Paris. Ein Genuss, an einem warmen Abend auf der Restaurantterrasse mit Blick in den Park zu sitzen und in der Stille zu speisen.

Palais Royal | 110, galerie de Valois | Métro: Palais Royal | Tel. 01/40 20 00 27 | www.restaurantdupalaisroyal.com | Mo–Sa 12–14 und 19–22 Uhr | €€

㉒ Au Pied de Cochon   F3

Pariser Institution – Seit 1946 ist der »Schweinsfuß« im legendären Hallenviertel rund um die Uhr geöffnet und

Louvre, Opéra und Hallen | 71

bietet auch noch morgens um zwei Uhr Schwein in allen Variationen. Viele Nachteulen aber ziehen um diese Stunde die gute Zwiebelsuppe vor.
Les Halles | 6, rue Coquillière | Métro: Châtelet-les-Halles | Tel. 01/40 13 03 81 | www.pieddecochon.com | tgl. 24 Std. geöffnet | €€

23 Le Vaudeville F3
Medien-Treff – Authentische Stimmung in Jugendstilambiente nahe der Nachrichtenagentur Agence France Presse und der Börse.
Bourse | 29, rue Vivienne | Métro: Bourse | Tel. 01/40 20 04 62 | www.vaudevilleparis.com | tgl. 12–15 und 19–24 Uhr | €€

CAFÉS UND BARS
24 Angelina E3
Berühmter Teesalon – Der Tisch Nr. 12 war für Marcel Proust reserviert, und Coco Chanel kam auch häufig.
Louvre | 226, rue de Rivoli | Métro: Tuileries | tgl. 9.30–19 Uhr

25 Le Fumoir F4
Lokale Institution – Man sitzt in alten Ledersesseln, schaut auf Ölgemälde und genießt einen Martini an der Bar.
Louvre | 6, rue l'Amiral de Coligny | Métro: Louvre Rivoli | www.lefumoir.fr | tgl. 11–2 Uhr

26 Hemingway Bar im Ritz E3
Weltberühmt – Weil das Hotel und seine Bar für den US-Schriftsteller Ernest Hemingway sein zweites Zuhause waren und er hier sehr viel Whisky trank, wurde sie nach ihm benannt.
Opéra | 15, pl. Vendôme | Métro: Opéra | www.ritzparis.com

27 Café Marly E/F3
Chic und beliebt – Exquisiter Treff im Richelieu-Flügel des Louvre. Die Terrasse unter den Arkaden bietet einen guten Blick auf die gläserne Pyramide und den Innenhof. Perfekt für ein Glas Champagner.
Louvre | 93, rue de Rivoli | Métro: Palais Royal, Musée du Louvre | Tel. 01/49 26 06 60 | tgl. 8–2 Uhr

EINKAUFEN
BÜCHER
28 Delamain E/F3
Buchladen mit jahrzehntelanger Tradition. Hier finden Sie wunderschöne alte und neue Bildbände.
Palais Royal | 155, rue St-Honoré | Métro: Tuileries | www.librairie-delamain.com

KAUFHÄUSER
29 Colette E3
Der Inbegriff des Konzeptladens mit Kultstatus ist eine Fundgrube für angesagte Musik, Magazine, Bücher, Kosmetik aus USA, Wohnaccessoires, trendy Kleider. Alles leider nicht ganz günstig. Außerdem: gestyltes Café, Cocktails, kleine Gerichte.
Tuileries | 213, rue St-Honoré | Métro: Tuileries | www.colette.fr

---

Nostalgischer Charme in der Galerie Vivienne 5

Zu den schönsten Pariser Passagen gehört diese elegante Galerie mit ihren attraktiven Spezialgeschäften. Man achte auf die Spiegel, die einzigartigen Mosaikböden und die Stuckwände (▶ S. 13).

㉚ Galeries Lafayette ▶ S. 36

㉛ Le Printemps 📕 E 2
Modernes Luxuskaufhaus mit allem, was das Herz begehrt. Man kann sich auch nach Herzenslust im hauseigenen Friseursalon stylen lassen.
Opéra | 64, bd. Haussmann | Métro: Havre-Caumartin | www.printemps.com

KÜCHE UND WOHNEN

㉜ Dehillerin 📕 F 3
Das altmodisch anmutende Geschäft von 1820 ist ein wahres Dorado für Hobby- und Profiköche: Von der kupfernen Kanne bis zu außergewöhnlichen Bestecken findet sich alles.
Les Halles | 18–20, rue Coquillière | Métro: Les Halles | www.e-dehillerin.fr

㉝ Pierre Frey 🚩 📕 F 3
Einer der großen französischen Inneneinrichter. In neuen Räumlichkeiten präsentiert er Geschirr, Tischwäsche, Lampen, Stoffe.
Sentier | 27, rue du Mail | Métro: Sentier | www.pierrefrey.com

KULINARISCHES

㉞ Hédiard 📕 E 3
Bereits seit 1854 beliefert dieses distinguierte Feinkostgeschäft voller luxuriöser Leckereien aus aller Welt die anspruchsvollsten Häuser von Paris.
Madeleine | 21, pl. de la Madeleine | Métro: Madeleine | www.hediard.fr

㉟ Maison de la Truffe 📕 E 3
Trüffel aus dem Périgord, aus Italien, köstliche Gänseleberpastete und mehr.
Madeleine | 19, pl. de la Madeleine | Métro: Madeleine

MODE

㊱ Agnès B. 📕 F 3
Der neue, heimliche Star der Pariser Modeszene.
Les Halles | 4, rue du Jour | Métro: Les Halles | www.agnesb.fr

㊲ Chantal Thomass 📕 E 3
Französischer geht es nicht! Verführerische Negligés, seidene Dessous.
– Tuileries | 211, rue St-Honoré | Métro: Tuileries
– Madeleine | 2, rue Tronchet | Métro: Madeleine

㊳ Christian Louboutin 📕 F 3
Ja, es ist der mit der roten Schuhsohle. Die hat ihn berühmt und seine Kreationen begehrt gemacht.
Palais Royal | 19, rue Jean-Jacques Rousseau | Métro: Palais Royal

㊴ Maison Fabre ▶ S. 37

㊵ Marc by Marc Jacobs 🚩 📕 E 3
Neue Boutique des berühmten Designers: Prêt-à-porter, Schuhe, Accessoires – und das bezahlbar.
Palais Royal | 19, pl. du Marché-Saint-Honoré | Métro: Pyramides

㊶ Repetto 📕 E 3
Die schönsten Ballerinas von Paris! Auch das legendäre Brigitte-Bardot-Modell »Saint-Trop«.
Opéra | 22, rue de la Paix | Métro: Opéra

㊷ Uniqlo 📕 E 2
Der Laden des Japaners wird von jungen Leuten gestürmt. Klare, sachliche Schnitte, sehr fein, bezahlbar.
Opéra | 15, rue Scribe | Métro: Chaussée d'Antin | www.uniqlo.com

Louvre, Opéra und Hallen | 73

㊸ Vanessa Bruno ▶ S. 37

SONSTIGES

㊹ Shop im Musée des Arts Décoratifs E3

Einer der schönsten Museumsläden ist der im Kunstgewerbemuseum Musée des Arts Décoratifs. Bücher, Schmuck, Accessoires, Porzellan, Spielzeug.
Louvre | 107, rue de Rivoli | Métro: Palais Royal | www.lesartsdecoratifs.fr

㊺ Spa Nuxe F3

Rein pflanzliche Produkte wie das Köperöl »Huile Prodigieuse«. Steinmauern und Naturfarben im angeschlossenen, sehr schönen Spa-Bereich, in dem es sich schon bei einer Gesichtsmassage wunderbar entspannen lässt.
Hallen | 32, rue Montorgueil | Métro: Les Halles | www.nuxe.com

KULTUR UND UNTERHALTUNG

㊻ Bouffes Parisiens E3

Das von Jacques Offenbach gegründete Boulevardtheater spielt Operetten und zeitgenössische Komödien.
Bourse | 4, rue Monsigny | Métro: Quatre Septembre | Tel. 01/42 96 92 42 | www.bouffesparisiens.com

㊼ Comédie Française ▶ S. 41

㊽ Forum des Images F3

Paradies für Filmnarren und Parisfans. Spiel- und Dokumentarfilme über Paris. Alte Wochenschauen.
Les Halles | 2, Grande Galerie, Forum, Porte St-Eustache | Métro: Les Halles | Tel. 01/44 76 62 00 | www.forumdesimages.fr | Di–Sa 12.30–21Uhr

㊾ Opéra Garnier ▶ S. 41, 47

Einkaufen wie im 19. Jahrhundert: Die Galerie Vivienne (▶ S. 71) mit ihren herrlichen Läden und Wandelgängen gehört zu den schönsten Einkaufspassagen von Paris.

CHAMPS-ÉLYSÉES UND DER WESTEN VON PARIS

In dieser Gegend präsentiert sich Paris bombastisch: prachtvoll mit dem Boulevard Champs-Élysées, der Place de la Concorde und dem Arc de Triomphe, futuristisch mit der Skyline von La Défense.

»Gefilde der Seligen« wurde die königliche Pariser Allee zwischen Place de la Concorde und Triumphbogen genannt, nachdem Gartenarchitekt André le Nôtre sie 1667 für den Hof anlegen ließ. Später verwandelten sich die Champs-Élysées in einen mondänen Boulevard mit Cafés und Restaurants. 1944, anlässlich der Befreiung von der deutschen Besatzung, zog General de Gaulle auf der Prachtstraße nach Paris ein, jedes Jahr am 14. Juli nutzt Frankreich die »schönste Avenue der Welt« für Militärparaden am Nationalfeiertag. Den Abschluss der Königsachse Louvre – Place de la Concorde – Champs-Élysées – Arc de Triomphe bildet im Westen La Grande Arche, der 110 m hohe Torbogen aus Glas und Marmor im futuristisch-kühlen Wolkenkratzer- und Büroviertel La Défense. Heute

◀ Die Place du Trocadéro (▶ S. 78) gibt den Blick zum Eiffelturm (▶ S. 76) frei.

siedeln vorwiegend Banken, Versicherungen, Fluggesellschaften und Luxusgeschäfte an den Champs-Élysées. Dennoch kann sich niemand der Faszination dieser Avenue entziehen – schon gar nicht, seitdem die Trottoirs erweitert, mit hellem Granit belegt und in zwei Reihen Platanen gepflanzt wurden.
Rechts der Seine konzentrieren sich Finanz- und Geschäftswelt, Verlags – und Pressehäuser. Hier residiert der französische Staatspräsident im kostbar ausgestatteten Élysée-Palast. Die klassisch-elegante Rue du Faubourg St-Honoré mit ihren exklusiven Haute-Couture-Läden führt in Richtung Westen zur Place des Ternes. Hier im 16. Arrondissement (kurz: »le seizième«) ist es sehr schön, sehr fein und sehr teuer.
Der Triumphbogen scheint zum Greifen nah. Er wurde nach antikem Vorbild konzipiert und steht in der Mitte der Place Charles-de-Gaulle. Großartig: Von hier aus führen zwölf breite Straßen sternförmig in alle Himmelsrichtungen. Und von überall her fällt der Blick auf das mehr als 300 m hohe Wahrzeichen von Paris, den Eiffelturm in den Parkanlagen des Marsfeldes links der Seine.

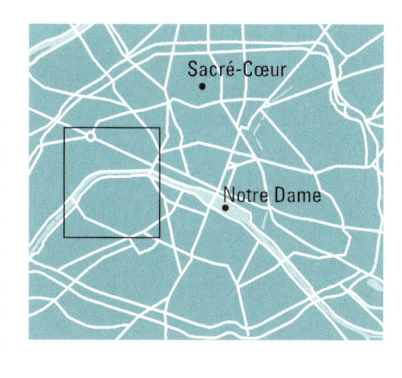

SEHENSWERTES

Arc de Triomphe　　C 2
Dieser 50 m hohe Triumphbogen am oberen Ende der Champs-Élysées ist eine imposante Erinnerung an Kaiser Napoléon I.: 1806 ließ er mit den Arbeiten für das klassizistische Monument beginnen, vollendet wurde es allerdings erst 1836 unter Louis Philippe. Die Seiten des riesigen Bogens sind mit 2 m hohen Skulpturen zur Geschichte der Großen Armee geschmückt. 1840 trug man den toten Kaiser während einer Trauerfeier durch das Bogentor zum Invalidendom, 1885 wurde der Dichter Victor Hugo hier aufgebahrt, am 26. August 1944 feierte Frankreich hier mit General de Gaulle die Befreiung. Unter dem Triumphbogen befindet sich das Grabmal des Unbekannten Soldaten. Grandioser Blick von der Aussichtsplattform, kleines Museum zur Geschichte des Monuments.
Étoile | Pl. Charles-de-Gaulle | Métro: Charles-de-Gaulle-Étoile | Okt.–März tgl. 10–22.30, April–Sept. tgl. 10–23 Uhr, Kassenschluss 30 Min. vorher | Eintritt 9,50 €

⭐ Eiffelturm (Tour Eiffel) 🚻 🍃 C 4

Der Eiffelturm ist das berühmteste Wahrzeichen von Paris – im Miniformat auch begehrt als Souvenir und Sammlerstück. Die Idee zum Bau der 320 m hohen, 7000 t schweren Eisenkonstruktion in den Parkanlagen des Marsfeldes nahe der Seine hatte der Brückenbauingenieur Gustave Eiffel (1832–1923). Als das anfänglich als »scheußliche Säule aus verschraubtem Blech« kritisierte Werk im Mai 1889 eingeweiht wurde, war die Skepsis bereits in Begeisterung umgeschlagen. Als »Venus aus Stahl« bezeichnete Jean Cocteau die schlanke Konstruktion, für Guillaume Apollinaire war sie die »Schäferin der Wolken«. Bei klarem Wetter hat man einen großartigen Blick. Nicht zuletzt deshalb ist das Restaurant Jules Verne (▶ S. 79) oben im Turm so beliebt.

Champ de Mars | Métro: Bir-Hakeim, Champ de Mars | www.tour-eiffel.fr | Aufzug: Jan.–Mitte Juni, Sept.–Ende Dez. 9.30–23.45, Mitte Juni–Ende Aug. 9–0.45 Uhr | Eintritt 13,10 €, erm. 9 €

❶ Les Jardins présidentiels (Präsidenten-Gärten) 🚩 🍃 D 3

Neuerdings dürfen Besucher die Tore zu den herrlichen Gärten des Präsidentenpalastes Palais de l'Élysées und des Hôtel Matignon, Sitz des Premierministers, durchschreiten und auf gekiesten Wegen zwischen Kastanien, Linden und Zypressen jahrhundertealte Gartenkunst genießen.

Champs-Élysées | Parc du Palais de l'Élysée, Eingang Avenue Gabriel | Métro: Champs-Élysées Clémenceau | jeden letzten So im Monat, 13–19 Uhr (April–Sept.), 12–17 Uhr (Okt.–März)

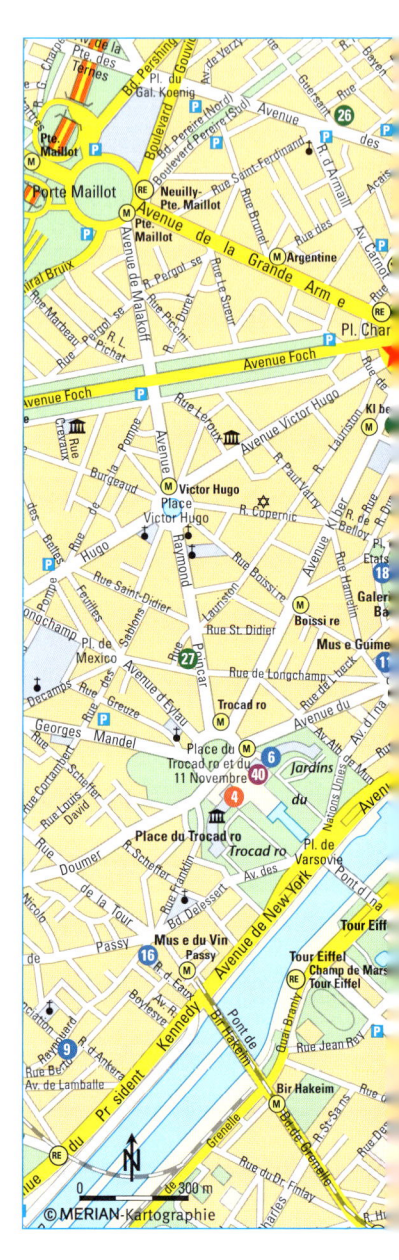

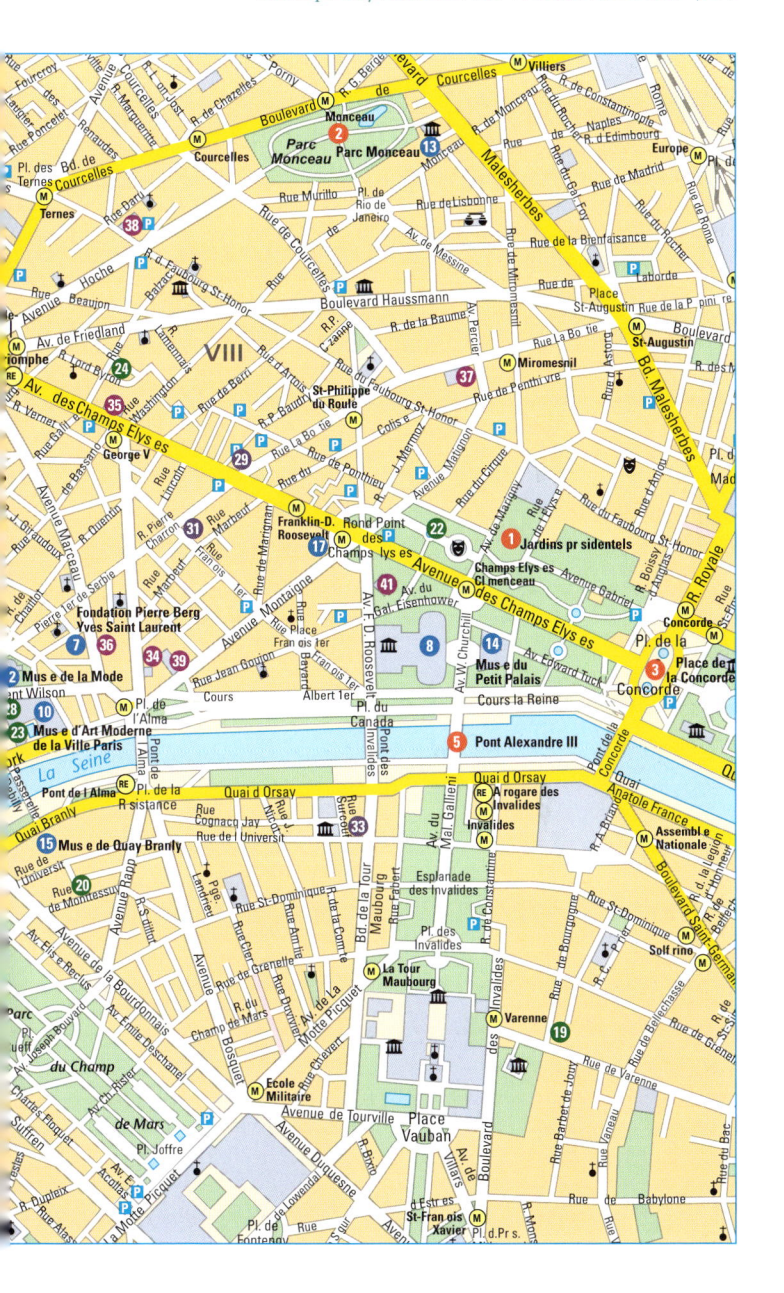

Champs-Élysées und der Westen von Paris | 77

❷ Parc Monceau 🚇 D 2

Der von Philippe d'Orléans Ende des 18. Jh. angelegte Park ist Tummelplatz der Pariser Bourgeoisie und ihrer Zöglinge. Er hat eine efeuüberwucherte Kolonnade aus korinthischen Säulen, Renaissance-Arkaden, weite Rasenflächen, Rosenbeete und einen Weiher.

Étoile | Bd. de Courcelles | Métro: Villiers, Monceau

❸ Place de la Concorde 🚇 D/E 3

In der Mitte des großartigen, weiten Platzes befindet sich ein ägyptischer Obelisk, den Bürgerkönig Louis Philippe hier 1836 aufstellen ließ. Am 21. Januar 1793 fiel hier der Kopf Louis XVI. unter der Guillotine. Die eigentliche Pracht des »Platzes der Eintracht« liegt jedoch in den Perspektiven: Der Blick reicht auf einer Seite bis zum Étoile und über die Tuileriengärten zum Louvre, zum anderen zur Madeleine und bis zum Palais Bourbon.

Concorde Métro: Concorde

❹ Place du Trocadéro 🚇 B 3/4

Der sehr schöne, schattige Garten mit Fontäne und großer Terrasse, die einen einzigartigen Blick auf den Eiffelturm freigibt, gehört zum Palais de Chaillot.

Trocadéro | Métro: Trocadéro

❺ Pont Alexandre III. 🚇 D 3

Die prächtigste Brücke von Paris überspannt die Seine in einem einzigen eleganten Bogen und bildet mit den Belle-Époque-Bauten Grand Palais und Petit Palais eine städtebauliche Einheit. Allegorische Figuren, goldene Putten und Kandelaber schmücken das imposante Bauwerk, das 1896 für die Weltausstellung errichtet wurde.

Champs-Élysées | Métro: Champs-Élysées, Invalides

MUSEEN UND GALERIEN
MUSEEN

❻ Cité de l'Architecture et du Patrimoine ▶ S. 131
❼ Fondation Pierre Bergé/Yves Saint Laurent ▶ S. 132
❽ Galeries nationales du Grand Palais ▶ S. 132
❾ Maison de Balzac ▶ S. 133
❿ Musée d'Art Moderne de la Ville de Paris ▶ S. 134
⓫ Musée Guimet ▶ S. 135
⓬ Musée de la Mode – Palais Galliera ▶ S. 137
⓭ Musée Nissim de Camondo ▶ S. 137
⓮ Musée du Petit Palais ▶ S. 139
⓯ Musée du Quai Branly ▶ S. 139
⓰ Musée du Vin ▶ S. 139

GALERIEN
⓱ Artcurial ▶ S. 140
⓲ Galerie-Musée Baccarat ▶ S. 140

ESSEN UND TRINKEN
RESTAURANTS

⓳ L'Arpège 🚇 D 4

Gourmettempel – Stark im Trend ist auch unter Pariser Feinschmeckern die Gemüseküche. Der für seine »cuisine légumière« bekannte Spitzengastronom Alain Passard hat rotes Fleisch von seiner Speisekarte verbannt und bietet täglich frisch Geerntetes. Natürlich lässt er sich ausgefallene Gemüsesorten und Kräuter teuer bezahlen.

Invalides | 84, rue de Varenne | Métro: Varenne | Tel. 01/47 05 09 06 | www.alain-passard.com | Mo–Fr 12–14 und 19.30–22.15 Uhr | €€€€

⑳ Au Bon Acceuil ⚑ C4

Sommerterrasse mit Blick auf den Eiffelturm – Jacques Lacipière stellt seine Speisekarte stets neu zusammen – je nach Jahreszeit und marktfrischem Angebot. Köstliche Desserts.
🕒 Man komme zum Mittagessen, weil das Menü ausgezeichnet und dabei bezahlbar ist (27 €).
Champs de Mars | 14, rue de Monttessuy | Métro: Alma Marceau | Tel. 01/47 05 46 11 | Mo–Fr 12–14.30 und 19.30–22.30 Uhr | €€

㉑ Jules Verne ⚑ C4

123 Meter über der Stadt – Sitz dieses Restaurants von Sternekoch Alain Ducasse ist der Eiffelturm. Serviert werden beim Großmeister der französischen Kochkunst natürlich köstliche Kreationen.
🕒 Wegen der überwältigenden Aussicht hier am besten mittags speisen.
Champ de Mars | Métro: Bir Hakeim, Champ de Mars | Tel. 01/45 55 61 44 | www.lejulesverne-paris.com | tgl. 12.15–13.30 und 19–21.30 Uhr | €€€€

㉒ Laurent ▶ S. 29

㉓ Monsieur Bleu 🚩 ⚑ C3

Mondän mit Aussicht – Der Eiffelturm zum Greifen nah: Es ist eine wahre Lust, auf der Terrasse zu Füßen des Palais de Tokyo zu sitzen. Sehen und gesehen werden, lautet das Motto der Kreativen in diesem mondänen Lokal. Man ist ja im Museum für zeitgenössische Kunst.
Trocadéro | 20, Av de New York | Métro: Alma Marceau | Tel. 01/47 20 90 47 | www.monsieurbleu.com | tgl. mittags und abends | €€

Abendlicher Lichterglanz auf der Place de la Concorde (▶ S. 78), dem schönsten Platz der Welt, wie der Schriftsteller Victor Hugo meinte.

24 Pierre Gagnaire 🚩 C 2
Chic und modern – Der wohl unbestritten kreativste Koch Frankreichs. Modernes Ambiente, zeitgenössische Kunst. Mittagsmenü um 90 €.
Étoile | 6, rue Balzac | Métro: George V | Tel. 01/58 36 12 50 | www.pierre-gagnaire.com | Mo–Fr 12–14 und 20–22.30 Uhr, Sa mittags, So geschl. | €€€€

25 Raphael La Terrasse 🚩 🚩 C 3
Traumhafte Lage – Schöner als bei einem Essen auf der üppig begrünten Restaurant-Terrasse mit Blick auf den Triumphbogen kann man Pariser Lebensart kaum genießen. Unbedingt rechtzeitig per Internet reservieren!
Champs-Élysées | 17, av. Kléber | Métro: Kléber | Tel. 01/53 64 32 00 | www.raphael-hotel.com | Mo–Fr 12.30–14.00, im Juni abends Mo–Sa 19.30–22 Uhr | €€€

26 Rech 🚩 B/C 2
Stilvoll und persönlich – Der französische Starkoch Alain Ducasse beglückt seine Gäste mit leichten fantasievollen Fischgerichten und ausgesuchten Weinen. Tipp: Mittagsmenu für 34 €.
Étoile | 62, av des Ternes | Métro: Ternes | Tel. 01/45 72 29 47 | www.rech.fr | tgl. 12–14 und 18.30–22 Uhr | €€

27 La Table Lauriston 🚩 B 3
Ideal zum Lunch – Nach einem Besuch der Museen ums Palais de Chaillot lässt man sich gerne mit einem Menü verwöhnen, das in diesem ansonsten nicht gerade preiswerten Bistro »nur« 25 Euro kostet.
Trocadéro | 129, rue Lauriston | Métro: Trocadéro | Tel. 01/47 27 00 07 | www.latablelauriston.com | Mo–Fr 12–14.30 und 19–22.30, Sa 19–22.30 Uhr | €€

28 Tokyo Eat 🚩 C 3
Stylish – Das in Knallfarben eingerichtete Restaurant im Museum für moderne Kunst ist beliebt in der Kunstszene.
Trocadéro | Palais de Tokyo, 13, av. du Président Wilson | Métro: Iéna | Tel. 01/47 20 00 29 | Di–So 12–15 und 20–23.30 Uhr | €€

EINKAUFEN
KAUFHÄUSER
29 Le 66 🚩 🚩 C/D 3
Originell konzipiertes Kaufhaus im Industrieloft-Stil. Große Marken und viel versprechende Jungdesigner. Hip.
Champs-Élysées | 66, av. des Champs-Élysées | Métro: George V.

30 Le Centre Beaugrenelle 🚩 🚩 B 5
Hypermoderner Konsumtempel auf 45 000 qm. Marks & Spencer, Zara, Zadig & Voltaire, Uniqlo sind nur einige der 120 Geschäfte. Dazu Restaurants, Bars, ein Kino mit 10 Sälen und eine riesige Lounge mit Panoramablick.
Grenelle | rue Linois | Quais de Grenelle et André Citroën | Métro: Charles Michel www.beaugrenelle-paris.com

KULINARISCHES
31 La Maison du Chocolat 🚩 C 3
Alle pilgern sie in diesen süßen Luxustempel. Ganz Paris trinkt hier an der Bar seine heiße Schokolade.
Champs-Élysées | 52, rue François 1er | Métro: Franklin D. Roosevelt

32 La Maison de l'Escargot 🚩 C 5
Schnecken, nichts als Schnecken. Die frischesten und besten der Stadt.
Grenelle | 19, rue Fondary | Métro: Av. Émile Zola | www.maison-escargot.com

㉝ Petrossian 🏷 D 4

Das Feinkostgeschäft führte russischen Kaviar in den 1920er-Jahren in Paris ein. Er gilt als der beste in ganz Paris.
Invalides | 18, bd. de la Tour Maubourg | Métro: La Tour Maubourg

KULTUR UND UNTERHALTUNG
CABARETS
㉞ Crazy Horse Saloon 🏷 C 3

Seit Anfang der 1950er-Jahre macht diese Erotikshow dem Lido und Moulin Rouge Konkurrenz. Die Tänzerinnen werden von regenbogenfarbenen Lichteffekten so eingehüllt, dass sie fast angezogen wirken.
Champs-Élysées | 12, av George V | Tel. 01/47 23 32 32 | Métro: Alma-Marceau oder George V | www.lecrazyhorseparis | Vorstellungen Mo–Fr, So 20.15, 22.35; Sa 19, 21.30, 23.45 Uhr | Show inkl. Champagner 125 €

㉟ Le Lido 🏷 C 2

Technisch aufwendiges Spektakel mit tollen Lasereffekten.
Champs-Élysées | 116, Champs-Élysées | Métro: George V. | Tel. 01/40 76 56 10 | www.lido.fr

DISKOTHEK
㊱ Le Baron 🏷 C 3

The hottest spot in town. Disco und Bar, viel Prominenz.
Étoile | 6, av. Marceau | Métro: Charles de Gaulle-Etoile

MUSIK
㊲ Salle Gaveau 🏷 D 2

Der Konzertsaal, zwischen 1906 und 1907 erbaut, gehört zu den beliebtesten Pariser Stätten für Klavierkonzerte und Kammermusik
Madeleine | 46, rue de la Boétie | Métro: Miromesnil | Tel. 01/49 53 05 07 | www.sallegaveau.com

㊳ Salle Pleyel ▶ S. 40

㊴ Théatre des Champs-Élysées
🏷 C 3

Der Stammsitz des Orchestre National de France ist berühmtes Konzerthaus und auch Spielstätte für Musiktheater. Der Bau wurde von Henry van de Velde entworfen und 1923 vollendet.
Champs-Élysées | 15, av. Montaigne | Métro: Alma-Marceau | Tel. 01/49 52 50 50 | www.theatredeschampselysees.fr

THEATER
㊵ Théatre National de Chaillot
🏷 B 3

Jérome Savary, Initiator des fantastischen Grand Magic Circus wurde viel gelobt für seine extravaganten Regieeinfälle, und er machte dieses Haus berühmt. Drei Säle, das große Amphitheater umfasst 2800 Plätze. Auch viel Tanztheater.
Trocadéro | 1, pl. du Trocadéro | Métro: Trocadéro | Tel. 01/53 65 30 00 | www.theatre-chaillot.fr

㊶ Théatre du Rond Point 🏷 D 3

Berühmte Namen wie die des Schauspieler-Regisseur-Ehepaars Jean-Louis Barrault und Madeleine Renault sind mit diesem Theater verbunden. Politisches Theater, zeitgenössische Stücke. Teesalon, Restaurant und Buchladen.
Champs-Élysées | 2 bis, av. Franklin Roosevelt | Métro: Champs-Élysées | Tel. 01/44 95 98 21 | www.theatredurondpoint.fr

MONTMARTRE

Der Maler Toulouse Lautrec hat mit seinen Bildern vom Montmartre in aller Welt Sehnsüchte geweckt. Viele davon werden heute noch gestillt – in klassischen Pariser Cabarets, aber auch in stillen Ecken, etwa auf dem Friedhof.

Mitte des 19. Jh. war Montmartre noch ein idyllisches Dorf vor den Toren der Stadt mit vielen verträumten Ecken: Kleine Hofstellen, Gemüsegärten, Weinreben, zahlreiche Windmühlen und eine winzige Kirche, Saint-Pierre-de-Montmartre. Einst bauten die Römer hier ihre Tempel, später machten die Christen den Mons Mercurii zum Märtyrerberg ihres heiligen Dionysius, der Ende des 3. Jh. hier enthauptet wurde. Laut Legende soll er mit seinem Kopf in der Hand in Richtung Norden bis zu jener Stelle gewandert sein, wo er bestattet werden wollte, und 475 soll die Pariser Schutzpatronin Sainte-Geneviève über seinem Grab eine Kirche errichtet haben. Seit dem 12. Jh. steht dort eine Basilika, die als erstes und bedeutendstes Bauwerk der frühen Gotik gilt.

Doch zurück auf den 130 m hohen Montmartre-Hügel, die »butte«. Angezogen von dem schönen Licht, den zahlreichen Spelunken und Garten-

◀ Etwas kommerziell, aber immer noch wunderschön: die Place du Tertre.

Ball-Lokalen (»guingettes«), vor allem aber wegen der günstigen Mieten ließen sich um 1875 die ersten Künstler hier nieder, allen voran Auguste Renoir, der in der Rue Cortot Nr. 12 einen ehemaligen Stall als Atelier mietete und sein berühmtes Bild »Le Moulin de la Galette« malte. Musiker und Dichter folgten und machten Montmartre bald zu einer künstlerischen Hochburg. Es störte sie wenig, dass auf dem Gipfel des Hügels gerade kräftig gebaut wurde: Die Basilika Sacré-Cœur wurde nach dem verlorenen Krieg gegen Deutschland 1870/71 und der Zerschlagung der Pariser Kommune, die sich hier oben formiert hatte und das besiegte Frankreich gegen die Deutschen verteidigen wollte, als Sühnekriche errichtet und dem Herz Jesu geweiht.

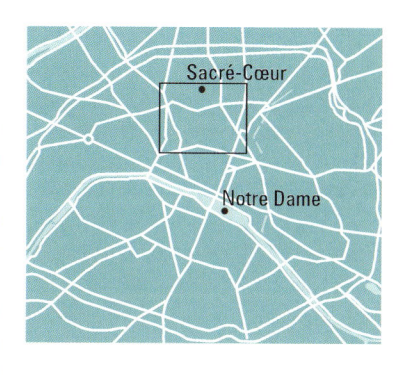

VOM BALLSAAL ZUR BELIEBTEN WOHN- UND PARTYGEGEND

Die strahlend weiße Kathedrale hoch über der Stadt ist weithin sichtbar und gehört zu Paris wie der Eiffelturm und Notre-Dame. Auch wenn Sacré-Cœur wegen ihrer umstrittenen Architektur immer wieder als »Zuckerbäckerkathedrale« verspottet wird – die Pariser Bevölkerung und ihre Besucher lieben sie als Wahrzeichen und Orientierungspunkt. Wie in den schönsten Träumen von Paris versammeln sich tagein, tagaus vorwiegend junge Menschen aus allen Teilen der Welt auf der großzügig angelegten Freitreppe zu ihren Füßen und genießen bei Wein, Baguette und Gitarrenspiel bis zum frühen Morgen den einzigartigen Blick über das Häusermeer der Stadt.

Auf der nahen Place du Tertre mit ihren Cafés und Restaurants bieten Straßenmaler kitschige Porträtkünste an. In enger Nachbarschaft ist das 1860 eröffnete Kabarett Au Lapin Agile erhalten, in der Rue de l'Abreuvoir malte Maurice Utrillo das berühmte rosa Haus (»La Maison Rose«) und die kleine Place Émile Goudeau ist ein lauschiger Platz mit Kastanien, Bänken und Laternen. Hier stand zu Picassos Zeiten das Waschhaus Bateau Lavoir, in dem er sein kunstgeschichtlich bedeutendes Bild »Les Demoiselles d'Avignon« malte und damit den Kubismus begründete.

Als passionierter Beobachter des Lebens in den Cafés und Kabaretts hat Toulouse Lautrec die Welt der Balletteusen und Kokotten unsterblich gemacht. An der Place Blanche steht noch das weltbekannte Varieté-Theater Moulin Rouge mit der roten Windmühle über dem Eingang, in dem leicht bekleidete Damen seit 1889 Cancan tanzen.

Seit ein paar Jahren erleben Montmartre und Pigalle eine Renaissance. Die Mischung aus Dorf, Prostitution, Verwahrlosung, Halbwelt, Sexshops und Striptease am Boulevard de Clichy zieht die Kunst-, Mode – und Partyszene an und macht das 18. Arrondissement auch als Wohnviertel wieder zunehmend attraktiv.

SEHENSWERTES

1 Cimetière de Montmartre E1

»Sterbe ich in Paris, so will ich auf dem Friedhof des Montmartre begraben werden, auf keinem anderen«, verfügte Heinrich Heine in seinem Testament. Es ist auch wirklich eine sehr romantische Begräbnisstätte, auf der Deutschlands großer Dichter seine letzte Ruhe fand. Er liegt dort neben vielen Schriftstellern, Komponisten, Malern und Schauspielern u. a. Émile Zola, Edgar Degas, Hector Berlioz, Madame Récamier und La Goulue, Cancan-Star und Modell Toulouse-Lautrecs. Auf das Grab des französischen Regisseurs François Truffaut legen seine Anhänger regelmäßig frische Blumen.

Montmartre | Av. Rachel | Métro: Blanche, Pl. de Clichy | tgl. 9–17.30 Uhr

2 Sacré-Cœur F1

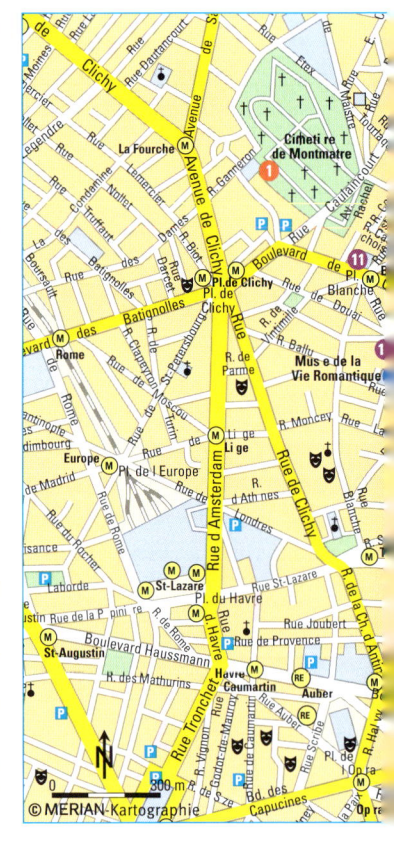

Das Bauwerk im neoromanisch-byzantinischen Stil wurde als nationales Mahnmal nach der Niederlage Frankreichs im Krieg gegen Deutschland 1870/71 errichtet. Wer die vielen Treppen hinauf zur Kirche nicht steigen mag, kann auch die Zahnradbahn nehmen, die täglich von 6–23 Uhr verkehrt. 1876 wurde mit der Errichtung von Sacré-Cœur begonnen. Zwanzig Jahre später traf die große schwere Glocke La Savoyarde ein, und 1919 wurde schließlich die Wallfahrtskirche dem Herzen Jesu geweiht. Alljährlich zu Ostern pilgern noch heute katholische Gläubige in Begleitung des Erzbischofs, der das Kreuz trägt, hinauf nach Sacré-Cœur.

Montmartre | Métro: Anvers | Minibus von der Pl. Pigalle, Bergbahn von der Pl. Suzanne Valadon

Stöbern auf dem Marché Saint Pierre

In den kleinen Straßen Rue de Steinkerque und Rue Charles-Nodier Marktstände und Läden aneinander, in denen es nur Stoffe gibt. Preisgünstige Stoffe in allen Farben, Mustern, Qualitäten, aber auch teures französisches Design. Ein Dorado für Hobbyschneider, Stylisten, Dekorateure (▶ S. 13).

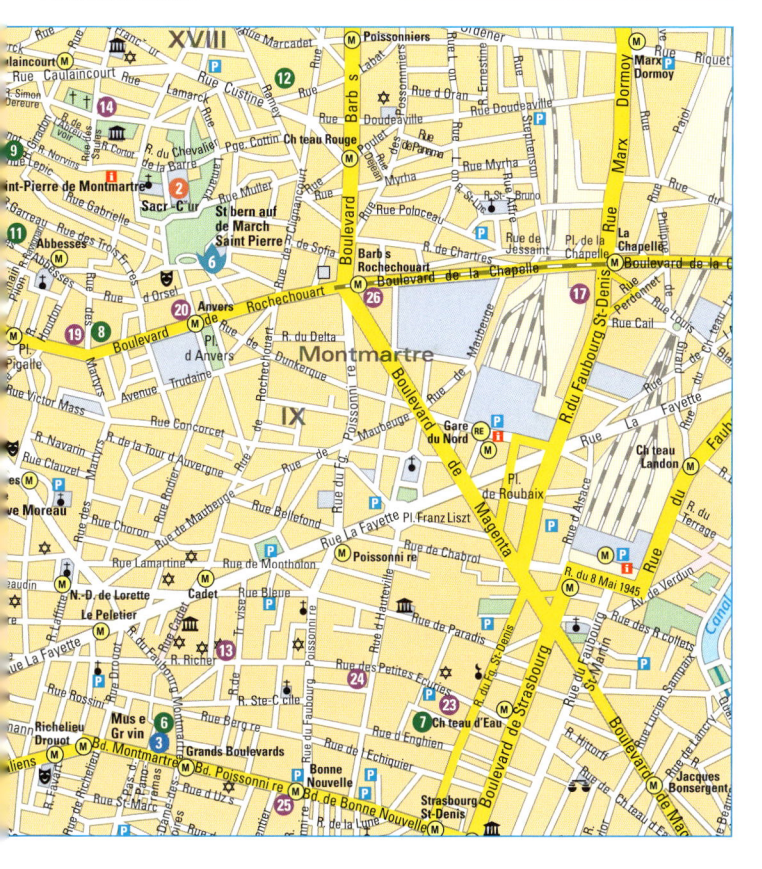

MUSEEN UND GALERIEN
③ Musée Grévin ▶ S. 135
④ Musée Gustave Moreau ▶ S. 136
⑤ Musée de la Vie Romantique
▶ S. 139

ESSEN UND TRINKEN
⑥ Chartier 🕴 F 2/3
Preiswertes Vergnügen – In dieses große Belle-Époque-Lokal am legendären Boulevard in Montmartre geht man nicht, um exquisit zu tafeln, sondern um gemeinsam mit den Bewohnern der Gegend seinen Hunger mit »Steaks frites« (Schnitzel mit Pommes), Kotelett oder einer herzhaften Zwiebelsuppe zu stillen. Wie die Ober durch den brodelnden Saal eilen ist ein sehenswertes Spektakel.
Grands Boulevards | 7, rue du Faubourg-Montmartre | Métro: Grands Boulevards | Tel. 01/47 70 86 29 | www.restaurant-chartier.com | tgl. 11–15 und 18–22 Uhr | €

⑦ Flo ▶ S. 28

⑧ La Fourmi F 2
Kleine Speisen und ein Drink oder zwei – Die angesagte »Ameise« liegt gleich gegenüber dem ebenso angesagten Konzertsaal Divan du Monde. Was läge also näher, als den Abend am langen Tresen dieses Clubs zu beginnen, zu einem Drink vielleicht noch eine Kleinigkeit zu essen (serviert wird einfache, aber schmackhafte Küche)? Und zu späterer Stunde dann: Party in der Disco bis zum frühen Morgen. Fertig ist der perfekte Abend.
Pigalle | 74, rue des Martyrs | Métro: Pigalle | Mo–Do, So 20.30–2, Fr, Sa bis 4 Uhr | €€

⑨ Le Moulin de la Galette X 0
Bistro mit Tradition – An Sonn- und Feiertagen spielte eine Kapelle acht Stunden lang zum Tanz auf, unter Akazien saßen die Leute aus dem Viertel beim Schmaus, und Auguste Renoir nahm das ausgelassene Treiben zum Anlass für sein erstes groß angelegtes Figurenbild »Le Bal du Moulin de la Galette«. Das stelle man sich vor, wenn man an einem der wenigen Restauranttische in dieser Windmühle sitzt, neben der Moulin du Radet die einzige, die hier oben überlebte. Vermutlich bezieht die köstliche Bistroküche ihre frischen Produkte von der nahen, farbenfrohen Marktstraße Rue Lepic. Dort lebte in der Nr. 54 Vincent van Gogh bei seinem Bruder Theo. In einem der Cafés in dieser Straße wurde der Film »Amélie« mit der bezaubernden französischen Schauspielerin Audrey Tautou gedreht.
Montmartre | 83, rue Lepic | Métro: Abbesses | Tel. 01/46 06 84 77 | www.lemoulindelagalette.fr | Di–Fr 12–14.45 und 19.30–23 Uhr | €€

⑩ À la Pomponette E 1
Gute Lage – Seit 1908 existiert dieses Bistro schon. Es ist bis unter die Decke mit Zeichnungen, Porträts, Dokumenten und Spiegeln tapeziert – und trotzdem stilvoll.
Montmartre | 42, rue Lepic | Métro: Abbesses | Tel. 01/46 06 08 36 | www.pomponnette-montmartre.com | Di–Sa 12–15 und 19–24 Uhr | €€

⑪ Le Sancerre 🚩 E/F 1
Mitten im Volk – Dieses einfache Restaurant ist unspektakulär und gerade aus diesem Grund so sehr beliebt bei

allen, die in der Gegend wohnen. Am Tresen der Kneipe gibt es ein Bier noch für weniger als 5 € – und das ist wirklich ungewöhnlich in auch bei Touristen beliebten Ecken von Paris. Und wenn das Omelett oder die klassische Kombination Steak/Frites auch nicht überragend sind, isst es sich hier in lustiger bunter Gesellschaft. An der Métro-Station Abesses achte man auf die wunderschöne grüne Überdachung. Sie stammt vom Jugendstilkünstler Hector Guimard und ist einer der letzten dieser Art in Paris.

Montmartre | 35, rue des Abbesses | Tel. 01/42 58 08 20 | Métro: Abesses | Mo–Do 19–2 Uhr | €

EINKAUFEN

⑫ Marché aux Puces de Saint-Quen
▶ S. 36

KULTUR UND UNTERHALTUNG
PARISER CABARETS

⑬ Folies Bergère 📖 F 2

Um 1880 traten in diesem Varieté-Theater Schlangenbeschwörer und Boxer auf. Später kam Jeanne Florentine Bourgeois, Künstlername Mistinguett, eine beliebte Schauspielerin und Sängerin. Später folgte Josephine Baker und nach 1944 Charles Trenet. Nach längerer Schließung wurde das Theater 1993 wiedereröffnet. Es präsentiert bis heute freche Revuen.

Pigalle | 32, rue Richer | Métro: Cadet | www.foliesbergere.com | Tel. 08/92 68 16 50

⑭ Au Lapin Agile 📖 F 1

Das kleine Weinlokal »Zum flinken Hasen« übernahm Mitte des 19. Jh. der Chansonnier Aristide Bruant. Daraus

Der Maler Auguste Renoir verewigte das Leben auf dem Montmartre. So auch den Tanz im Moulin de la Galette (📖 F 3 S. 86). Das Bistro in der Windmühle existiert bis heute.

entwickelte sich ein Cabaret – und für Maler wie Toulouse Lautrec, Braque, Utrillo und Modigliani die Stammkneipe. Wenn auch sehr touristisch, ist diese Kneipe dennoch »echt Montmartre«.

Montmartre | 22, rue des Saules | Métro: Lamarck Caulaincourt | Tel. 01/46 06 85 87 | www.au-lapin-agile.com | Shows 21–2 Uhr

16 Moulin Rouge E1

Eindrucksvolle Revue mit allerlei spektakulären Elementen, etwa mit Pferden auf der Bühne, einem Aquarium mit Krokodilen und fliegenden Teppichen. Die Doriss-Girls glänzen mit French Cancan.

Montmartre | 82, bd. de Clichy | 75018 | Métro: Blanche | Tel. 01/53 09 82 82 | www.moulinrouge.fr

17 La Nouvelle Eve E2

Hier wird eine ganz klassische Pariser Revue geboten. Viel Musik, viel Tanz. Und selbstverständlich darf der French Cancan nicht fehlen.

Pigalle | 25, rue Fontaine | Métro: Blanche | Tel. 01/48 74 69 25 | www.lanouvelleeveparis.com

THEATER
18 Théatre des Bouffes du Nord E1

Ein Stern am Pariser Theaterhimmel. Als Peter Brook vor 40 Jahren ein verwahrlostes Gebäude am Rande des 18. Arrondissements zu seiner Bühne machte, bestand sein Publikum aus vorwiegend jungen, an experimentellem Theater interessierten Menschen. Schnell eroberte Brook mit seinen spektakulären Inszenierungen schwarzafrikanischer und indischer Volksstücke die Theaterwelt und überraschte sie mit eigenwilligen Shakespeare-Interpretationen.

Montmartre | 37 bis, bd.de la Chapelle | Métro: La Chapelle | Tel. 01/46 07 34 50 | www.bouffesdunord.com

CLUBS
19 Le Carmen E2

Im alten Rotlichtviertel rund um Pigalle feiert das junge Paris in der ehemaligen Villa von Georges Bizet unter Stuckdecken und Kronleuchtern seine Hipness. Die besten DJs der Stadt und viel Champagner.

Pigalle | 34, rue Duperré | Métro: Pigalle

20 Le Divan du Monde F2

Hierher trank schon Toulouse-Lautrec, seinen Absinth. Hip-Hop. Electro. Auch große Namen der französischen und internationalen Club-Szene.

Pigalle/Montmartre | 75, rue des Martyrs | Métro: Anvers, Pigalle | www.divandumonde.com

21 Élysée Montmartre F2

Angesagter Club.

Montmartre | 72, bd. de Rochechouart | Métro: Anvers | www.elyseemontmartre.com | Fr, Sa 24–6 Uhr

22 L'Embuscade E2

Aus einer ehemaligen afrikanischen Rum-Bar ist das neue Hauptquartier einer Clique geworden, die auch andere Hotspots des Pariser Nachtlebens fest in ihren Händen hat. Trommel-Beats zu Cocktails auf Rum-Basis.

Pigalle | 47, rue de la Rochefoucauld | Métro: Saint-Georges

»Zum flinken Hasen«: Das urige Weinlokal Au Lapin Agile (▶ S. 87) ist Legende. Hier ging auch der berühmte Belle-Époque-Maler Henri de Toulouse-Lautrec ein und aus.

㉓ Le Folie's Pigalle F2
Hipper Musiktempel. British Asian-Music, Electro, House.
Pigalle/Montmartre | 11, pl. Pigalle | Métro: Pigalle | www.lefoliespigalle.com

㉔ New Morning ▶ S. 40

㉕ Le Pompon F2
Eine ehemalige Synagoge ist zu einer Disco mit Restaurant und Bar umgebaut worden. Sehr angesagt.
Pigalle | 39, rue des Petites Écuries | Métro: Château d'Eau

㉖ Rex Club F3
Angesagte Anlaufstelle speziell für Fans von elektronischer Musik.
Grands Boulevards | 5, bd. Poissonnière | Métro: Bonne Nouvelle | www.rexclub.com | Mi–Sa 23–6 Uhr

KINO

㉗ Le Louxor F1/2
Es ist auch in Paris wirklich selten, dass ein Kino wiedereröffnet statt geschlossen wird. So haben die Pariser Cineasten einen Grund zur Freude: Um diesen ehemaligen Kinopalast von 1921 an der Straßenkreuzung Boulevard de Magenta/Boulevard de la Chapelle im »Afrikanerviertel« des 18. Arrondissements, in den zuletzt eine französische Billigmode-Kette gezogen war, gab es ein langes Tauziehen. Zahlreiche Bürgerinitiativen waren notwendig, bis er im Frühjahr 2013 endlich wiedereröffnet werden konnte: Das nach der oberägyptischen Stadt Luxor benannte Kino im neo-ägyptischen Stil mit drei Sälen ist eine echte Bereicherung der Pariser Filmtheater-Landschaft.
Montmartre | 170, bd. de Magenta

BASTILLE UND DER OSTEN VON PARIS

Dunkle Kapitel der Pariser Geschichte und die Große Revolution von 1789 sind im Osten der Stadt ebenso greifbar wie das alte Paris der kleinen Leute. Heute sprühen hier Szene- und Multi-Kulti-Viertel vor Leben und Kreativität.

»Liberté, Egalité, Fraternité«: Vermutlich hat kein historisches Ereignis Frankreich so sehr geprägt wie die Große Revolution von 1789. Ihr Motto: Freiheit, Gleichheit, Brüderlichkeit. Ihr Ausgangspunkt: Das Staatsgefängnis Bastille im Osten der Stadt, das die aufgebrachten Pariser am 14. Juli 1789 stürmten. Nur der Name erinnert noch an das furchterregende Symbol der absoluten Monarchie. Heute wird die Place de la Bastille von der Bastille-Oper beherrscht, einem Bau aus Beton und Glas.

Seit Beginn der 1980er-Jahre erobert die Szene den Osten von Paris. Die Bastille, das ehemalige Viertel der Arbeiter, Handwerker und der Revolte, der Armen und der Fremden, ist zur schicken Adresse in Paris avanciert. In den Möbelschreinereien von einst siedeln heute Galerien, Fabrikéta-

◄ Park mit Aussicht: Der Stadtteil Belleville heißt nicht ohne Grund »Schöne Stadt«.

gen wurden zu lichtdurchfluteten Lofts umgebaut, cooles Design hat ehemalige Waschsalons in Szene-Cafés verwandelt, in den vielen Clubs und Diskotheken sorgen bekannte Discjockeys für heiße Musik und lange Nächte. Zu den traditionellen Institutionen des Viertels gehören die Belle-Époque-Brasserie Bofinger (▶ S. 27) und das plüschige Tanzlokal Le Balajo (▶ S. 40), wo in den 1930er-Jahren Edith Piaf, Arletty und Paul Céline Tango tanzten.

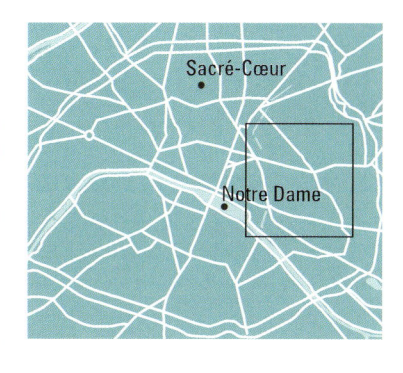

MULTIKULTURELLE TREFFPUNKTE DER KREATIVEN

Belleville, die »schöne Stadt« im Osten von Paris, war einst eine Arbeiterhochburg und Geburtsort von Edith Piaf, an die heute ein kleines Museum erinnert (5, rue Crespin du Gast). Diese Gegend hat sich ihren volkstümlichen Charakter weitgehend bewahrt, obgleich die kleinen Leute von Paris weniger und die arabischen und jüdischen Einwanderer aus Nordafrika, Angola, Pakistan und China mehr, sehr viel mehr geworden sind. Couscous-Restaurants, Gewürzläden und asiatische Restaurants reihen sich aneinander, und die Stadt hat viel zu tun, um mit der Sanierung der teilweise sehr heruntergekommenen Häuser und Straßen voranzukommen. Der Markt entlang des Boulevard de Belleville ist der farbigste und exotischste von Paris, und der neu angelegte Parc de Belleville hat sich zu einem lebendigen Treffpunkt des Viertels entwickelt.

Der an Belleville grenzende Stadtteil Mésnilmontant bestand einst aus ein paar Häusern auf einem Hügel, wo Wein und Obst gediehen. Dann kamen Bistros und Bordelle und ab 1860 gehörte die Arbeiterhochburg Ménilmontant zu Paris. Wohn- und Atelierräume sind hier noch verhältnismäßig preiswert, darum siedeln sich immer mehr Künstler an. Restaurants, Cafés und Nachtlokale sprießen wie Pilze aus dem Boden und machen sowohl Ménilmontant als auch Belleville zu begehrten Zielen. Hip ist das Café Charbon (▶ S. 96) in der Rue Oberkampf, breit gefächert die kulturellen Angebote im La Bellevilloise (▶ S. 97) und dass im schicken Hotel Mama Shelter (▶ S. 24) im 20. Arrondissement statt eines Fernsehers ein iMac hängt, kommt vielen Gästen auch entgegen.

SEHENSWERTES

Buttes Chaumont 👥   J2

Bis 1864 waren diese »kahlen« Hügel im Nordosten von Paris ein unebenes, wegen seiner zahlreichen Kalksteinbrüche unbebaubares Gelände. Abdecker entluden hier ihre Tierkadaver, Vagabunden fanden in den vielen unterirdischen Gruben und Gängen ein perfektes Versteck. Und über allem, so glaubte das Volk, schwebte der böse Geist der Toten, die einst am berüchtigten Galgen von Montfaucon ganz in der Nähe der schändlichen Buttes erhängt wurden.

Unter Napoleon III., der im Zuge der Annexion neuer Vorstädte auch »Grünflächen für die Arbeiterklasse« schaffen wollte, wurde zwischen 1864 und 1867 schließlich aus dem kahlen Berg im Arbeiterviertel Belleville einer der besonders fantasievollen Parks von Paris – nicht zuletzt dank eines Deutschen: Bei der Planung dieses Gartens zog der Kaiser nämlich den Fürsten Hermann Pückler-Muskau zu Rate, einen leidenschaftlichen Liebhaber von Landschaftsgärten, der ebenfalls den Bois de Boulogne (▶ S. 125) im Westen der Stadt weitgehend mitplante. Die Ausführung der Arbeiten auf den Buttes übernahm der Franzose Jean-Charles Alphand: Unter seiner Leitung gruben drei Jahre lang 1000 Arbeiter 800 000 Kubikmeter Erde um; 100 Pferde transportierten sie ab. Zum Abtransport der Massen von Abfall und des toten Getiers und zum Heranschaffen neuer Erde war eigens eine Eisenbahn angelegt worden.

Die Buttes Chaumont mit ihren Büschen, Bäumen und künstlichen Grotten werden beherrscht von einem See,

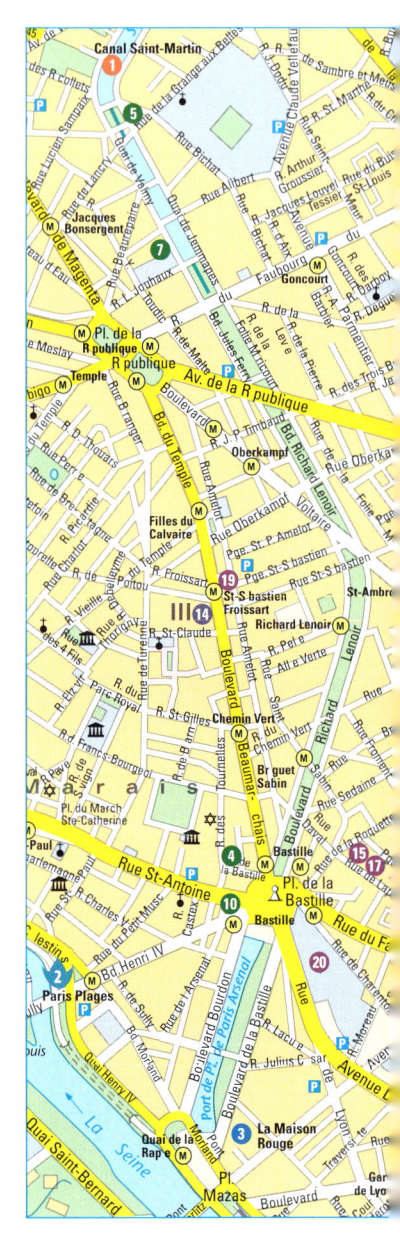

Bastille und der Osten von Paris | 93

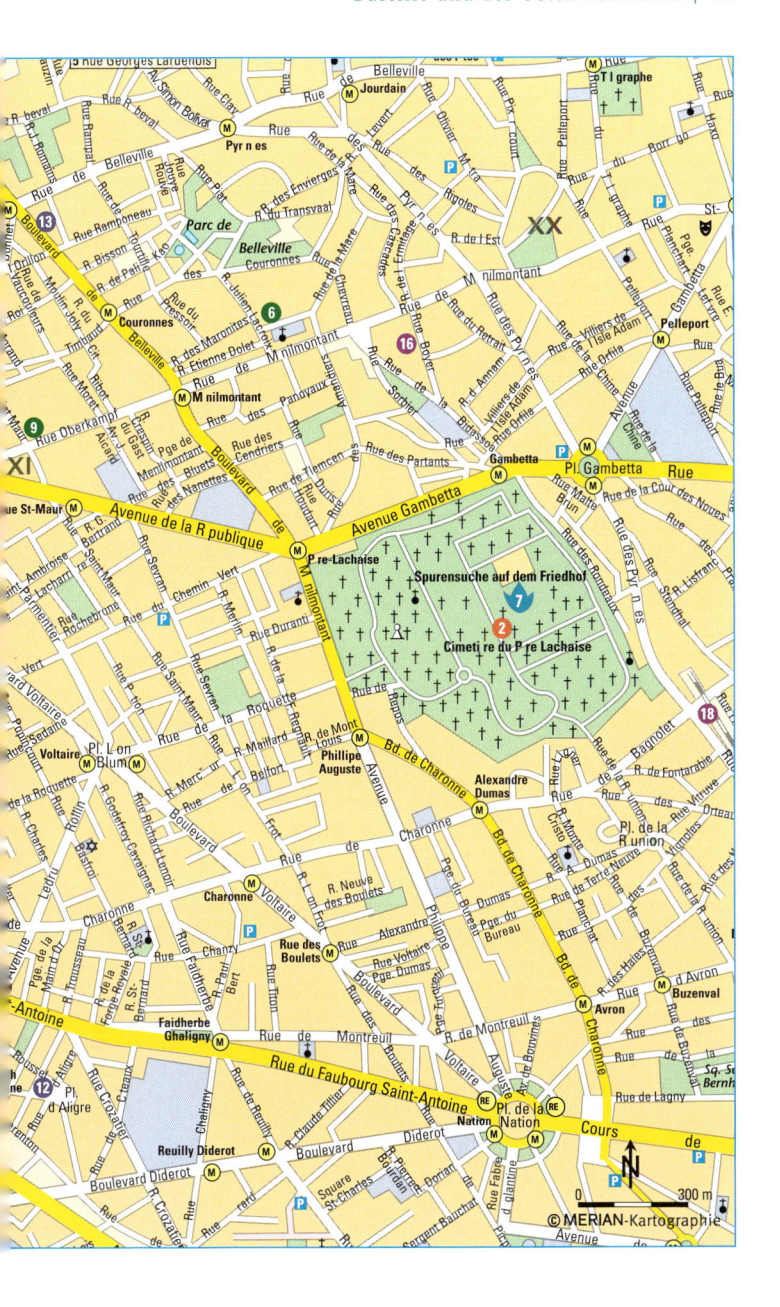

dessen Insel als Felsen mit einem antiken Rundtempel aufragt. Der Schriftsteller Louis Aragon liebte es, sich in diesem »Reich der Träume« inspirieren zu lassen. Von hier oben blickt man auf Belleville, die »schöne Stadt« und Heimat von Edith Piaf.

Belleville | Métro: Buttes Chaumont

Chillen am Strand

Sommer wie an der Côte d'Azur: Liegestühle unter Palmen, die nackten Füße im weißen Sand, hin und wieder eine Runde Beach-Volleyball, ein Glas Pastis zum Apéritif und viel Musik. Das geht in Paris auch am Bassin de la Villette (▶ S. 12, 61).

❶ Canal Saint-Martin   M2–G3

Auf diesem 4,5 km langen Kanal, der Verbindung des Canal de l'Ourcq mit der Seine, verkehren sowohl Last- als auch Passagierschiffe. Die kurze Wasserstraße überwindet einen Höhenunterschied von 25 m, und an einigen Stellen ist sie sogar höher als die Straße gelegen. Flankiert wird die Wasserstraße von idyllischen Uferpromenaden, antiquierten Lagerhallen und altmodischen Schleusenhäuschen. Ab dem Square F.-Lemaître verläuft der Kanal unterirdisch unter dem Boulevard Richard Lenoir und taucht erst südlich der Place de la Bastille wieder auf.

République | Métro: Jaurès, République

❷ Cimetière du Père Lachaise
J3–K4

Gepflasterte Alleen, schattenspendende Kastanien, palastartige Ruhestätten in römischem Stil, Reiterstatuen, Ruinen und Pyramiden. Verblichene Farbfenster, gemeißelte Inschriften in Gold, trauernde Engel und Christus am Kreuz. Ohne Lageplan findet sich der Besucher in diesem steinernen Labyrinth der Verstorbenen nicht zurecht. In dieser 47 ha großen, 1803 eröffneten und nach dem Jesuitenpater Père Lachaise benannten Totenstadt ruhen die Gebeine der großen Literaten, Musiker und Maler Frankreichs. Die Liste reicht von Balzac und Proust bis zu Delacroix und Sarah Bernard. Die Gräber von Edith Piaf und Jim Morrisson sind berühmte Pilgerstätten. 1871 kämpften zwischen den Grabstätten die Aufständischen der Pariser Kommune gegen die Truppen aus Versailles – sie wurden am 18. Mai 1871 an der Friedhofsmauer erschossen. Diese Mauer, die Mur des Fédérés, ist seither politischer Wallfahrtsort.

Belleville | 16, rue du Repos | Métro: Père Lachaise | www.pere-lachaise.com | tgl. 8–17.30 Uhr

Spurensuche auf dem Friedhof

Eine alte Frau schüttet schweigend Milch in einen Napf, den sie für die vielen Katzen unter dem Blattwerk eines Busches gehortet hat, Angehörige kürzlich Verstorbener verharren in stillem Zwiegespräch, Besucher legen Blumen auf die Gräber von Balzac, Proust, Edith Piaf und Colette. So liegt ein Hauch von Melancholie über diesem imposanten Friedhof im Osten von Paris (▶ S. 14).

Urbane Wasserstraße: Die eleganten eisernen Fußgängerbrücken verleihen dem Canal Saint-Martin (▶ S. 94) den typischen Pariser Charme.

MUSEEN UND GALERIEN
3 La Maison Rouge – Fondation Antoine-de-Galbert ▶ S. 141

ESSEN UND TRINKEN
RESTAURANTS
4 Bofinger ▶ S. 27

5 Hôtel du Nord 🗺 G 2

Sehr französisch – Hinter der filmhistorisch bedeutenden Fassade dieses ehemaligen Hotels befindet sich seit ein paar Jahren ein Café-Restaurant mit abendlicher Bar. Angesagte Anlaufstelle für alle Liebhaber des poetischen Viertels rund um den Canal Saint-Martin. Plüschsessel, Kerzenlicht und sehr gutes Essen.
Canal St-Martin | 102, quai des Jemmapes | Métro: Jacques Bonsergant oder République | Tel. 01/40 40 78 78 | www.hoteldunord.org | Mo–So 12–15, 20–24 Uhr | €€

6 Roseval 🗺 J 3

Aufsteiger – Nicht mehr als 20 Gäste haben in diesem äußerlich unprätentiös wirkenden Restaurant mit seinen Holzfußböden und weiß verputzten Wänden Platz. Schnell hat sich in Paris

herumgesprochen, dass hier, unter der Regie der jungen Köche Michael Greenwold und Simone Tondo ein neuer Stern am französischen Restaurant-Himmel scheint. Terrasse.
Belleville | 1, rue d'Eupatoria | Métro: Ménilmontant | Tel. 09/53 56 24 14 | www.roseval.fr | Mo–Fr ab 19 Uhr | €€

❼ Sésame   G 3
Kunst am Kanal – Bei schönem Wetter stehen Tische und Stühle am Ufer des Canal Saint-Martin, und man kann seine Quiche oder den hausgemachten Kuchen mit Blick aufs Wasser verzehren. Drinnen ist es sehr gemütlich, an den Wänden finden Sie Werke befreundeter Künstler und zahlreiche Bücher in den Regalen.
Canal St-Martin | 51, quai de Valmy | Métro: République, Jacques Bonsergant | Tel. 01/42 49 03 21 | www.au-sesame.com | Mo–Fr 9–24, Sa, So 10–24 Uhr | €€

❽ Le Train Bleu   H 5
Grandiose Belle-Époque-Kulisse – Im »schönsten Bahnhofslokal der Welt« speist der Gast unter glänzenden Kronleuchtern und herrlichen Deckengemälden. Sie zeigen jene Regionen Frankreichs, die man zu Beginn des 20. Jh. von hier aus, von der Gare de Lyon, mit dem Zug erreichen konnte.
Bastille | 20, bd. Diderot | Métro: Gare de Lyon | Tel. 01/44 75 76 76 | www.le-train-bleu.com | tgl. bis 22 Uhr | €€€

BARS UND CAFÉS
❾ Café Charbon   H 3
Szenecafé – Eines der ersten Cafés, die sich zwischen Bastille und Belleville niederließen, als die Gegend szenig zu werden versprach. In dem großen, hohen Raum mit Kachelboden herrscht ein fast alternatives Ambiente. Gute, junge, angeregte Stimmung.
Bastille | 109, rue Oberkampf | Métro: Parmentier | Tel. 01/43 57 55 13 | tgl. bis 2 Uhr

❿ Café Français   H 4
Großes Kaffeehaus – Die Gebrüder Gilbert und Thierry Costes, die sich bereits mit den Hotels Amour und Georges auf dem Dach des Centre Beaubourg (▶ S. 134) einen Namen gemacht haben, sind jetzt auch im Bastille-Viertel angekommen. Belle Époque, Art déco, 1960er-Jahre – die vorwiegend im Stil dieser Epochen und in Schwarz, Weiß, Rot eingerichteten Räume unterteilen sich in Brasserie, Bar, Veranda, Terrasse. Voll im Trend.
Bastille | 3, place de la Bastille | Métro: Bastille | Tel. 01/40 29 04 02 | www.beaumarly.com | tgl. 7.30–2 Uhr

EINKAUFEN
⓫ Isabel Marant ▶ S. 36

⓬ Marché d'Aligre   H 5
Einer der populärsten Märkte, untergebracht in einer denkmalgeschützten Halle. Lebensmittel und Trödel.
Bastille | Pl. d'Aligre | Métro: Ledru-Rollin | Di–Sa 8–13, 16–19. 30, So 8–18.30 Uhr

⓭ Marché de Belleville   H 3
Schauen, riechen, kosten können Sie auf diesem großen, bunten Markt voller exotischer Früchte, Gewürze, Gemüse, Körner – und voller Menschen aus Marokko, Algerien und China.
Belleville | Bd. de Belleville | Métro: Belleville | Di, Fr 7.30–13.30 Uhr

14 Merci 🚩 H 3/4

Die neueste Pariser Shopping-Sensation bietet eine einzigartige Auswahl unter großem Loft-Dach: Mode, Schmuck, Kurzwaren, Parfum, Möbel. Restaurant und Café. Super Konzept: Der gesamte Gewinn geht an Charity-Projekte.
Bastille | 111, bd Beaumarchais | Métro: St-Sébastien Froissart | www.merci-merci.com

KULTUR UND UNTERHALTUNG
CLUBS
15 Le Balajo ▶ S. 40

16 La Bellevilloise J 3
Momentan der Hit im Pariser Osten. Restaurant, Bar und Ausstellungsraum. Szene-Location.
Belleville | 19, rue Boyer | Métro: Gambetta | www.labellevilloise.com | Mi, Do, Fr 18–1, Sa 11–2, So 11–23 Uhr

17 La Chapelle des Lombards H 4
Eine Institution im Szene-Viertel. Hier spielen oft lateinamerikanische Bands. Afrojazz. World Music.
Bastille | 19, rue de Lappe | Métro: Bastille | Di–So 23.30–6 Uhr

18 La Flèche d'Or 🚩 K 4
Nächtlicher Treff in einem umgebauten Bahnhof. Bar, Disco, Jazz.
Belleville | 102 bis, rue de Bagnolet | Métro: Alexandre Dumas | www.flechedor.fr | tgl. ab 20.45 Uhr

19 Panic Room H 4
Ein neuer Anziehungspunkt. Oben die Bar, unten Rock live und Disco.
Bastille | 101, rue Amelot | Métro: St-Sébastian-Froissart | Di–Sa 18.30–2 Uhr

THEATER UND OPER
Cartoucherie de Vincennes östl. K 5
Fünf unabhängige Experimentiertheater sind unter dem Dach dieses Hauses im Bois de Vincennes zusammengefasst, darunter das Théatre du Soleil, die preisgekrönte Kompanie der französischen Intendantin Ariane Mnouchkine. Eine Pilgerstätte für Liebhaber des anspruchsvollen, auch politischen Theaters. Es gibt auch Snacks und Getränke.
Bois de Vincennes | Route du Champ de Manœuvre | Métro: Château de Vincennes, von dort Shuttle bis Cartoucherie.
– Théâtre de l'Aquarium: Tel. 01/43 74 99 61 | www.theatredelaquarium.com
– Théâtre du Chaudron: Tel. 01/43 28 97 04 | www.theatreduchaudron.fr
– Théâtre de l'Épée de Bois: Tel. 01/48 08 39 74 | www.epeedebois.com
– Théâtre du Soleil: Tel. 01/42 74 87 63 | www.theatre-du-soleil.fr
– Théâtre de la Tempête: Tel. 01/43 28 36 36 | www.la-tempete.fr

20 Opéra de la Bastille H 4
Der alte Bahnhof von Vincennes musste weichen, damit dieses neue Pariser Opernhaus entstehen konnte. Der frühere Staatspräsident François Mitterrand beauftragte den kanadischen Architekten Carlos Ott mit dem Bau der neuen Volksoper. Die silberne Fassade aus Glas, Stahl und Granit an der Place de la Bastille ist nicht zu übersehen. Die Opéra de la Bastille wurde im Jahr 1989 eröffnet – gerade rechtzeitig zu den 200-Jahr-Feiern des Sturms auf die Bastille.
Bastille | Pl. de la Bastille | Métro: Bastille | Tel. 08/ 92 89 90 90 | www.operadeparis.fr

QUARTIER LATIN

»Hier ist der Ofen, wo das geistige Brot der ganzen Menschheit gebacken wird«, schrieb ein Chronist über das Pariser Universitätsviertel Quartier Latin. Bis heute brodelt rund um den Boulevard Saint-Michel das studentische Leben.

Das Quartier Latin, das »Lateinische Viertel« am linken Seine-Ufer, ist neben der Île de la Cité (▶ S. 54) der älteste Teil der französischen Hauptstadt. Seit dem Mittelalter kamen Studenten aus aller Herren Länder hier zusammen und hörten auf der Kuppe des Hügels Montagne-Sainte-Geneviève – dort, wo heute das Panthéon (▶ S. 102) steht – Vorlesungen unter freiem Himmel. Auf Latein natürlich. Einer der Professoren war der französische Philosoph und Theologe Pierre Abélard (1079–1142), der sich in seine 16 Jahre jüngere Schülerin Héloise verliebte und ein Kind mit ihr bekam. Als die Universität Sorbonne gegründet wurde, schrieb man das Jahr 1253. Im Quartier Latin liegen bis heute die meisten Fakultäten, die bedeutendsten Gymnasien, die prestigeträchtige Elite-Universität École Normale Supérieure (ENS), aus der unter vielen anderen bedeutenden Franzosen auch das legendäre Schriftsteller-Paar Simone de Beauvoir

◄ Die Rue Mouffetard (▶ S. 103) verströmt nostalgischen Charme.

und Jean-Paul Sartre mit Bestnoten hervorging, das Polytechnikum und das renommierte Collège de France, eine der höchstangesehenen Wissenschaftsinstitutionen Europas.
Zentrale Achse des Quartier Latin ist der Boulevard Saint-Michel mit seinen preiswerten Läden, Pizzerien und Fastfoodrestaurants. Die nahe der Seine gelegene Fontaine Saint-Michel ist ein beliebter Treffpunkt für Studenten und die vielen Touristen. Nicht weit von hier, auf den Ruinen der römischen Thermenanlage Thermes de Cluny befindet sich der spätmittelalterliche Stadtpalast Hôtel de Cluny, in dem heute das Museum für Handwerkskunst aus dem Mittelalter untergebracht ist.
In der legendären Buchhandlung Shakespeare & Company verkehrten in den 1920er-Jahren James Joyce und amerikanische Schriftsteller der sogenannten »lost generation« wie Ernest Hemingway und F. Scott Fitzgerald. Sie alle liebten den Jardin du Luxembourg (▶ S. 101) mit seinen Wasserbecken und grünen Metallstühlen, zahllosen Büsten, Figuren und der Fontaine de Médicis.

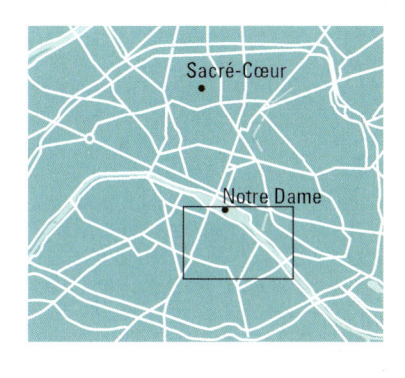

AMBITIONIERTER AUFBRUCH IM 13. ARRONDISSEMENT

Östlich des Boulevard Saint-Michel liegen der botanische Garten Jardin des Plantes (▶ S. 102) mit dem sehenswerten Naturhistorischen Museum (▶ S. 132) und der riesige Komplex des Universitätskrankenhauses Hôpital Pitié-Salpêtrière, in dem Prinzessin Diana nach ihrem Autounfall 1997 starb. Mit dem Übergang zum südlichen 13. Arrondissement beginnt das »neue«, an vielen Stellen noch recht desolate Paris, das aber wächst wie kein anderes Viertel in der Hauptstadt: Von Weitem grüßen die vier gläsernen Türme der neuen Nationalbibliothek, das ehemalige Kühlhaus Les Frigos ist eine Künstlerkolonie und die Cité de la Mode et du Design (▶ S. 17) am Quai d'Austerlitz neuester Anziehungspunkt mit integriertem Kultur- und Vergnügungszentrum. Von hier führt die neue Fußgängerbrücke Passerelle Simone de Beauvoir über die Seine auf das rechte Ufer in das Viertel Bercy.

SEHENSWERTES

❶ Arènes de Lutèce G 5

Das antike Amphitheater aus dem 2. Jh. ist neben den Thermen von Cluny (▶ S. 137) und einem Viadukt im 14. Arrondissement der einzige Überrest aus dieser frühen Zeit. In der römischen Arena, wo einst Gladiatorenkämpfe stattfanden, vergnügen sich heute Skateboarder, Fußballer, Boulespieler.
Quartier Latin | rue Monge, rue de Navarre oder rue des Arènes | Métro: Cardinal Lemoine oder Place Monge | im Sommer tgl. 9–21.30, im Winter 8–17.30 Uhr | Eintritt frei

Abkühlen bei Josephine Baker 8

Auf einem Ponton in der Seine treibt unter dem hohen Pariser Himmel die Piscine Josephine Baker, ein großer hellblau gefliester Pool, der warmes Wasser hat und für wenige Euro die herrlichsten Badefreuden ermöglicht (▶ S. 14).

❷ Bibliothèque Nationale François Mitterrand H 6

Mit der Nationalbibliothek hat sich der ehemalige Staatspräsident Mitterrand ein Denkmal gesetzt. Die vier gläsernen L-Türme um einen bewaldeten Innenhof symbolisieren die Form eines aufgeschlagenen Buches. Gehen Sie die Freitreppen hinauf und lassen sich auf dem riesigen Platz zwischen den Türmen den Wind um die Nase wehen.
Gare d'Austerlitz | 10, quai François-Mauriac | Métro: Bibliothèque François Mitterrand | www.bnf.fr | Mo 14–19, Di–Sa 9–19, So 13–19 Uhr

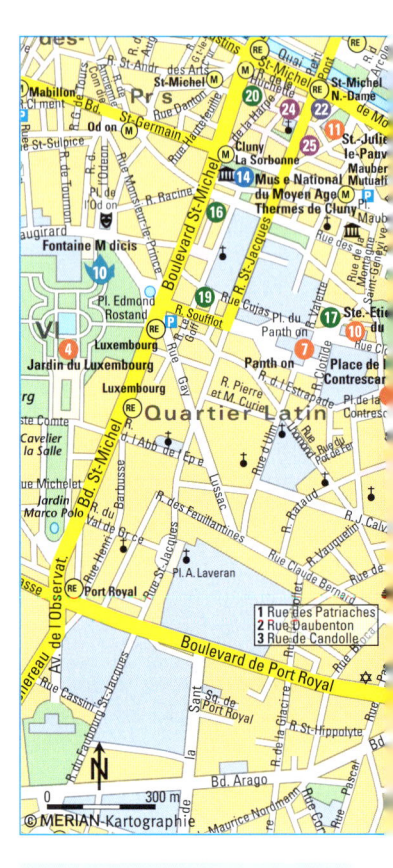

Tango auf dem Quai Saint-Bernard 9

Buenos Aires mitten in Paris: An einem lauen Sommerabend direkt am Wasser tanzen. Bis in die Nacht hinein, gratis und auch ohne dass man Tango-Profi wäre. Touristen sollten nicht allzu lange einfach nur dastehen und gucken, sondern sich ins Getümmel stürzen und mittanzen (▶ S. 14).

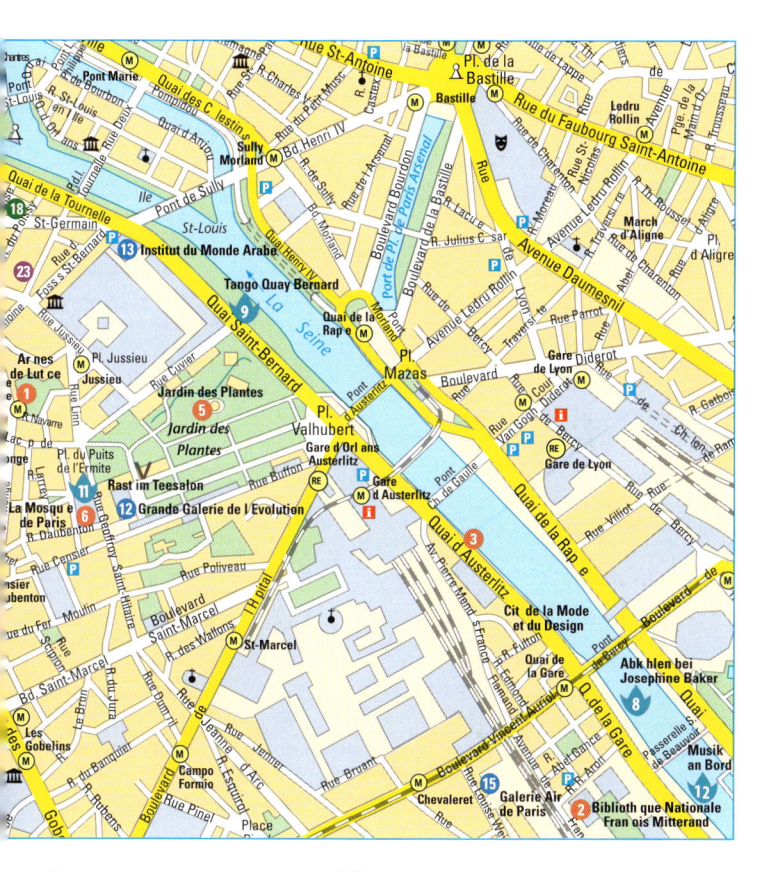

❸ Cité de la Mode et du Design 🚩
📍 H 5/6

Ein spektakulärer Bau! Dies ist eines der neuesten architektonischen Highlights am Ufer der Seine. In dem Zentrum für Mode und Design gibt es fachbezogene Ausstellungen und Modeschauen, das Institut de la Mode ist hier zu Hause. Die Verbindung von bestehender Bausubstanz (die Lagerhallen am Quai datieren von 1907) mit neuer Architektur stammt vom Architekten-Duo Jakob + MacFarlane (▶ S.121). Mit Bars, Restaurant Wanderlust, Cafés und Dachterrasse.

Austerlitz | 28–36, quai d'Austerlitz | Métro: Chevaleret, Gare d'Austerlitz | www.paris-docks-en-seine.fr

❹ Jardin du Luxembourg   📍 E/F 5

Der große Park zwischen Quartier Latin und St-Germain ist die grüne Lunge der Rive Gauche, eine Mischung aus Barock- und Landschaftsgarten. Einheimische spielen Schach oder Boule, Kinder treffen sich zum Pony-

reiten, Studenten zum Flirt an der Fontaine de Médicis. Das Palais du Luxembourg war während der Revolution ein Gefängnis und ist heute Sitz des Senats. Der Park schließt im Winter bei Einbruch der Dämmerung, im Sommer gegen 21 Uhr.
Quartier Latin | Bd. St-Michel oder rue de Vaugirard | Métro: RER Luxembourg

Träumen bei der Fontaine de Médicis 10

Auf einem der grünen Eisenstühle am Medici-Brunnen im Jardin du Luxembourg ausruhen und sich vorstellen, dass sich hier im Sommer des Jahres 1929 auch Jean-Paul Sartre und Simone de Beauvoir trafen (▶ S. 14).

5 Jardin des Plantes   G5

1626 beauftragte Louis XIII. seinen Arzt Guy de la Brosse mit der Anlage eines Arzneigartens und bereits 15 Jahre später wuchsen hier 2600 verschiedene Pflanzen. Heute ist der weitläufige Rokoko-Garten mit seinen Alleen, farbenprächtigen Blumenbeeten, mit den medizinischen, mit Namensschildchen versehenen Pflanzen, alten Bäumen und einer kleinen Menagerie einer der schönsten und lebendigsten der ganzen Metropole. In der Grande Galerie de l'Évolution des Naturkundemuseums können sich Besucher ein Bild von der Entwicklung von Pflanze und Tier machen (▶ S. 132).
Quartier Latin | 36, rue Geoffroy Saint-Hilaire | Métro: Jussieu | www.mnhn.fr | Museum: tgl. 10–18 Uhr | Eintritt 9 €, erm. 7 €

6 La Mosquée de Paris   G5

Die große, in den 1920er-Jahren im spanisch-maurischen Stil erbaute Moschee ist das geistige Zentrum der muslimischen Bevölkerung Frankreichs. Ein 30 m hohes Minarett beherrscht den gekachelten Innenhof mit dem maurischen Garten. Ein Gebetssaal, eine Koranschule und ein Institut für islamische Religionswissenschaften gehören ebenso zur Anlage wie ein Hamam (tgl. außer Di 10–21 Uhr; Eintritt 18 €) und ein Teesalon (tgl. 9–24 Uhr).
Quartier Latin | 2, pl. du Puits de l'Ermite | Métro: Place Monge | www.mosquee-de-paris.net, Eintritt 3 €

7 Panthéon   F5

»Aux grands hommes – La Patrie reconnaissante« lautet die Inschrift über dem Portikus des mächtigen Kuppelbaus: »Seinen großen Männern, für die Frankreich sich dankbar zeigt.« Im Revolutionsjahr 1789 errichtet, diente der Bau zunächst als Gotteshaus. 1791 beschloss die Nationalversammlung, aus der Kirche einen Ruhmestempel zu machen, dessen Krypta die sterblichen Überreste großer Männer Frankreichs aufnehmen sollte. Als Erster wurde Mirabeau im Panthéon beigesetzt, es folgten Voltaire, Zola, Victor Hugo und viele andere. Frauen waren in dem Ruhmestempel offenbar nicht vorgesehen – bis Staatspräsident François Mitterrand 1995 beantragte, die Nobelpreisträgerin für Physik und Chemie, Marie Curie, mit einer eigenen Ruhestätte im Panthéon zu würdigen.
Quartier Latin | Pl. du Panthéon | RER: Luxembourg | www.pantheonparis.com | April–Sept. tgl. 10–18 Uhr | Eintritt 9 €

Kleine Rast im Teesalon 11

Abseits des studentischen und touristischen Gewimmels im Quartier Latin sorgt in der Moschee (▶ S. 102) ein kleiner Innenhof mit Mosaik-Dekor für erholsame Stille. Es wird süßer Minztee serviert mit Gebäck aus Honig und Mandeln (▶ S. 15).

❽ Place de la Contrescarpe F 5

Der Lyriker Paul Celan liebte diesen hübschen kleinen Platz im Quartier Latin. Schon zu Zeiten Rabelais' – er leitete hier im Haus Nr.1 das Kabarett Le Cabaret de la Pomme de Pin – war er Kommunikations- und Versammlungsort. Hier lebt noch ein Stück altes Paris inklusive Clochards. Die kurz »Mouffe« genannte Rue Mouffetard ist eine wunderschöne, lebendige Marktstraße mit Fassaden aus dem 16., 17. und 18. Jh. Im Haus Nr.14, rue Rollin, lebte der Philosoph und Wissenschaftler René Descartes von 1644 bis 1648.

Quartier Latin | Métro: Place Monge

❾ Rue Mouffetard F 5

»C'est tout un monde«, sagen die Pariser liebevoll, wenn sie von ihrer »Mouffe« sprechen, der kleinen quicklebendigen Marktstraße mit ihren jahrhundertealten Fassaden, die von der Place de la Contrescarpe abgeht. Einheimische und Studenten der umliegenden Fakultäten finden hier alles, was sie für ihr alltägliches Leben brauchen, auch das Café und die griechische Taverne. Ein Magnet für Fotografen und Touristen.

Quartier Latin | 75005 | Métro: Monge

Ein Abend wie am Rio de la Plata: Wenn die Pariser und ihre Freunde am Ufer der Seine Tango tanzen, wird die melancholische Stimmung von Buenos Aires greifbar.

🕐 Halten Sie hier Ausschau nach einem Platz, bevor gegen Mittag die Studenten Restaurants und Cafés stürmen.
Quartier Latin | Métro: Monge

🔟 Sainte-Étienne-du Mont   F5

In dieser Kirche befindet sich das Grab der Pariser Schutzpatronin Sainte-Geneviève, die im 5. Jh. die Stadt vor einem Angriff Attilas bewahrt haben soll. 1610 bis 1622 wurde in einem Zug die Renaissance-Fassade errichtet, die auch den Abschluss der Bauarbeiten markierte. Sehenswert sind innen die barocke Kanzel, der Lettner aus weißem Marmor und das älteste Orgelgehäuse der Stadt aus dem Jahr 1631.
Quartier Latin | Pl. Ste-Geneviève | Métro: Cardinal Lemoine

⓫ Saint-Julien-le-Pauvre   F4

Die kleine, von Benediktinermönchen um 1170 erbaute Klosterkirche im Herzen des Quartier Latin ist die älteste Universitätskirche von Paris und eines der wenigen romanischen Gotteshäuser, die in der Stadt erhalten geblieben sind. Seit 1901 trennt eine Bilderwand den Chor vom Schiff. Heute ist St-Julien-le-Pauvre die Kirche der griechisch-orthodoxen Gemeinde. Hier finden auch zahlreiche gute Kirchenkonzerte statt.
Quartier Latin | 1, rue St-Julien-le-Pauvre | Métro: St-Michel

MUSEEN UND GALERIEN

MUSEEN
⓬ **Grande Galerie de l'Évolution** ▶ S. 132
⓭ **Institut du Monde Arabe** ▶ S. 132
⓮ **Musée National du Moyen Age/Thermes de Cluny** ▶ S. 137

GALERIEN
⓯ **Air de Paris** ▶ S. 140

ESSEN UND TRINKEN

⓰ Le Balzar   F4

Intellektuellen-Treff – Die »Kantine« der Professoren und Studenten liegt nur wenige Schritte von der Universität Sorbonne entfernt. Art-déco-Interieur und günstiges Essen.
Quartier Latin | 49, rue des Écoles | Métro: Cluny la Sorbonne | Tel. 01/43 54 13 67 | www.brasseriebalzar.com | tgl. 12–24 Uhr | €

⓱ Chantairelle   F5

Deftig-rustikal – Die Küche der zentral-französischen Region Auvergne ist nicht gerade für ihre Leichtigkeit berühmt, im Gegenteil, sie ist deftig: viel Fleisch, Wurst, Schinken, Linsen, Kohl. Das kleine rustikale Restaurant in Panthéon-Nähe hat einen Innenhof.
Quartier Latin | 17, rue Laplace | Métro: Cardinal Lemoine | Tel. 01/46 33 18 59 | www.chantairelle.com | Mo–Fr 12–14, Di–Sa 19–22 Uhr | €€

⓲ Itineraires   G5

Erster Stern – Dieses Bistro mitten im Studentenviertel kann sich seit 2013 über einen Michelin-Stern für seine hervorragende und dabei nicht überteuerte französische Küche freuen. Allein die Entenleberpastete ist ein Traum! Qualität, Preise, Service, alles stimmt. Tipp: Das Mittagsmenü gibt's für rund 29 € (2 Gänge) bzw. 35 € (3 Gänge).
Quartier Latin | 5, rue de Pontoise | Métro: Maubert Mutualité | Tel. 01/46 33 60 11 | www.restaurantitineraires.com | Di–Sa 12–14 und 19–23 Uhr | €€

⑲ Le Salon du Cinéma du Panthéon 🔖 F 5

Nicht weitersagen! – In einem der ältesten Kinos von Paris, dem Panthéon, liegt im ersten Stock ein großes, mit Sofas, Couchtischen und warmer Beleuchtung eingerichtetes Restaurant, in dem man sich sehr gut zum Mittagessen oder zum Tee treffen kann. Besonders angenehmes Ambiente, Designerin: Catherine Deneuve.

Quartier Latin | 13, rue Victor Cousin | Métro: Cluny-La Sorbonne | Tel. 01/56 24 88 80 | Mo–Fr 12.30–19 Uhr | €

EINKAUFEN

⑳ Gibert Jeune 🔖 F 4

Allgemeine und Fachliteratur, Secondhand-Bücher und Schreibwaren.

Quartier Latin | 5, pl. St-Michel | Métro: St-Michel | www.gibertjeune.fr

㉑ Maison des Trois Thés 🔖 F/G 5

Das Geschäft von Madame Yu Hai Tsen gilt als das beste Teehaus Europas. Exklusive Teesorten aus China. Teekunde, Verkostung (vorher reservieren!) und wunderschönes Zubehör.

Quartier Latin | 1, rue Saint-Médard | Métro: Place Monge | Tel. 01/43 36 93 84 | Di–So 11–19 Uhr (Verkostung ab 13 Uhr)

㉒ Shakespeare & Company 🔖 F 4

Vor dem Zweiten Weltkrieg war die Buchhandlung von Sylvia Beach das literarische Zentrum für amerikanische Autoren. 1941 wurde sie von den deutschen Besatzern geschlossen, 1964 neu gegründet. Noch immer ist die Buchhandlung eine Institution. Bei einer Tasse Tee kann man die über 50 000 englischen Werke durchstöbern.

Quartier Latin | 37, rue de la Bûcherie | Métro: Maubert-Mutualité | www.shakespeareco.org

KULTUR UND UNTERHALTUNG
CABARET

㉓ Paradis Latin 🔖 G 5

Das ist Paris: Witz, Charme, Erotik. Dargeboten in einem ehemaligen Theater im Quartier Latin.

Quartier Latin | 28, rue du Cardinal-Lemoine | Métro: Cardinal Lemoine | Tel. 01/43 25 28 28 | www.paradis-latin.com

CLUBS

㉔ Le Caveau de la Huchette 🔖 F 4

Das Kellergewölbe ist seit den 1950er-Jahren Pilgerstätte für Jazz-Fans. Lionel Hampton, Panama Francis und viele andere sind hier schon aufgetreten. Schwerpunkt: New Orleans.

Quartier Latin | 5, rue de la Huchette | Métro: St-Michel | www.caveaudelahuchette.fr | Sa–Do 21.30–2.30, Fr bis 3.30, Sa bis 4 Uhr

> **Musik an Bord** 12
>
> An Deck des Frachtschiffs »Bateau El Alamein« ein Gläschen Wein genießen. Dazu treten im Bauch des Bootes regelmäßig Bands und Chansonsänger auf (▶ S. 15).

㉕ Le Caveau des Oubliettes 🔖 F 4

Traditioneller Studententreff: Blues Jam, Pop Rock Jam, Jazz- und Groove Jam, französische Chansons.

Quartier Latin | 52, rue Galande | Métro: St-Michel | www.caveaudesoubliettes.fr | Mo–Sa 21–2 Uhr

Im Fokus
Gobelin-Kunst aus Paris

In der Pariser Gobelin-Manufaktur entstanden schon vor Jahrhunderten feinste Wandteppiche für die königlichen Schlösser. Das Musée National du Moyen Age präsentiert besonders schöne Werke der traditionellen Tapisserie-Kunst.

Rue Titien, Rue Watteau, Rue Rubens, Rue Véronèse. Warum diese winzigen Straßen mit den Namen weltberühmter Künstler? Und vor allem: Warum gerade hier, weit im Süden des Quartier Latin, nahe der Place d'Italie, die schon zum 13. Arrondissement gehört? Nur wenige hundert Meter weiter wartet die Erklärung: In der breiten, recht prosaischen Avenue des Gobelins stößt man auf einen alten Stadtpalast, der seit Jahrhunderten Manufacture Nationale des Gobelins heißt und Frankreichs bedeutende Teppichmanufaktur ist. Das ist es also: Die Sträßchen rings herum heißen nach den Malern, weil diese ihr einst die schönsten Entwürfe lieferten.

Alles begann in den 1440er-Jahren, als sich ein junger Flame namens Jean Gobelin in dieser Gegend, genauer in der engen Rue Mouffetard niederließ, um als Färber von Wolle und Seidenstoffen sein Glück in Paris zu machen, wo damals einige der wichtigsten Werkstätten der französischen Webkunst lagen. Sein großes Haus grenzte auf der Rückseite an die

◄ »Die Dame mit dem Einhorn« ist im Musée National du Moyen Age zu sehen (▶ S. 137).

Bièvre, was sehr praktisch war, denn im Wasser dieses kleinen Flüsschens konnte er das Material für seine viel gepriesenen Wandbespannungen leicht färben und waschen. Monsieur Gobelin kam zu Ruhm und Reichtum – und so heißt das französische Wort für Wandteppich nach seinem Meister »gobelin«.

GERBSÄURE UND KOHLENSTAUB

Schnell siedelten sich weitere Färber an den Ufern der Bièvre an, darunter im 18. Jh. auch Jean de Julienne, ein Freund des Malers Antoine Watteau, der sich in der kleinen Rue de Gobelins einrichtete. Lederbereiter und Gerber kamen und wie es zu jener Zeit am äußersten Rand von Paris zuging, wie arm die Menschen, wie verrußt die Luft und wie unwürdig die hygienischen Verhältnisse waren, wusste ein Chronist um 1890 eindrücklich zu schildern: »Ein penetranter Geruch nach Gerbsäure steigt uns in die Nase; ein feiner roter Staub schwebt in der Luft und setzt sich als dünner Belag am Boden ab, in dem die seltenen Passanten ihre Fußspuren hinterlassen. Die Trockengestelle der Gerbereien sind so aufgestellt, dass ihre großen unterteilten Fenster in Windrichtung zeigen, direkt neben den Herstellern von Kohlebriketts in verstopften Höfen voll von riesigen Haufen Kohlenstaubs.«

HARTE ARBEIT FÜR DEN LUXUS DER REICHEN

Es ist das Paris der katastrophalen Arbeitsbedingungen, der Gefängnisse und Galgen, der Entbindungs-, und Sterbehäuser, wie der große französische Schriftsteller Victor Hugo sie in seinem Roman »Die Elenden« (»Les Misérables«) beschreibt. Als Ort immerwährender Unruhen und Revolten wird ein Großteil dieser Gegend im Zuge der Hausmannschen Straßendurchbrüche gesäubert. Auch die Rue Mouffetard zwischen dem neuen Carrefour des Gobelins und der Place d'Italie, eine der ältesten Straßen der Stadt und für Barrikaden bestens geeignet, wird durch eine breite Avenue ersetzt, die Avenue des Gobelins. Wenn heute von der »Mouff'« die Rede ist, meint man damit jene kleine Straße, die quasi in der Verlängerung der Avenue des Gobelins bis zur Place de la Contrescarpe im Herzen des Quartier Latin führt und mit ihren zahlreichen kleinen Restaurants, Cafés und Läden heute zu den beliebtesten Straßen des Studentenviertels gehört.

Das Flüsschen Bièvre allerdings, in dem Jean Gobelin seine Wolle einst scharlachrot färbte, würde man heute vergebens suchen. Es fließt schon lange unterirdisch durch Paris und mündet am Quai d'Austerlitz in die Seine. Aber immer noch sind in der Manufaktur in der Avenue des Gobelins rund 30 Experten mit der Restaurierung historischer Wandteppiche und der Anfertigung herrlicher Stoffe und Tapisserien beschäftigt – vorwiegend im Auftrag der französischen Botschaften weltweit.

PRACHTVOLLE GOBELINS FÜR VERSAILLES

Zurück in die Zeit um 1600. König Heinrich IV. hat die Glaubenskriege beenden können. Im Land herrscht endlich wieder Friede, die Wirtschaft gedeiht. Um seinem Haus Bourbon als führende Macht Europas auch kulturell Glanz zu verleihen, will der Monarch die in Frankreich verwurzelte Tapisseriekunst wieder beleben und wirtschaftlich fördern. So blühen Frankreichs Künste unter der Führung und Kontrolle des Königtums immer üppiger und erreichen den Höhepunkt ihrer Blüte in Versailles (▶ S. 158), wohin Ludwig XIV. mit seinem Hofstaat 1678 zieht.

Zu diesem Zeitpunkt ist die einst privat geführte Gobelin-Manufaktur in der Rue de Mouffetard, die vorwiegend für vornehme Privathäuser produzierte, auf Anregung Finanzminister Colberts schon seit zehn Jahren in »Manufacture Royale des Meubles et des Tapisseries de la Couronne umbenannt«: Königliche Tapisserie-Manufaktur. Ihr erster Direktor heißt Charles Le Brun. Er ist Ornamentzeichner und Maler und leitet die königliche Kunstakademie in Paris. Als offizieller Lieferant der neuen Hofkunst beauftragt er Tausende Künstler und Kunsthandwerker, an der Ausstattung des prunkvollen Palasts in Versailles mitzuwirken. Er selbst arbeitet als Hofmaler ebenfalls dort – neben so renommierten Architekten, Innenarchitekten und Gartenbaukünstlern wie Le Vau, Hardouin-Mansart und Le Nôtre. In Paris haben Möbelschreiner, Goldschmiede, Bildhauer, Maler und Graveure, Spitzenklöppler und Kristallschleifer alle Hände voll zu tun. In den Werkstätten der Tapisserie-Manufaktur produzieren Brokat-, Seiden- und Samtweber ihre Meisterwerke für Frankreichs königliche Schlösser, darunter vier prachtvolle Gobelins, die man im Ankleidezimmer der Königin im Schloss von Versailles betrachten kann.

DIE SCHÖNSTEN GOBELINS IM MUSEUM

Am Boulevard Saint-Michel im Herzen des Quartier Latin, nahe der Métrostation Cluny/Sorbonne, befindet sich das Musée National du Moyen Age. In dieses Museum für mittelalterliche und Renaissance-

Kunst verirren sich Paris-Besucher nicht so ohne weiteres, es sei denn, sie wissen, dass sich hier ein Schatz verbirgt: die einzigartige Tapisserie-Folge »Dame à la Licorne« (Dame mit dem Einhorn) aus dem 15. Jh. Den sechs herrlichen Gobelins ist ein eigener Raum gewidmet: eine Rotunde, zu der vier Stufen hinunterführen. Mildes Licht lässt die zarten Figuren und wunderbaren Farben in ihrer ganzen Schönheit zur Wirkung kommen: Vor rubinrot leuchtendem Hintergrund tummeln sich zwischen blühenden Zweigen und Blumenmotiven in Vergissmeinnichtblau, Honiggelb und Margeritenweiß viele kleine Tiere, weiße Häschen und Hunde, ein Ziegenbock, Vögel, ein angebundenes Schimpansenäffchen, ein gefleckter Marder, ein brauner Fuchs.

Im unteren Teil der Teppiche breiten sich blaugrüne Inseln aus, ebenfalls mit Tieren und Blumen übersät und bewachsen von Eichen, Mispel-, Orangen-, und Dattelbäumen. »Da ist immer diese ovale blaue Insel, schwebend im zurückhaltend roten Grund, der blumig ist und von kleinen, mit sich beschäftigten Tieren bewohnt«, beschreibt Rainer Maria Rilke die Tapisserien in seinen »Aufzeichnungen des Malte Laurids Brigge«: »Nur dort, im letzten Teppich, steigt die Insel ein wenig auf, als ob sie leichter geworden sei. Sie trägt immer eine Gestalt, eine Frau, in verschiedener Tracht, aber immer dieselbe. Zuweilen ist eine kleinere Figur neben ihr, eine Dienerin.«

TIERISCHE SCHÖNHEIT AUS UNBEKANNTER HAND

Wenn der Besucher den Rundsaal betritt, fällt sein Blick zuerst auf den sechsten Teppich. Er hängt gleich gegenüber dem Eingang, ein großes Querformat von fast fünf mal vier Metern. »À mon seul désir« (»Meinem einzigen Verlangen«) steht über dem geöffneten, jeweils von einem Einhorn und einem Löwen flankierten Zelt, aus dem eine in Samt und Brokat gekleidete Frau tritt. Einem schweren Schmuckkasten, den ihr die Dienerin reicht, entnimmt sie ein Collier. Dass es sich bei dieser Dame um die schöne Claude Le Viste von Lyon handelt, kann der Betrachter dem Familienwappen der Le Viste entnehmen, das Einhorn und Löwe halten. Bis heute ist nicht bekannt, wer die kostbaren Teppiche herstellte. Doch man weiß, dass sie nicht in Paris, sondern um 1500 in Brüssel angefertigt wurden, das damals Europas bedeutendstes Webzentrum war.

– La Manufacture Nationale des Gobelins | Quartier Latin | 42, av. des Gobelins | Führungen Di, Mi, Do, 13, 14.45 und 15 Uhr | Eintritt 6 €
– Musée de Cluny/Musée National du Moyen Age | Quartier Latin | 6, Pl. Paul-Painlevé | www.musee-moyenage.fr | tgl. außer Di 9.15–17.45 Uhr | Eintritt 8 €

SAINT-GERMAIN-DES-PRÉS UND MONTPARNASSE

Das noble Saint-Germain-des-Prés ist bekannt als Kunst- und Literaturviertel, das in den 1920er Jahren seine kulturelle Blüte erlebte und im Mai 1968 erneut im Blickpunkt stand. Auch Montparnasse hatte einst eine hohe Künstlerdichte zu bieten.

Im vornehmen Faubourg Saint-Germain ließ die Aristokratie im 17. und 18. Jh. prächtige Stadtpaläste errichten. Heute sind viele der Sitz von Ministerien und Botschaften. Im noblen Palais Beauharnais in der Rue de Lille ist die deutsche Botschaft zu Hause, im Palais Bourbon nahe der Seine das französische Parlament und im Hôtel Matignon in der Rue de Varenne regiert der Premierminister. Doch Saint-Germain an der Rive Gauche, das ist auch das Viertel der Schriftsteller, Künstler und Intellektuellen und für seine zahlreichen Buchhandlungen, Verlage, Galerien, Jazz-Clubs, Kinos, Antiquitäten- und Designerläden berühmt. Vor allem aber für zwei Café-Klassiker: Das Café Les Deux Magots an der Kreuzung von Boulevard Saint-Germain und Rue de Rennes war in den Jahren des

◄ Kontraste: Saint-Germain-des-Prés und
der 210 m hohe Turm von Montparnasse.

Existenzialismus Treffpunkt der intellektuellen Elite. Nebenan im Café de Flore gehen bis auf den heutigen Tag die Größen aus der Literatur-, Mode- und Filmszene ein und aus.
Die Abteikirche Saint-Germain-des-Prés ist die älteste der großen Pariser Kirchen. Nicht weit von hier, an der stimmungsvollen Place Furstemberg, befindet sich das Atelierhaus des bedeutenden Romantikers Eugène Delacroix. Rund um die Kunstakademie École des Beaux Arts haben sich zahlreiche Galerien angesiedelt und auf der Straßenterrasse des Café La Palette sitzen vorwiegend Studenten und Künstler.
In der großen Kirche Saint-Sulpice wurde am 12. Oktober 1822 die Ehe von Victor Hugo mit Adèle Foucher geschlossen, die ihren Angetrauten wenige Jahre später mit seinem guten Freund Sainte-Beuve betrog. Im August 1848 heiratete Heinrich Heine hier die uneheliche Tochter einer armen Bäuerin, die in Paris Schuhverkäuferin geworden war und nannte sie Mathilde. Bei seinem Einzug in die Kirche soll er gesagt haben: »Ich verheirate mich bei 40 Grad Hundtagshitze. Möge mich der allmächtige Gott stets bei gleicher Temperatur erhalten.«

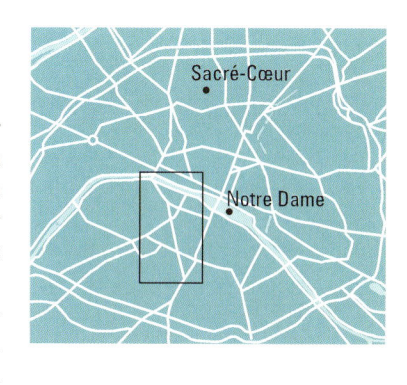

MONTPARNASSE – NEUE HEIMAT DER BOHÈME

Als Dichter und Maler um 1900 den Montmartre im Norden der Stadt verließen und sich in dem ärmlichen Handwerkerviertel südlich von Saint-Germain preiswerte Arbeits- und Wohnmöglichkeiten suchten, begann der Aufstieg von Montparnasse. Braque und Léger, Derain und Matisse, Modigliani und Max Jacob trafen sich in den Kneipen des Quartiers, und nach dem Ersten Weltkrieg machte eine internationale Künstlerschar Montparnasse und seine Kaffeehäuser berühmt: In der Art-déco-Brasserie La Coupole frühstückte James Joyce, das Café Sélect war, wie der amerikanische Schriftsteller Harold Stearns beobachtete, »ein brodelndes Tollhaus voller Betrunkener, Halbbetrunkener und nüchterner Wahnsinniger«, in der Rotonde nebenan kritzelte Blaise Cendrars Gedanken aufs Papier, und Picasso bevorzugte das Dôme.

Die legendären Café-Restaurants, kleine Hotels, zahlreiche Kinos, die Ateliers der Künstler Zadkine und Bourdelle und die schöne Friedhofsanlage Cimetière du Montparnasse sind immer noch Anziehungspunkte – wenn das Viertel auch an Charme verloren hat, seit in den 1970er-Jahren die Abrissbirne wütete und Platz für Bauten wie den Bahnhof von Montparnasse und den 200 m hohen Wolkenkratzer Tour Maine-Montparnasse schuf.

SEHENSWERTES

Wollen Sie's wagen?

Kreislauf stabil? Lungen funktionstüchtig? Schal um den Hals? Dann nichts wie rein ins Reich der Toten. 130 Stufen führen hinab in die Katakomben, die seit 250 Jahren die Schädel und Gebeine von fast sieben Millionen Verstorbenen bergen. Bis Anfang des 19. Jh. hatte die Stadt Paris ihre Toten – man denke an die zahllosen Pest- und Cholera-Opfer sowie all die Hingerichteten – in Massengräbern versenkt, sodass es in Teilen der Stadt verheerend stank. 1785 schließlich beschlossen die Pariser, die Überreste ihrer Verstorbenen in die aufgegebenen, leeren Kalksteinbrüche der Stadt umzubetten. In heute beleuchteten Räumen sind Schädel und Gebeine fein säuberlich bis unter die Decke geschichtet und nach ihrer Herkunft geordnet. Wer an Details interessiert ist, bringe eine Taschenlampe mit.
Montparnasse | 1, av. du Colonel Henri Rol-Tanguy | Métro: Denfert-Rochereau | www.catacombes-de-paris.fr | Di–So 10–17 Uhr | Eintritt 8 €, Kinder frei

❶ Assemblée Nationale D 3/4
Das Palais Bourbon, ein königliches Haus aus dem 18. Jh. mit imposanter Säulenfassade, liegt nahe der Seine. Hier hat die französische Nationalversammlung ihren Sitz.
Invalides | 33, quai d'Orsay | 75007 | Métro: Assemblée Nationale | www.assemblee-nationale.fr

❷ Cimetière du Montparnasse E 6
Als der Sarg von Jean-Paul Sartre am 19. April 1980 den Boulevard du Montparnasse entlang zu diesem Friedhof getragen wurde, folgten dem Zug 50 000 Menschen. Fotografen hingen in den Bäumen, und das Getümmel war so groß, dass ein Mann sogar ins offene Grab fiel. Eine ähnlich große Menschenmasse folgte ein paar Jahre später der verstorbenen Simone de Beauvoir. Auf dem friedlich-grünen Prominentenfriedhof liegen u. a. Guy de Maupassant, Charles Baudelaire und Samuel Beckett.
Montparnasse | 3, bd. Edgar Quinet | Métro: Edgar Quinet, Raspail | tgl. 9–17.30 Uhr

❸ Invalides D 4
Der unter Louis XIV. entstandene barocke Sakralbau mit der goldenen Kuppel wurde von 1677 bis 1708 vom

Saint-Germain-des-Prés und Montparnasse | 113

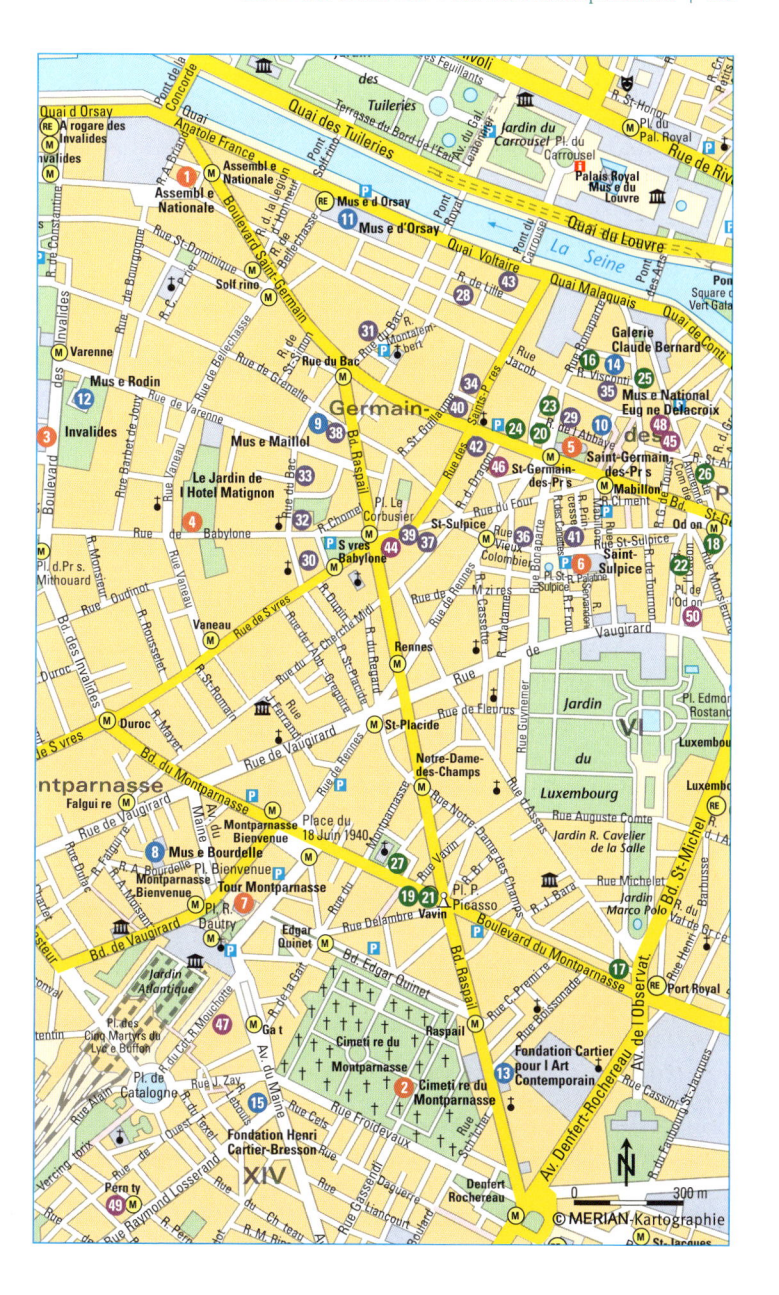

Architekten Hardouin-Mansart begonnen und 1735 von Robert de Cotte vollendet. Im Inneren des Invalidendoms befindet sich der Sarkophag Napoléons I. aus rotem finnischen Porphyr sowie die Gräber anderer militärischer Persönlichkeiten Frankreichs.

Invalides | Pl. Vauban | Métro: Varenne, Latour-Maubourg, Invalides | tgl. 10–18 Uhr (Winter 17 Uhr) | Eintritt 9 €

❹ Le Jardin de l'Hôtel Matignon
D/E 4

Endlich dürfen Besucher den herrlichen Garten des Hôtel Matignon, Sitz des französischen Premierministers, besuchen. In diesem wundervollen Park ist es seit 1978 Brauch, dass jeder Premierminister einen Baum pflanzt, sobald er in die elegante Residenz einzieht.

Saint Germain-des-Prés | Hôtel Matignon, Eingang zum Park 36, rue de Babylone | Métro: Sèvres Babylone | jeden ersten Sa im Monat 13–18.30 Uhr (April–Okt.), 13–17 Uhr (Nov. –März)

❺ Saint-Germain-des-Prés
E 4

Die älteste Kirche von Paris. Bereits um 543 ließ Childebert I. inmitten von Feldern und Wiesen (»prés«) eine Basilika und ein Kloster bauen. Das heutige Erscheinungsbild geht auf das 11. und 12. Jh zurück. Während der Revolution zerstörten Brände den Bau, die reiche Bibliothek wurde vernichtet. Unter anderen hat der französische Philosoph René Descartes (1596–1650) hier seine Grabstätte. Im schattigen kleinen Gärtchen steht die Büste Guillaume Apollinaires von Picasso.

St-Germain | 3, pl. St-Germain-des-Prés | Métro: St-Germain-des-Prés

❻ Saint-Sulpice
E/F 4

Der imposante Bau der Pfarrkirche von Saint-Germain entstand in mehreren Etappen. Grundsteinlegung war 1646, 1732 wurde die Fassade gestaltet. In der Südkapelle gleich rechts neben dem Eingang befinden sich sehr sehenswerte Wandmalereien von Eugène Delacroix.

St-Germain | Pl. St-Sulpice | Métro: Saint-Sulpice

❼ Tour Montparnasse
D/E 5

Als 1973 der über 200 m hohe Büroturm aus Stahl und Glas mitten im Montparnasse-Viertel gebaut wurde, reagierten nicht nur die Bewohner des Quartiers mit großer Empörung. Der Turm steht für die städtebaulichen Schrecken, die in den 1970er-Jahren weite Teile von Paris regelrecht zerstörten. 38 Sekunden braucht der Lift, um Besucher bis zur 56. Etage zu fahren. Von oben hat man einen fantastischen Blick über Paris und seine Umgebung.

Montparnasse | 33, ave. du Maine | Métro: Montparnasse-Bienvenue | www.tourmontparnasse56.com | Okt.–März tgl. 9.30–22.30 Uhr

---

Wollen Sie's wagen?

Man sollte schon ein geübter Skater sein, bevor man sich den Tausenden von Kollegen anschließt, die jeden Freitagabend zur weltweit teilnehmerstärksten, rund 30 Kilometer langen Tour durch die Pariser Straßen aufbrechen.

Treffpunkt: Place Raoul Dautry | Métro: Gare Montparnasse | www.pari-roller.com | ca. 3 Std. | 22 Uhr

---

Saint-Germain-des-Prés und Montparnasse | 115

MUSEEN UND GALERIEN
MUSEEN
- **8 Musée Bourdelle** ▶ S. 134
- **9 Musée Maillol** ▶ S. 136
- **10 Musée National Eugène Delacroix** ▶ S. 135
- **11 Musée d'Orsay** ▶ S. 138
- **12 Musée Rodin** ▶ S. 139

GALERIEN
- **13 Fondation Cartier pour l'Art Contemporain** ▶ S. 131
- **14 Galerie Claude Bernard** ▶ S. 140
- **15 Fondation Henri Cartier-Bresson** ▶ S. 132

ESSEN UND TRINKEN
RESTAURANTS

16 Le Bélier 🧑 E/F 4

Für den besonderen Anlass ein Höhepunkt französischer Esskultur und innenarchitektonischer Opulenz gefällig? Das Restaurant in dem kleinen luxuriösen Hotel, in dem der Schriftsteller Oscar Wilde logierte und starb, ist teuer. Dafür wird man in zauberhaftem Ambiente mit köstlicher Küche verwöhnt. Tipp: Mittags günstiger.
Saint-Germain | 13, rue des Beaux-Arts | Métro: Saint-Germain-des-Prés | Tel. 01/44 41 99 00 | www.l'hotel.com | Di–Sa 12–14, 19–22 Uhr | €€€€.

17 La Clôserie des Lilas ▶ S. 28
18 Le Comptoir ▶ S. 28

19 La Coupole 🧑 E 5

Meeresfrüchte – Allmorgendlich trafen sich hier Jean-Paul Sartre und Simone de Beauvoir, auch Hemingway, Chagall und Picasso waren häufig zu Gast. Das Art-déco-Dekor der Brasserielegende stammt von 1927.

🕐 Nicht wegen der Küchenklassiker in diese Riesenhalle kommen – sondern um frische Austern zu genießen.
Montparnasse | 102, bd. du Montparnasse | Métro: Vavin | Tel. 01/43 20 14 20 | www.lacoupoleparis.com | tgl. bis 2 Uhr | €€

20 Les Deux Magots E 4

Authentisch – Die Existenzialisten machten das Café in den 1950er-Jahren berühmt, und bis heute sind die roten Lederbänke und der »grand crème« so einladend, dass man hier Stunden verbringen möchte. Wer sich auf die große Straßenterrasse setzt, kann das Treiben in diesem kulturträchtigen Viertel aus allernächster Nähe betrachten.

🕐 Kaffee, Croissant, Zeitung, noch wenig Menschen – zum Frühstück sitzt es sich hier am schönsten.
St-Germain | 171, bd. St-Germain-des-Prés | Métro: St-Germain-des-Prés | Tel. 01/45 48 55 25/26 | www.lesdeuxmagots.fr | tgl. 8–2 Uhr

21 Le Dôme E 4

Legendär – Wenn es ihr in der Coupole zu voll war, ging sie ins Dôme, sagte Simone de Beauvoir. Man kann hier frühstücken und Zeitung lesen, aber auch am Abend in dekorativem Ambiente edles Meeresgetier essen.
Montparnasse | 108, bd du Montparnasse | Métro: Vavin | Tel. 01/43 35 25 81 | Café tgl. 8-2 Uhr; Restaurant 12–15, 19–23 Uhr | €€

22 Le Schmuck 🚩 F 4

Vom Kino zum Restaurant – Was in New York schon lange Trend ist, machen jetzt auch in Paris immer mehr

Inbegriff der Pariser Boheme: Im Café Les Deux Magots (▶ S. 115) am Boulevard Saint-Germain waren auch schon Rimbaud und Mallarmé, Picasso und Hemingway zu Gast.

Filmleute: Sie kaufen ihre eigenen Restaurants. Wie der Schauspieler und Regisseur Gilles Lellouche, der in einem ehemaligen Kino ein Lokal mit Kandelabern, Spiegeln und barockem Mobiliar eröffnete, das zum Renner wurde.

St-Germain | 1, rue de Condé | Métro: Odéon | Tel. 01/43 54 18 21 | www.groupe-haussmann.com | tgl. 12–2 Uhr | €€

23 La Société ▶ S. 29

BARS UND CAFÉS
24 Café de Flore ▶ S. 27

25 La Palette   F 4

Wer an der nahen Kunstakademie (Académie des Beaux Arts) studiert oder lehrt, geht nicht nach Hause, ohne an der Bar dieses stets gut besuchten Terrassencafés noch schnell ein Glas Rotwein zu kippen. Vor allem wenn im November der Beaujolais Nouveau ausgeschenkt wird, geht's in der Palette hoch her.

St-Germain | 43, rue de Seine | Métro: St-Germain-des-Prés | Mo–Sa bis 2 Uhr

26 Le Procope   F 4

Paris ist ohne seine Kaffeehäuser schlicht und einfach unvorstellbar! 1643 soll der »kleine Schwarze« (»le petit noir«) zum ersten Mal in der Stadt aufgetaucht sein, bekannt wurde er aber erst vierzig Jahre später, als der Sizilianer Francesco Procopio in der Rue de l'Ancienne Comédie das Kaffeehaus Le Procope eröffnete. Nicht nur, dass Monsieur Procopio sein Café prächtig einrichtete und dekorierte, er schlug auch die Tagesnachrichten dort an. Das war etwas Neues, und die Leute kamen in Scharen. Vernetzt durch einen regen Briefverkehr machte sich im Procope die politische Opposition des vorrevolutionären Frankreich Gedanken über eine neue Staatslehre mit einer freiheitlichen Verfassung. Diderot und d'Alembert entwickelten hier ihre Ideen für das Hauptwerk der Aufklärung, die »Encyclopédie«. Voltaires Stammtisch steht bis auf den heutigen Tag im Procope.

St-Germain-des-Prés | 13, Rue de l'Ancienne Comédie | Métro: Odéon | www.procope.com

27 Le Sélect E5

Roaring Twenties – Hemingway, Picasso, Henry Miller. Das Café mit der großen Straßenterrasse hat sich seit 1925 kaum verändert, und die Boheme von Montparnasse kommt immer noch – trotz der vielen Touristen.

Montparnasse | 99, bd du Montparnasse | Métro: Vavin | Tel. 01/45 48 38 24 | tgl. 7.30–2 Uhr

EINKAUFEN

ANTIQUITÄTEN

28 Carré Rive Gauche E4

Für Liebhaber von Antiquitäten bietet sich hier eine riesige Auswahl an alten Möbeln, Keramik und Kunst. Die 130 Geschäfte liegen in den kleinen historischen Straßen zwischen Quai Voltaire, Rue de l'Université, Rue des Saints-Pères und Rue du Bac.

St-Germain | RER: Musée d'Orsay

BÜCHER

29 La Hune E4

Kunstbuchhandlung. Eine Institution. Bis Mitternacht geöffnet.

St-Germain | 170, bd. St-Germain | Métro: St-Germain-des-Prés

KAUFHÄUSER

30 Le Bon Marché ▶ S. 35

KÜCHE UND WOHNEN

31 Christian Liaigre E4

Die Möbel-Kreationen des Pariser Meisters sind sehr gefragt. Liaigre bevorzugt klare Linien und arbeitet vorwiegend mit Holz und Leder. Inneneinrichter der Häuser von Karl Lagerfeld, Kenzo sowie von Hotels.

St-Germain | 42, rue du Bac | Métro: Rue du Bac | www.christian-liaigre.fr

32 The Conran Shop E4

Der Brite Terence Conran begeistert Paris mit Möbeln, Wäsche, Küchenzubehör, Papierwaren.

St-Germain | Galerie de la Madeleine | 117, rue du Bac | Métro: Sèvres-Babylone

KULINARISCHES

33 Angelina E4

Die Pariserinnen des Linken Ufers müssen nicht mehr die Seine überqueren, wenn sie feine Schokoladen und Gebäck von Angelina servieren möchten. Der traditionelle Teesalon in der Rue de Rivoli hat eine Dépendance in Saint-Germain eröffnet.

St-Germain | 108, rue du Bac | Métro: Sèvres Babylone | www.angelina-paris.fr

34 Debauve & Gallais ▶ S. 36

35 Huilerie J. Leblanc E4

Seit Generationen produziert Familie Leblanc aus dem Burgund verschiedene Nuss- und Olivenöle in feinster Qualität. Auch Essige und Senf.

St-Germain | 6, rue Jacob | Métro: St-Germain-des-Prés

36 Pierre Hermé ▶ S. 36

37 Poilane 🚩 E 4

Der berühmteste Bäcker von Paris mit dem besten dunklen Brot. Die Leute stehen Schlange für den Apfelkuchen (»tarte aux pommes«).
St-Germain | 8, rue du Cherche-Midi | Métro: Sèvres-Babylone

38 Roland Barthélemy ▶ S. 36

MODE
39 Hermès 🚩 E 4

Das Stammhaus des Luxus-Ladens hat jetzt auf dem linken Seine-Ufer den einstigen Art-déco-Pool des Hotels Lutetia in ein betörend schönes Geschäft verwandelt. Für den Ausbau des denkmalgeschützten Schwimmbads, das mit einem Mosaik bedeckt wurde, entwarfen die Architekten Hütten aus Eschenholz, Räume im Raum, ohne die historische Substanz anzutasten. Seidenkrawatten, Seidenschals, Tapeten, Kleinmöbel – oder eine Pause, wenn das Budget nur für eine Tasse Tee auf dem Sprungbrett reicht.
St-Germain | 17, rue de Sèvres | Métro: Sèvres-Babylone | www.hermes.com

40 Karl Lagerfeld Concept Store 🚩 E 4

In Saint-Germain befindet sich der erste Concept Store der Modemarke Karl Lagerfeld. Ganz seinem eigenen Stil entsprechend, ist das Laden-Interieur in Schwarz-Weiß gehalten. Damen- und Herrenlinien des Labels, Handtaschen, Schuhe, Schmuck. Seit Kurzem gibt es einen zweiten Store in der Rue Vieille du Temple im Marais.
St-Germain | 194, bd. St-Germain | 75007 | Métro: rue du Bac

41 Saint-Laurent 🚩 E 4

Mit dem 2008 verstorbenen Yves Saint-Laurent verlor Paris einen der ganz Großen der Haute Couture.
St-Germain | 6, pl. St-Sulpice | Métro: St-Sulpice

42 Sonia Rykiel 🚩 E 4

Gestricktes aus Wolle und Jersey von der »Königin des Strick«. Tolle Muster und Farben. Neue Räume!
St-Germain | 175, bd. St-Germain | Metro: St-Germain-des-Prés | www.soniarykiel.com

SONSTIGES
43 Sennelier ▶ S. 37

KULTUR UND UNTERHALTUNG
CLUBS
44 Bar Lutetia ▶ S. 40

45 La Mezzanine de l'Alcazar 🚩 F 4

In den ehemaligen Räumlichkeiten des berühmten Varieté-Theaters in Saint-Germain sorgen die besten DJs der Stadt für Partystimmung.
St-Germain | 62, rue Mazarine | Métro: Odéon | www.alcazar.fr | Mi–Sa bis 2 Uhr morgens

46 Montana ▶ S. 40

47 Le Petit Journal Montparnasse 🚩 D 6

Die Anziehungskraft dieses traditionellen Kellers ist ungebrochen groß. Auch Brasserie.

Saint-Germain-des-Prés und Montparnasse | 119

Montparnasse | 13, rue du Commandant-René-Mouchotte | Métro: Gaité | www.petitjournalmontparnasse.com | Mo–Sa ab 22 Uhr

㊽ Le Wagg F 4
In diesem Keller siedelte einst das berühmte Whisky à Gogo. Heute werden hier Funk und House gespielt. Am Sonntagnachmittag gibt es Salsa, von 15 bis 17 Uhr für Anfänger sogar mit Tanzunterricht.
St-Germain | 62, rue Mazarine | Métro: Odéon | www.wagg.fr | Fr, Sa 23–6 Uhr

KINO
㊾ L'Entrepôt D 6
Für alle, die etwas anderes suchen als Mainstream, gibt's hier wirklich anspruchsvolle Filme, dazu Restaurant, Bar, Café und Bücher.

Montparnasse | 7–9, rue Francis-de-Pressensé | Métro: Pernety | Tel. 01/45 40 07 50 | www.lentrepot.fr

THEATER
㊿ Odéon/Théâtre de l'Europe F 4
Das Theater geht auf König Ludwig XVI zurück, der 1779 – wenige Jahre vor der Französischen Revolution – den Neubau eines Theaters beauftragte. Es eröffnete schon 1782 unter dem Namen Théâtre Française. Heute ist das staatlich subventionierte Odéon mit Georgio Strehlers Théâtre de l'Europe zu einer Bühne avanciert, die anspruchsvolles Theater mit zahlreichen fremdsprachigen Stücken präsentiert.
St-Germain | Pl. de l'Odéon | Métro: Odéon | Tel. 01/44 85 40 00 | www.theatre-odeon.fr

Kühle Eleganz: Der deutsche Designer Karl Lagerfeld ist eine feste Größe der Pariser Haute-Couture-Szene. Er präsentiert seine Mode im Karl Lagerfeld Concept Store (▶ S. 118).

Im Fokus
Das neue Paris

Verborgene Avantgarde hinter denkmalgeschützten Fassaden: Auch wenn die historischen Juwelen in Paris kaum Platz lassen für moderne Architektur, ist die Stadt seit mehr als 50 Jahren radikal im Wandel – auf dem Weg zur Metropole der Zukunft.

»WANDERLUST«. Klingt im ersten Augenblick irritierend. Wanderlust? Ein deutscher Name als Bezeichnung für ein Kulturzentrum, das nicht an der Spree, sondern direkt am Ufer der Seine im 13. Arrondissement von Paris liegt? Ja, richtig. Ein junges, wohl durch Berlin und seine Partytempel inspiriertes Pariser Kollektiv hat sich WANDERLUST als Oberbegriff für einen Ort ausgedacht, der unter dem Dach der neuen Cité de la Mode et du Design (▶ S.17) am Quai d'Austerlitz liegt und vor Kurzem eröffnet wurde: Ein riesiges Restaurant, in dem vier bekannte Pariser Köche abwechselnd für eine fantasievolle Speisekarte sorgen, lädt zum Essen und Verweilen ein, ein Club präsentiert die besten DJs der Stadt. Und erst die phänomenal große Terrasse auf dem Dach der Cité! Seitdem es WANDERLUST gibt, tobt das Leben in der einst trostlosen Gegend mit ihren Industriebrachen und ehemaligen Bahnflächen.

»Paris bouge«. »Paris bewegt sich« – so könnte man es ebenfalls sagen, und zwar in Richtung Südosten. Schon seit vielen Jahren ist die Stadt da-

◀ Die Türme der Nationalbibliothek (▶ S. 100) symbolisieren aufgeschlagene Bücher.

bei, das linke Seine-Ufer im Rahmen des ambitionierten städtebaulichen Projekts »Paris Rive Gauche« bis 2015 zu einem pulsierenden Viertel zu machen. Es zieht sich rund 3 km an der Seine entlang und umfasst eine Fläche von nahezu 130 ha. In einem der alten Quai-Gebäude, 1907 errichtet und fast 300 m lang, lagerten einst die Waren, die über die Seine angeliefert und per Pferdekutsche oder Eisenbahn weitertransportiert wurden. Architektonisch sind diese Lagerhallen (»docks en Seine«) etwas Besonderes: Es handelt sich um die erste Stahlbetonkonstruktion in Paris.

ALTBAU AN DER SEINE TRIFFT AVANTGARDE

Das Pariser Architektenbüro Jacob + MacFarlane gewann den internationalen Wettbewerb für die Revitalisierung der ausgedienten und heruntergekommenen Hallen, den die Stadt Paris ausgeschrieben hatte. Hier sollten Räumlichkeiten für eine Mode- und Designschule, das Institut de la Mode, Ausstellungsflächen, Läden und Cafés entstehen. Den Altbau abreißen? Jakob + MacFarlane entschieden sich dagegen. Sie entkernten die Docks, sanierten sie und versahen das Gebäude zusätzlich mit einem eigenwillig aussehenden Element, das sie »plug-over« nannten: Das Betontragwerk wurde mit Röhren aus Glas und Stahl verkleidet, durch die man über hölzerne Treppenstufen die drei Stockwerke erreicht, von der untersten Ebene am Anleger bis hin zum Dachgeschoss. Das neue Element wächst sozusagen aus dem Bestehenden heraus, ist ihm auf der Seine-Seite vorgehängt – und wenn in Paris die Lichter angehen, leuchtet seine gläserne Außenhaut froschgrün. Sieht aus wie eine Schlange? Oder eher wie ein Bootsgerippe? Natürlich sorgte der unverwechselbare Bau für helle Aufregung und heiße Debatten in Paris. Gewiss ist, dass sich die Architekten bei der Gestaltung ihres »plug-over« vom Fluss und den Promenaden entlang der Seine inspirieren ließen.

PARIS WÄCHST IN DEN HIMMEL UND UNTER DIE ERDE

Die französische Hauptstadt hat tatsächlich nur wenig Platz für moderne Architektur. Ein Baudenkmal reiht sich an das andere, von Kirchen aus allen Jahrhunderten über große Museen, imposante Triumphbögen und herrliche Fassaden aus der Ära Haussmann. Ab Mitte der 1960er-Jahre vollzog sich unter dem Einfluss von Le Corbusier und einer ganzen Generation zeitgenössischer Architekten ein gewisser Bruch mit dem traditionellen Stadtbild: Nach ihren Plänen sollte der historische Kern von Paris erhalten und renoviert, die übrige Metropole jedoch gründlich modernisiert werden. Hochbauten aus Stahl und spiegelnden Glasfassaden prägten plötzlich die Silhouette der Hauptstadt. Beispielhaft für die neue Bauweise ist das UNESCO-Gebäude, mit dem 58 Stockwerke und 210 Meter hohen Turm von Montparnasse entsteht der erste Wolkenkratzer von Paris.

PRESTIGEPROJEKTE DER PRÄSIDENTEN

Der fortschrittsgläubige Staatspräsident Georges Pompidou wollte aus Paris eine moderne Metropole nach amerikanischem Muster machen. Im Zuge eines groß angelegten städtebaulichen Modernisierungsplans wurden 1969 die eisernen Obst- und Gemüsehallen von Baltard im Bauch von Paris abgerissen und nach Rungis verlegt. Das war eine grobe Fehlentscheidung, die Paris bis heute nicht verwunden hat. 1970 erhielt die Stadt das 92 km lange Untergrund-Schnellbahn-Netz R.E.R. (Réseau Express Regional), die als damals modernste Schnellbahn der Welt die Vororte mit dem Zentrum verband. An der Nordautobahn entstand der futuristisch anmutende Großflughafen Roissy–Charles de Gaulle.

Symbole der Wirtschaftsmacht Frankreich wurden die neuen riesengroßen Büro- und Geschäftsviertel La Défense, Maine-Montparnasse und Front-de-Seine. 1977 eröffnete Georges Pompidous kulturelles Vermächtnis im alten Hallenviertel: die Riesenkonstruktion des hypermodernen Kunst- und Kulturtempels Centre Pompidou. Vom bauwütigen Präsidenten stammt ebenfalls die Idee, im nordöstlichen La Villette einen weitläufigen Schlachthof bauen zu lassen. Doch weil hier wegen falscher Bedarfsplanung nie ein Tier unters Messer kam, wurde La Villette schließlich in ein Wissenschafts – und Technikmuseum verwandelt (www.cite-sciences.fr). Eine der Attraktionen ist das kugelförmige Kino La Géode (www.lageode.fr).

NEUE OPER UND GLASPYRAMIDE

Kein Präsident der Fünften Republik hat das Gesicht von Paris so sehr geprägt wie der Sozialist François Mitterrand während seiner Regierungszeit von 1981 bis 1995, kein anderer sich mit städtebaulichen Großprojekten so viele persönliche Denkmäler gesetzt. Anlässlich des 200. Geburtstags der Großen Revolution am 14. Juli 1989 konnte der französische Staatschef dem Land seine ambitionierten Paradeprojekte in Paris schließlich mit großem Pomp präsentieren: Die Volksoper an der Bastille aus Glas, Stahl und Granit (▶ S. 97), die vom US-Chinesen Ming Pei konstruierte Glaspyramide am Louvre und den Großen Bogen, La Grande Arche, im Hochhaus- und Geschäftsviertel La Défense im Westen der Stadt: Der offene Riesenquader aus Beton, Stein und Glas verlängert und vollendet die Königsachse Arc de Triomphe du Carrousel – Tuileriengärten – Place de la Concorde – Arc de Triomphe. 1993 wurde anlässlich der 200-Jahr-Feier des Louvre der neu gestaltete Richelieu-Flügel eingeweiht – das Museum ist seither das größte Kunstmuseum der Welt (▶ S. 136, 142).

LE GRAND PARIS: VISIONEN FÜR DIE STADT DER ZUKUNFT

Zurück ins 13. Arrondissement. Nur wenige Schritte führen von der Cité de la Mode et du Design am Quai d'Austerlitz zu den vier gläsernen Büchertürmen der Nationalbibliothek im Viertel Tolbiac, die auch unter Francois Mitterrand gebaut wurde. Ein architektonisches Erlebnis! Vom Quai Francois Mauriac aus muss man unbedingt einmal die riesigen Freitreppen hinauf zu dem großen, oft windigen Platz zwischen den L-förmigen Türmen gehen und den Blick über die verglasten Hochhäuser schweifen lassen, hinüber zum hochmodernen Schwimmbadeschiff Piscine Josephine Baker am Seine-Quai und der elegant geschwungenen Fußgängerbrücke Simone de Beauvoir. Sie führt in das Geschäfts- und Wohnviertel Bercy mit dem Finanzministerium und der kühn konstruierten Veranstaltungshalle Paris Omnisports mit 17 000 Plätzen. Hier ist Paris wirklich neu.

Geht man an der Seine entlang wieder zurück in Richtung Innenstadt, zur Linken den herrlichen Rokokogarten Jardin des Plantes (▶ S. 102), erhebt sich kurz dahinter das gläserne Institut du Monde Arabe (▶ S. 132) des Architekten Jean Nouvel, der es als »Dialog zwischen Tradition und Moderne« konzipiert hat. Das von Frankreich und mehreren arabischen Ländern finanzierte Institut – genießen Sie von der Dachterrasse den tollem Blick über die Stadt! – soll der Pflege der islamischen Kultur dienen (www.imarabe.org).

Le Grand Paris. So heißt der Plan für die Stadt, wie sie 2030 und darüber hinaus aussehen soll: Ihre öffentlichen Plätze und Orte möchte man besser nutzen, neue Wohnungen bauen, noch mehr auf »grüne« Transportmittel wie Métro und die erst vor wenigen Jahren wieder belebte Tramway T3 im Osten setzen, um die Vorstädte und den Pariser Stadtkern besser zu verbinden. Den ersten schwimmenden Garten auf der Seine gibt es schon.

NICHT ZU VERGESSEN!

Das spektakulärste Bauwerk? Die verträumteste Gasse?
Der großartigste Platz? Paris ist unerschöpflich – und so können Sie
außerhalb vom Zentrum mit seinen historischen Quartiers noch
viel mehr entdecken.

Es gibt nicht nur das eine, das zentrale Paris mit seinen historischen Schätzen. Eine ganz andere Welt eröffnet sich zum Beispiel im Westen der Stadt. Dort zeigt sich Paris auf der einen Seite romantisch und verspielt in den städtischen Wäldern. Und auf der anderen Seite kühl, pragmatisch – ja, geradezu unnahbar – in La Défense. Selbst die meisten Pariser kennen dieses Geschäftsviertel mit dem spektakulären Torbogen »Grande Arche« aus Glas und Marmor in der Fortsetzung der Achse Louvre–Champs-Élysées–Arc de Triomphe nur aus der Distanz. »Klein Chicago« nennen sie die Trabantenstadt mit ihren Wolkenkratzern, in denen rund 1500 Firmen auf etwa 3 Mio. qm Fläche ihre Büros haben (www.ladefense.de). Zu uralten Zeiten aber, als Paris noch Lutetia hieß, umgab ein riesiges Waldgebiet die Stadt. Was im Lauf der Jahrhunderte davon übrig blieb waren zwei große Jagddomänen: der Bois de Boulogne

◄ Pause im Stadtwald: der Bois de Boulogne
(▶ S. 125) liegt im Westen von Paris.

im Westen und der östliche gelegene Bois de Vincennes (▶ S. 126), die – was für eine geniale Idee! – durch einen 19 km langen Wanderweg quer durch Paris verbunden sind. Viele Tage können Sie hier und andernorts vor den Toren der Stadt mit Erkundungen verbringen – ob Sie nun quirlige Freizeitaktivitäten wie Disneyland suchen oder sich doch lieber der Hochkultur und der Wissenschaft widmen. Einige Vorschläge:

Bois de Boulogne A 2–4

Auf den Champs-Élysées immer geradeaus bis zum Arc de Triomphe, weiter auf der Avenue de la Grande Armée bis zur Métrostation Porte Maillot und dann links. Dort öffnet sich mit dem Bois de Boulogne ein riesiger Stadtwald, in dem man leicht einen ganzen Tag verbringen kann. Da der Weg recht weit ist, bietet sich ein Mietfahrrad an (www.parisvelosympa.com), alternativ natürlich auch der Bus oder die Métro. Der Bois de Boulogne ist mit 860 ha der kleinere der beiden Stadtwälder. Napoléon III. beauftragte seinen Stadtplaner Eugène Haussmann Mitte des 19. Jh., die ehemals königliche Jagddomäne nach dem Vorbild des Londoner Hyde-Parks zu gestalten. Künstliche Seen und Wasserfälle wurden angelegt, 400 000 neue Bäume gepflanzt.

Tagsüber ist der weitläufige Bois de Boulogne Anziehungspunkt für Familien. Auf idyllischen Wegen können sie hier radeln und reiten, am großen See, »**Grand Lac**«, Ruderboote ausleihen, sich auf Spielplätzen oder im Zoo des **Jardin d'Acclimatation** (www.jardindacclimatation.fr, tgl. April–Sept. 10–19, Okt.–März 10–18 Uhr, Eintritt 3 €, erm. 1,50 €) mit Eseln und Ziegen vergnügen. Das **Musée National des Arts et Traditions Populaires** (Mi–Mo 9.30–17.15 Uhr, Eintritt 5 €, erm. 4 €) am nördlichen Rand des Waldes präsentiert Kunsthandwerk und Gebrauchsgegenstände aus allen Provinzen Frankreichs. Sportliche und gesellschaftliche Höhepunkte im Bois de Boulogne sind die Pferderennen auf den beiden Rennplätzen **Hippodrome d'Auteuil** und **Hippodrome de Longchamp** im Frühjahr und Herbst.

Und auch wenn hier abends der Autostrich blüht, ist dies doch auch ein romantischer Park für Liebende, wie sie Ernst Jünger während seinen Spaziergängen schon beobachtete: »Ich stieß auf Liebespaare, die die milde Dämmerung des Waldes in allen Stadien der Umarmung bevölkerten. Es gibt dort als Unterholz runde Gebüsche, die im Lauf der Jahre hohl wie grüne Kugeln oder Lampions geworden sind. In diese Lauben hatten Pärchen ihre grünen Stühle getragen, die die Stadtverwaltung im Überfluss im Wald verstreut. Hier sah man die Geschlechter schweigend sich aneinanderschmiegen, während der Schatten wuchs.«

Neuilly | Métro: Porte Maillot, Pont de Neuilly, Porte Dauphine

Rosengarten La Bagatelle 14

Jean-Claude Nicolas Forestier war ein Freund von Claude Monet. Aus einem verwahrlosten Park mit kleinem Schlösschen zauberte er im Bois de Boulogne einen Garten mit Tulpen, Iris und vor allem Tausenden von Rosenstöcken und -büschen, die zwischen Juni und Oktober in farbenprächtiger Blüte stehen. Ein nicht nur visueller Genuss (▶ S. 15).

Bois de Vincennes   östl. K 5

Den 990 ha großen Park im Osten ließ ebenfalls Napoléon III. nach englischem Vorbild anlegen. Für die Pariser ist dieser Stadtwald als Naherholungsgebiet eine beliebte Quelle der Regeneration. Hier haben sie Gelegenheit zu langen Spaziergängen und Bootsfahrten am **Lac Daumesnil**, und zum Bois de Vincennes gehört auch zoologische Garten **Parc Zoologique de Paris**, der nach dem Vorbild des Hamburger Tierparks Hagenbeck angelegt wurde (www.parczoologiquedeparis.fr, tgl. Mitte März–Mitte Okt. 10–18, Sa, So 9.30–19.30 Uhr, Eintritt 22 €, erm. 16,50 und 14 €).

Das **Schloss von Vincennes** war im 14. Jh. eine Festung. Der 52 m hohe Turm stammt noch aus der Zeit Karls V., die Kapelle ist spätgotisch, die beiden Pavillons im Barock erbaut. Einen Teil des Château sprengten die deutschen Besatzer 1944, es wurde später wiederaufgebaut und restauriert. Nicht weit vom Schloss entfernt liegt der **Parc Floral**, unterteilt in verschiedene Bereiche: Es gibt den Garten der Wasserpflanzen, der vier Jahreszeiten, das Blumental und den Wintergarten. Wer im Bois de Vincennes spazieren geht, sollte sich unbedingt auch das Avantgarde-Theater-Ensemble **Cartoucherie** (▶ S. 97) auf dem Gelände einer ehemaligen Pulverfabrik anschauen. Die große französische Regisseurin Ariane Mnouchkine gründete hier ihr Théatre du Soleil und wurde mit Inszenierungen wie »Molière« und dem Revolutionsstück »1789« berühmt.

Vincennes | Métro: Château de Vincennes

Bouquinisten   E 3–G 4

Was wäre Paris ohne seine Bouquinisten, jene rund 240 Händler, die ihre dunkelgrünen Holzboxen zu beiden Seiten der Seine aufstellen und eine bunte Palette antiquarischer Bücher, Grafiken, Briefmarken, historischer Postkarten und Poster anbieten – manchmal auch den Eiffelturm »en miniature« als Souvenir. Wenn es auf den ersten Blick auch nicht so scheinen mag: Mit viel Geduld erweist sich die Suche nach einer schönen Originalausgabe häufig als erfolgreich.

Zwischen Île St-Louis und Tuilerien

Centquatre   nördl. H 1

Neuestes Flaggschiff der Pariser Kulturpolitik. Das Konzept: Kultur zum Anfassen. In den Hallen eines ehemaligen Bestattungsinstituts lassen sich Architekten, Bildhauer, Filmemacher und Designer bei der Arbeit über die Schulter schauen.

Belleville | 104, rue d'Aubervilliers | Métro: Riquet, Crimée | www.104.fr | Di–Sa 11–23, So, Mo 11–20 Uhr

Wer bei Place d'Italie an Bella Italia denkt liegt falsch: Rund um diesen Platz hat sich die Chinatown von Paris (▶ S. 127) angesiedelt – mit vielen asiatischen Läden.

Chinatown G6

Im rasant wachsenden 13. Bezirk nahe der Place d'Italie leben rund 30 000 Menschen aus China, Kambodscha, Laos, Vietnam und Thailand in teilweise riesigen Wohnkomplexen. Ihr »Chinatown« ist zwar nicht vergleichbar mit dem in New York, doch es gibt auch hier viele Restaurants mit guter, preiswerter Küche.
Italie | Métro: Pl. d'Italie, Tolbiac

Cité des Sciences et de l'Industrie
 J1

Im gigantischen Wissenschafts- und Technikmuseum im Park von La Villette gibt es auf 30 000 qm Ausstellungsfläche spannende Darstellungen wissenschaftlicher, medizinischer und industrieller Themen. Dazu das Riesenkino La Géode. Das Gelände umfasst überdies einen Aktionspark, Spielplätze und den legendären Rockpalast Le Zénith (Tel. 01/49 87 50 50).
Villette | Parc de la Villette, 30, av. Corentin Cariou | Métro: Porte de Pantin, Porte de la Villette | www.cite-sciences.fr | Di–Sa 10–18, So 10–19 Uhr | Eintritt 8 €

Disneyland Paris

32 km östlich von Paris lockt der Ferien-, Freizeit- und Märchenpark besonders Familien mit Kindern an. Der Walt Disney Studios Park, neben den MGM Studios in Florida der zweite dieser Art, erlaubt einen Blick hinter die Kulissen von Film und Fernsehen und weiht Action-Fans in die spannenden Geheimnisse von Special Effects und Animation ein.
www.disneylandparis.com

Immeuble Molitor/Appartement-Atelier Le Corbusier ⬀ westl. A 5

Für Architektur-Freunde ist ein Besuch ein Muss: Dieses Haus hat der bedeutende französische Architekt Le Corbusier (1887–1965) zusammen mit Pierre Jeanneret zwischen 1931 und 1943 gebaut. Von 1933 bis zu seinem Tod nutzte Le Corbusier die siebte und achte Etage als Privatwohnung und Atelier. Beispielhaft wird hier deutlich, worauf es dem Architekten und Designer im Wesentlichen ankam: klare Formen, Funktionalität, Wirtschaftlichkeit und viel Licht. Ebenfalls sehenswert ist das Haus, in dem heute die Le Corbusier-Stiftung (Villa La Roche) untergebracht ist. Le Corbusier entwarf es 1923 für einen Schweizer Sammler.

www.fondationlecorbusier.fr
– Appartement-Atelier Le Corbusier: Auteuil | 24, rue Nungesser-et-Coli | Métro: Michel-Ange Molitor
– Fondation Le Corbusier: Villa La Roche | 8–10, sq. du Docteur Blanche | Métro: Jasmin

Marché aux Puces de Montreuil
⬀ K 4

Faire le marché sagen die Franzosen und machen sich mindestens zweimal in der Woche auf den Weg zum Straßenmarkt in ihrem Viertel, um frische Lebensmittel einzukaufen. Allein wegen ihrer bunten, lebendigen Atmosphäre sind diese Märkte einen Besuch wert. Ebenso bunt wie auf den Obst- und Gemüsemärkten geht es auf den Pariser Flohmärkten zu. Sie finden in der Regel am Wochenende statt. Im Gegensatz zu dem weitläufigen und »anspruchsvollen« Antiquitätenmarkt Marché aux Puces de St-Ouen (▶ S. 36) im Norden der Stadt gibt sich der Marché aux Puces de Montreuil im Osten noch volkstümlicher. Hierher kommen die Pariser Antiquitätenhändler bereits samstagmorgens um sechs, um dabei zu sein, wenn die Marktstände aufgebaut werden. Im Schein einer Taschenlampe wird dann schon so manches Schnäppchen gemacht. Zwischen die Händler mischt sich auch manchmal ein Clochard, um einen gefundenen Schuh oder ein paar Zeitschriften aus der Altpapiersammlung feilzubieten.

Ménilmontant | Porte de Montreuil | Métro: Porte de Montreuil | Sa und So

Parc André Citroën ⬀ B 5

Ein Pilgerort besonders für die jüngeren unter den internationalen Gartenfans. Angelegt auf dem ehemaligen Firmengelände der Automarke André Citroën, ist in diesem Park alles anders als in den klassischen Pariser Gärten: Eine riesige rechteckige Rasenfläche als Tummelwiese lädt zu Volleyball und Picknick ein. Darum reihen sich steinerne Blumenkabinette, Türmchen, futuristische Plätze und Hightech-Treibhäuser, in denen exotische Gräser und Pflanzen sprießen. Kein idyllischer Pariser Paradiesgarten also, aber ein imposantes und sehenswertes Jahrhundertwerk.

Grenelle | Rue Balard | Métro: Balard

Saint-Denis

Kaum ein Paris-Besucher würde auf die Idee kommen, in die nördliche, von Industrie und sozialen Problemen geprägte »banlieue« zu fahren, in das Städtchen Saint-Denis – stünde dort nicht eine Basilika, die als erstes und bedeutendstes Bauwerk der frühen

Jung und erfrischend: Wo einst Citroën seine Autos baute, erstreckt sich heute der Parc André Citroën (▶ S. 128). Toben und Spielen sind hier ausdrücklich erwünscht.

Gotik gilt und über Jahrhunderte die Grabstätte für Frankreichs Könige war. Was für kunstvoll gestaltete Grabmäler aus dem Mittelalter und der Renaissance! Das letzte große Grabmal in Saint-Denis ließ Catherine de Médicis (1519–1589) für ihren Gemahl Henri II. (1519–1559) und sich selbst errichten. Erst im 19. Jh. wurden aus anderen Kirchen und Abteien königliche Grabmale nach Saint-Denis gebracht – darunter auch die Grabplatte Chlodwigs I., der 496 zum Christentum übergetreten war und damit die Christianisierung Frankreichs im Mittelalter einleitete. Nach einer schweren Verwüstung während der Großen Revolution ließ Napoléon I. die Basilika renovieren. Doch erst der berühmte Baumeister Eugène Viollet-le-Duc (1814–1879) konnte der Kirche Mitte des 19. Jh. ihre ursprüngliche Form wiedergeben. Mit der Fensterrose, die aus der spätromanischen Baukunst schon bekannt war, erhielt zum ersten Mal ein gotischer Kirchenbau das Schmuckmotiv in seine Fassade eingegliedert. Bereits 1862 wurde das Bauwerk als »Monument historique« klassifiziert.

Saint-Denis | Métro: St-Denis-Basilique

MUSEEN UND GALERIEN

Die riesige Auswahl an Museen und Galerien in Paris geht über Kunst und Historie weit hinaus. Ob Mode (natürlich!) oder Literatur, Kino oder Fotografie, Naturkunde oder Architektur, jüdische oder islamische Kultur – Sie haben die Qual der Wahl.

Was für Zahlen! Allein 35 000 Werke können Sie im **Louvre** bestaunen, dem größten Museum der Welt, das täglich 25 000 Besucher durch den Pyramiden-Eingang schleust. Mehr als 75 000 exotische Pflanzen empfangen die Besucher im Garten des erst vor wenigen Jahren errichteten **Musée du Quai Branly**, das 230 Millionen Euro kostete und 3500 Exponate aus einer Sammlung von insgesamt 300 000 Objekten ausstellt. Mehr als 60 000 Werke aus dem 20. und 21. Jh. umfasst die Kollektion im **Centre Pompidou**, und das naturkundliche **Musée National d'Histoire Naturelle** verfügt über 7000 ausgestopfte Tiere. In Paris wird die Wahl zur Qual. Es gibt im Grunde fast schon zu viel zu sehen. Abgesehen von den Dauerausstellungen und bedeutenden Kunstsammlungen von antik bis avantgardistisch in den großen und kleineren Museen laden viele Häuser auch noch regelmäßig zu ihren Sonderausstellungen ein. Wo also anfangen?

◀ Gemälde und Skulpturen stehen im Musée d'Orsay (▶ S. 138) im Mittelpunkt.

Damit die Kunstlawine Sie nicht nicht überrollt, ist es empfehlenswert, sich zunächst einen genauen Überblick zu verschaffen, die Themen herauszusuchen, die Sie vor allem interessieren und diese dann gezielt anzusteuern. Bereits zu Hause können Sie sich über Inhalte und Öffnungszeiten der Museen unter **www.paris.org/Musees** sehr gut informieren. Die Mehrzahl der staatlichen Museen hat dienstags geschlossen, städtische Museen und Kulturstätten haben generell montags ihren Ruhetag.

EIN TICKET FÜR MEHR ALS 60 SPANNENDE ZIELE

Die Eintrittspreise in Museen (zwischen 6 und 14 €) sind verhältnismäßig hoch. Es lohnt sich deshalb der Kauf des **Paris Museum Pass** (39 € für zwei, 54 € für vier, 69 € für sechs Tage), der den Besuch von über 60 Museen und Sehenswürdigkeiten in der Stadt möglich macht, ohne dass Sie lange Schlange stehen müssen. Der Pass ist in fast allen Museen, großen Métrostationen und Tourismusbüros sowie online unter www.parismuseumpass.com erhältlich. An Sonn- und Feiertagen gewähren die meisten staatlichen Häuser freien Eintritt.

🕐 Interessant sind in den Pariser Museen die Abendöffnungen (»nocturnes«), weil zur späteren Stunde viel weniger los ist und Sie dann die Kunst in größerer Ruhe genießen können.

MUSEEN

Cité de l'Architecture et du Patrimoine 🚩 B 4

Das »größte Architektur-Museum der Welt« präsentiert die Geschichte der französischen Architektur seit dem 12. Jh. Spektakulär: die Rekonstruktion eines Appartements des berühmten Architekten Le Corbusier von 1952. Dazu 2300 qm für Wechselausstellungen über zeitgenössische Architektur.

Trocadéro | 1, pl. du Trocadéro | Métro: Trocadéro | Tel. 01/58 51 52 00 | www.citechaillot.fr | Mi–Mo 11–19, Do bis 21 Uhr | Eintritt 8 €, Kinder frei

Fondation Cartier pour l'art contemporain 🚩 E 6

In der Zentrale des berühmten Juwelierhauses Cartier – einem imposanten Bau aus Glas und Stahl, errichtet nach den Plänen des französischen Architekten Jean Nouvel – stehen 1600 qm Ausstellungsfläche für zeitgenössische Kunst zur Verfügung. Spannende Events sind die Nomadic Nights mit verschiedenen Künstlern.

Montparnasse | 261, bd. Raspail | Métro: Raspail, Denfert-Rochereau | www.fondation.cartier.fr | Di–So 11–20, Di bis 22Uhr | Eintritt 9,50 €, Kinder frei

Fondation Henri Cartier-Bresson
🔖 E 6

Der berühmte französische Fotograf Cartier-Bresson (1908–2004) selbst legte den Grundstein für seine Stiftung. Neben regelmäßigen Fotoausstellungen kann man sich Filme anschauen oder im Archiv arbeiten.
Montparnasse | 2, impasse Lebouis | Métro: Gaîté | www.henricartierbresson.org | Di–Fr und So 13–18.30, Mi 18.30–20.30, Sa 11–18.45 Uhr | Eintritt 6 €

Fondation Pierre Bergé/ Yves Saint Laurent
🔖 C 3

2004 eröffnet, beherbergt das Haus eine fantastische Dokumentation des kreativen Genies Yves Saint Laurent.
Champs-Élysées | 3, rue Léonce-Reynaud | Métro: Alma Marceau | www.fondation-pb-ysl.net | tgl. außer Mo 11–18 Uhr | Eintritt 7 €

Galeries nationales du Grand Palais
🔖 D 3

Dieses Gebäude aus Eisen und Glas, eigens für die Weltausstellung 1900 erbaut, wurde von Grund auf renoviert und erstrahlt seit 2007 in neuem Glanz. Wunderschön ist die riesige Glaskuppel. Kunstausstellungen, Messen.
Champs-Élysées | 3, av. du Général-Eisenhower | Métro: Champs-Élysées Clémenceau | www.grandpalais.fr | Mo, Do–So 10–20, Mi 10–22 Uhr | Eintritt 13 €, Kinder frei

Grande Galerie de l'Evolution 👫
🔖 G 5

Nicht nur für Familien mit Kindern ist dieses Naturhistorische Museum im Jardin des Plantes (▶ S. 102) garantiert ein großartiges Erlebnis! Der große Bau aus Eisen und Glas aus dem 19. Jh. war lange wegen Baufälligkeit geschlossen. Inzwischen mit hochmoderner Technik ausgerüstet, präsentiert die Grande Galerie ein faszinierendes Spektakel: Begleitet von Lauten aus der Natur zieht eine Karawane von Elefanten, Giraffen und Zebras in Lebensgröße durch die riesige Halle, als ginge es zur Arche Noah. Im Untergeschoss lebt die Meereswelt, die dritte Etage widmet sich den bedrohten Tierarten.
Quartier Latin | 36, rue Geoffroy-St-Hilaire | Métro: Gare d'Austerlitz oder Jussieu | Mi–Mo 10–18 Uhr | Eintritt: 7 €

Institut du Monde Arabe
🔖 G 5

Eines der innovativsten Pariser Museen öffnete nach umfassender Renovierung 2012 wieder seine wunderschönen Räume. Das transparente Gebäude aus Stahl und Glas, von dem Architekten Jean Nouvel als »Dialog zwischen Tradition und Moderne« konzipiert, dient der Pflege der islamischen Kultur. Bibliothek, Restaurant (orientalische Gerichte) mit Dachterrasse, toller Blick. Wer mehr über arabische Kultur wissen möchte, sollte sich schnell auf den Weg zum Louvre (▶ S. 136) machen: Dort wurde gerade der Flügel für Islamische Kunst eingeweiht.
Gare d'Austerlitz | 1, rue des Fossés-Saint-Bernard | Métro: Jussieu | www.imarabe.org | Di–So 10–18Uhr | Eintritt 8 €

Jeu de Paume
🔖 E 5

In einem Haus in den Tuilerien-Gärten (▶ S. 66) hat das Centre National de la Photographie seinen Sitz. Ausstellungen international renommierter Fotografen, Videos. Mit Café.

Orient trifft Okzident, Tradition trifft innovatives Museumsdesign: Das Institut du Monde Arabe (▶ S. 132) präsentiert arabische und islamische Kultur mit modernster Technik.

Tuilerien | 1, pl de la Concorde | Métro: Concorde | www.jeudepaume.org | Di 12–21, Mi–Fr 12–19, Sa, So 10–19 Uhr | Eintritt 8,50 €, erm. 5,50 €

Maison de Balzac B 4

Insgesamt 16-mal musste der große Autor der »Comédie Humaine« in Paris umziehen, weil er stets verschuldet und vor seinen Gläubigern auf der Flucht war. 1840 landete Balzac in diesem charmanten Gartenhaus.
Passy | 47, rue Raynouard | Métro: Passy | www.balzac.paris.fr | Di–So 10–18 Uhr | Eintritt 4,50 €, Kinder frei

Maison Européenne de la Photographie G 4

Das »Haus der europäischen Fotografie« liegt im Marais. Dauersammlungen und Wechselausstellungen.
Marais | 5–7, rue de Fourcy | Métro: St-Paul | www.mep-fr.org | Mi–So 11–20 Uhr | Eintritt 8 €, Kinder frei

Maison de Victor Hugo G/H 4

Frankreichs bedeutender Dichter und Philosoph (1802–1885) bewohnte das ehemalige Hotel Rohan-Guéméné von 1832 bis 1848. Zu seinem 100. Geburtstag richtete ihm der französische Staat

im zweiten Stock des Hauses ein Museum ein. Hier liegen Hunderte von Notizen, Briefen und das Manuskript der »Elenden« unter Glas.
Marais | 6, pl. des Vosges | Métro: St-Paul | www.musee-hugo.paris.fr | Di–So 10–18 Uhr | Eintritt frei für Dauerausstellungen, sonst 5–7 €

Musée des Arts Décoratifs E 3
Das Pariser Kunstgewerbemuseum, untergebracht im westlichen Seitenflügel des Louvre, birgt wahre Schätze! Schwerpunkt: französische Möbel, Porzellane und Teppiche vom Mittelalter bis heute.
Tuilerien | 107, rue de Rivoli | Métro: Musée du Louvre | www.lesartsdecoratifs.fr | Di, Mi, Fr 11–18, Do 11–21, Sa, So 10–18 Uhr | Eintritt 9,50 €

Musée d'Art et d'Histoire du Judaïsme G 3/4
Das Museum im Hôtel Saint-Aignan präsentiert eindrucksvoll die Kulturgeschichte der Juden in Europa und vor allem in Frankreich. Zu den wichtigen Dokumenten zählt Émile Zolas berühmter Aufruf »J'accuse« in der Pariser Tageszeitung »L'Aurore« aus dem Jahr 1898.
Beaubourg | 71, rue du Temple | Métro: Rambuteau | www.mahj.org | Mo–Fr 11–18, So 10–18 Uhr | Eintritt 7 €

Musée National d'Art Moderne – Centre Pompidou G 4
In der bedeutenden Sammlung moderner Kunst im Centre Pompidou-Beaubourg sind auf sagenhaften 14 000 qm Fauvismus (etwa Bilder von Matisse), Kubismus (Braque, Picasso, Gris), abstrakte Kunst der 1920er- bis 1960er-Jahre (Malevitch, Mondrian, Kandinsky), Surrealismus (Magritte, Dalí), Neuer Realismus (Arman, Christo), amerikanische Pop-Art (Warhol, Rauschenberg) und abstrakte amerikanische Kunst (Pollock, Johns) vertreten.
Beaubourg | Centre Pompidou, 120, rue St-Martin | Métro: Rambuteau, Chatelet | www.centrepompidou.fr | Mi–Mo 11–21 Uhr | Eintritt 12 €

Musée d'Art Moderne de la Ville de Paris C 3
Das Museum für Moderne Kunst zeigt in der Dauerausstellung Werke von Dufy, Derain, Modigliani, Utrillo, Braque und Matisse. Interessante Wechselausstellungen.
Chaillot | 11, av. du Président Wilson | Métro: Alma-Marceau | www.mam.paris.fr | Di–So 10–18, Do bis 22 Uhr | Dauerausstellung Eintritt frei

Musée Bourdelle D 5
Im Atelierhaus des Rodin-Schülers Antoine Bourdelle (1861–1929) sind rund 900 Skulpturen und zahlreiche Ölgemälde zu sehen. Garten.
Montparnasse | 18, rue Antoine Bourdelle | Métro: Falguière | www.bourdelle.paris.fr | Di–So 10–18 Uhr | Eintritt 5 €

Musée Carnavalet G 4
In dem 1544 erbauten prunkvollen Stadtpalais lebte die Marquise de Sévigné (1626–1696), berühmt geworden durch 1500 geistreiche Briefe an ihre Tochter. 1880 richtete die Stadt hier ein historisches Museum ein: Zeichnungen, Briefe, Erinnerungsstücke aus der Revolutionszeit, Möbel und bedeutende Kunstwerke dokumentieren die Ge-

schichte Frankreichs ab der Zeit François I. bis zur Belle Époque. Sehenswert: das Zimmer, in dem Marcel Proust »Auf der Suche nach der verlorenen Zeit« schrieb.

Marais | 23, rue de Sévigné | Métro: St-Paul, Chemin-Vert | www.carnavalet.paris.fr | Di–So 10–18 Uhr | Dauerausstellung Eintritt frei

Musée National Eugène Delacroix
 E 4

Das Haus des romantischen Malers (1798–1863) liegt an einem der stimmungsvollsten Plätze in Saint-Germain-des-Prés. Hier sind Möbel, Briefe und Skizzenblätter aufbewahrt.

St-Germain | Pl. Furstemberg | Métro: St-Germain-des-Prés | www.musee-delacroix.fr | Mi–Mo 9.30–17Uhr | Eintritt 7 €, Kinder frei

Musée Grévin
 F 2/3

Das Wachsfigurenkabinett gehört zu den besonderen Attraktionen der Stadt. Stars aus Politik, Theater und Film sind hier in Kopie vertreten, und auch Kinder haben ihre Freude.

Montmartre | 10, bd. Montmartre | Métro: Grands Boulevards | www.grevin.com | Mo–Fr 10–18.30, Sa, So 10–19 Uhr | Eintritt 22 €, Kinder 15 €

Musée Guimet
 C 3

Hier sind Kunst- und Kultobjekte zu sehen, die der Industriellensohn Émile Guimet (1836–1919) von seinen Reisen in den Fernen Osten mitbrachte. Besonders sehenswert: ein buddhistischer Tempel.

Passy | 6, pl. d'Iéna | Métro: Iéna | www.guimet.fr | Mi–Mo 10–18 Uhr | Eintritt 8 €, Kinder frei

Pilgerstätte für moderne Kunst: Mit dem Centre Pompidou und dem Musée National d'Art Moderne (▶ S. 134) hat sich Präsident Pompidou ein Denkmal gesetzt.

Musée Gustave Moreau E/F 2

Das Museum für den symbolistischen Maler (1826–1898) wurde bereits 1902 eröffnet und zeigt rund 800 Gemälde, 7000 Zeichnungen 350 Aquarele.
Pigalle | 14, rue La Rochefoucauld | Métro: Trinité | www.musee-moreau.fr | Mi–Mo 10–12.45 und 14 –17.15 Uhr | Eintritt 5 €, Kinder frei

Musée de l'Histoire de France G 4

In einer der vornehmsten und ältesten Residenzen von Paris, dem Hôtel de Soubise im Stadtteil Marais, wird französische Geschichte dokumentiert.
Beaubourg | 60, rue des Francs-Bourgeois | Métro: Rambuteau | Mi–Mo 10–12.30 und 14–17.30, Sa, So 14–17.30 Uhr | Eintritt 5,50 €, Kinder frei

Musée Jacquemart-André D 2

Das noble Stadtpalais eines kunstliebenden Bankiersehepaars, ausgestattet mit alter Malerei und Möbeln. Teesalon/Café, sonntags Brunch.
Opéra | 158, Bd. Haussmann | Métro: Miromesnil | www.musee-jacquemart andre.com | tgl. 10–18 Uhr

Musée du Louvre 9 F 4

Die Anfänge des Louvre gehen auf das Jahr 1190 zurück, in dem König Philippe II. Auguste eine Festung anlegen ließ. 800 Jahre lang bauten Frankreichs Könige an ihrem Palast, der erst 1793 als Kunstmuseum der Öffentlichkeit zugänglich gemacht wurde (▶ S.142). Architektonisch besonders schön: die klassizistische Kolonnadenfassade im Osten, die aus der Renaissance stammende Ufer-Galerie (Lescot-Fassade) und der quadratische Schlosshof Cour Carré.

Das größte Kunstmuseum der Welt wurde 1981 unter Staatspräsident Mitterrand im Zuge des Projekts »Grand Louvre« modernisiert. Die Besucher gelangen seither durch die gläserne Pyramide über die unterirdische, lichtdurchflutete Napoléon-Hallle (mit Cafés, Buchhandlung etc.) zu den drei Flügeln Denon, Sully und Richelieu, die in die 198 Säle des Louvre führen. Highlights: »Mona Lisa«, »Venus von Milo« und »Nike von Samothrake«. Außerdem die hervorragende ägyptische, griechische und römische Sammlung. Niederländische, altdeutsche und französische Meister des 16. und 17. Jh., Italiener bis 17. Jh., Spanier, Flamen und Franzosen des 18. und 19. Jh. Berühmt ist auch die Galerie Médicis mit 21 Gemälden von Rubens.

🕐 Am Mittwoch- und am Freitagabend hat das Museum bis 22 Uhr geöffnet.
Louvre | Pl. du Louvre | Métro: Palais Royal | www.louvre.fr | Mi–Mo 9–18, Mi und Fr bis 21.45 Uhr | Eintritt 11–14 € | Fr ab 18 Uhr für Jugendliche bis 26 Jahre und 1. So im Monat frei

Musée Maillol E 4

Die 1995 eröffnete Ausstellung der Werke des berühmten Bildhauers in einer Stadtvilla in Saint-Germain ist der Initiative des früheren Maillol-Modells Dina Vierny zu verdanken.
St-Germain | 59–61, rue de Grenelle | Métro: Rue du Bac | www.museemaillol.com | Sa–Do 10.30–19, Fr 10.30–21 Uhr | Eintritt 8 €, Kinder frei

Musée Marmottan A 4

Liebhaber Claude Monets geraten hier ins Schwärmen. »Impression, soleil levant« (»Impression, Sonnenaufgang«)

heißt Claude Monets Spitzenwerk von 1872, das auf der ersten Impressionisten-Ausstellung 1874 der Epoche machenden Bewegung ihren Namen gab. An teilweise runden Wänden hängen die vorwiegend großformatigen Seerosen- und Gartenbilder des späten Monet. Daneben Werke von Renoir, Sisley, Pissarro und Signac.

Passy | 2, rue Louis-Boilly | Métro: La Muette | www.marmottan.com | Di–So 11–18 Uhr | Eintritt 10 €, Kinder frei

Musée de la Mode – Palais Galliera 🚩 C3

Das 2013 wiedereröffnete Neo-Renaissance-Schlösschen im feinen 16. Arrondissement beherbergt die weltweit größte Sammlung von Kleidungsstücken, Accessoires und Theaterkostümen aus den letzten 300 Jahren. Insgesamt umfasst das Archiv des Modemuseums rund 90 000 Stücke, von der Korsage Königin Marie Antoinettes über eine Jacke Napoleons bis zum Hut, den Hubert de Givenchy für Audrey Hepburn kreierte.

Trocadéro | 10, av. Pierre 1er de Serbie | Métro: Iéna | www.palaisgalliera.paris.fr | Di–So 10–18 Uhr | Eintritt 8 €

Musée de la Mode et du Textile E3

Die im Pavillon de Marsan (der zum Louvre gehört) untergebrachte Sammlung ist wirklich einzigartig. Sie präsentiert prächtige Gewänder, Accessoires, Schuhe und Taschen aus dem 18., 19. und 20. Jh.

Louvre | 107, rue de Rivoli | Métro: Palais Royal, Tuileries | www.ucad.fr | Di, Mi, Fr 11–18, Sa, So 10–18, Do 11–21 Uhr | Eintritt 9 €, Kinder 7,50 €

Musée National du Moyen Age/ Thermes de Cluny F4

Zur Sammlung des Museums für mittelalterliche Kunst gehört die berühmte Tapisserie »La Dame à la licorne«, die Dame mit dem Einhorn, ein vollendet schöner, feinfarbiger Wandteppich, der aus den Niederlanden des 15. Jh. stammt. Das Gebäude, im 14. Jh. von der Benediktinerabtei aus Cluny/Burgund als ihre Pariser Residenz errichtet, ist eines der letzten Beispiele eines Privathauses aus dem Mittelalter. Beeindruckend sind auch die in das Museum integrierten **Thermen von Cluny**. Die römische Badeanlage wurde zwischen dem 2. und 3. Jh. errichtet. Noch recht gut erhalten ist lediglich das 21 m lange Kaltwasserbad, das Frigidarium, der Rest der Bäder wurde um 380 zerstört.

🕐 An jedem 1. Sonntag im Monat ist der Eintritt frei!

Quartier Latin | 6, pl. Paul Painlevé | Métro: Cluny-la-Sorbonne | www.musee-moyenage.fr | Mi–Mo 9.15–17.45 Uhr | Eintritt 8,50 €

Musée Nissim de Camondo D2

Der leidenschaftliche Kunstsammler Graf Moise de Camondo ließ sich 1914 seinen Pariser Wohnsitz nach dem Vorbild des Petit Trianon, einem Lustschloss im Park von Versailles, errichten. Die üppige Ausstattung der »privaten« Gemächer mit Möbeln aus dem 18. Jh. und vielen wertvollen Kunstschätzen ist überaus beeindruckend. Seit 1935 ist das Museum in staatlichem Besitz.

Étoile | 63, rue de Monceau | Métro: Villiers | www.lesartsdecoratifs.fr | Mi–So 10–17.30 Uhr | Eintritt 7,50 €

Eintauchen in die Kunst des französischen Impressionismus: Die riesigen Wandgemälde mit Seerosen schuf Claude Monet im Souterrain der Orangerie (▶ S. 138).

Musée de l'Orangerie E3

Hier in den Tuilerien-Gärten ist die Sammlung des großen Kunsthändlers Paul Guillaume zu sehen – Werke des Impressionismus, des Spätimpressionismus und der École de Paris. Höhepunkt sind die Seerosenbilder Monets, die der Künstler für die beiden ovalen Räume im Souterrain der Orangerie malte. Außerdem: Cézanne, Renoir, Matisse, Soutine, Modigliani, Picasso.
Concorde/Tuileries | Pl. de la Concorde | Jardin des Tuileries | Métro: Concorde | www.musee-orangerie.fr | Mi–Mo 9–18 Uhr | Eintritt 7,50 €

Musée d'Orsay E4

1986 wurde der zur Weltausstellung 1889 errichtete Bahnhof Gare d'Orsay als Hort für die Kunst des 19. Jh. eingeweiht. Mit der Innenausstattung des neuen Museums wurde die italienische Architektin Gae Aulenti beauftragt. In dem als »multidisziplinär« konzipierten Museumstempel ist auf drei Ebenen die Kunst von 1848 bis 1907 zu sehen: 2300 Bilder, 250 Zeichnungen, 1500 Skulpturen etc. Zum Schönsten des Museums gehören die impressionistischen Meister Monet, Pissarro, Renoir, Sisley, van Gogh, Cézanne.

St-Germain | 1, rue de la Légion d'Honneur | Métro: Solférino | www.musee-orsay.fr | Di–So 9.30–18, Do 9.30–21.45 Uhr | Eintritt 9–12 €, Kinder frei

Musée du Petit Palais 🚩 D 3

Mit dem gegenüberliegenden Grand Palais zur Weltausstellung 1900 gebaut, beherbergt das Museum Belle-Époque-Möbel und Gobelins. Ganz unerwartet: das Museums-Café in einem bezaubernden Innenhof.
Champs-Élysées | Av. Winston-Churchill | Métro: Champs-Élysées Clemenceau | www.petitpalais.paris.fr | Di–So 10–18Uhr | Dauerausstellung Eintritt frei

Musée Picasso 🚩 G 4

Nach jahrelanger Renovierung können sich Besucher ab Juni 2014 wieder ein komplettes Bild von den verschiedenen Schaffensphasen des Katalanen machen, der 1904 als armer Künstler aus Barcelona nach Paris kam – von der Rosa und Blauen Periode über den Kubismus bis zu seinen abstrakten Werken. Picassos Gemälde, Collagen, Skulpturen, Zeichnungen und Keramik haben in einem wunderbaren Stadtpalais aus dem 17. Jh. Platz gefunden: dem Hôtel Salé, 1656 von Pierre Aubert de Fontenay erbaut.
Marais | 5, rue de Thorigny | Métro: St Paul Métro: St-Paul, Filles du Calvaire | www.musee-picasso.fr | (Preise und Öffnungszeiten zu Redaktionsschluss noch nicht bekannt)

Musée du Quai Branly 🚩 C 4

Frankreichs neuester Kunsttempel befindet sich in der Nähe des Eiffelturms. Das von Jean Nouvel konzipierte Museum präsentiert rund 3500 Werke der Kulturen Afrikas, Asiens, Ozeaniens, Nord- und Südamerikas. Nach dem Museumsbesuch kann man im tollen Restaurant des Hauses pausieren.
St-Germain | 37, quai Branly | Métro: Alma Marceau | www.quaibranly.fr | Di, Mi, So 11–19, Do–Sa 11–21 Uhr | Eintritt 8,50 €, Kinder frei

Musée Rodin 🚩 D 4

In diesem Palais lebte von 1908 bis 1917 der Bildhauer Auguste Rodin (1840–1917), bei dem Rainer Maria Rilke als Sekretär arbeitete. Nach dem Tod des Künstlers richtete der französische Staat hier ein Museum ein, das Rodins Nachlass zeigt, darunter Werke seiner Gefährtin Camille Claudel.
Invalides | 77, rue de Varenne | Métro: Varenne | www.musee-rodin.fr | Di–So 10–17.45, Okt.–März bis 16.45 Uhr | Eintritt 6–9 €, Kinder frei

Musée de la Vie Romantique 🚩 E 2

Die Gegend südlich der Place Blanche hat viel aus dem frühen 19. Jh. zu erzählen, als sich Künstler, Schriftsteller und Komponisten hier niederließen. Das Museum beherbergt den Salon von George Sand und andere Erinnerungen an das Paris von 1820 bis 1850.
Pigalle | 16, rue Chaptal | Métro: Blanche oder St-Georges | www.vie-romantique.paris.fr | Di–So 10–18 Uhr | Eintritt frei

Musée du Vin 🚩 B 4

Schöne Sammlung alter Flaschen, Gläser, Fässer, Korken, Geräte. Weinprobe und Weinverkauf.
Passy | 3, rue des Eaux | Métro: Passy | www.museeduvinparis.com | Di–So 10–18 Uhr | Eintritt 12 €

Musée Zadkine E 5
Liebevoll renoviert! Atelier des weißrussischen Malers und Bildhauers Ossip Zadkine (1890–1967), der hier von 1928 bis zu seinem Tod lebte.
Montparnasse | 100, rue d'Assas | Métro: Vavin, RER: Port Royal | www.zadkine.paris.fr | Di–So 10–18 Uhr | Eintritt 4 €, Dauerausstellung frei

Pinacothèque de Paris E 3
Das privat geführte Museum zeigt auf seinen drei Etagen (insgesamt 2000 qm) jährlich zwei bis drei Ausstellungen zeitgenössischer Kunst in wunderschönem historischem Rahmen.
Madeleine | 28, pl. de la Madeleine | Métro: Madeleine | www.pinacoteque.com | tgl. 10.30–18, Mi 10.30–21 Uhr | Eintritt 8–12 €

GALERIEN

Air de Paris H 6
Die Rue Louise Weiss liegt im 13. Bezirk und ist eine feste Wegmarke auf dem Pariser Parcours durch die zeitgenössische Kunst. Wechselnde Themenausstellungen.
Gare d'Austerlitz | 32, rue Louise Weiss | Métro: Chevaleret | www.airdeparis.com

Artcurial D 3
Große Galerie und Auktionshaus. Klassische Moderne, Skulpturen, Plakate, Kunstbuchhandlung.
Champs-Élysées | 7, Rond Point des Champs-Élysées | Métro: Franklin-Roosevelt | www.artcurial.com

Chantal Crousel G 3/4
Hochkarätige zeitgenössische Kunst: Tony Cragg, Cindy Sherman, Jenny Holzer, Jochen Gerz, Sigmar Polke.
République | 11F, rue Léon Jouhaux | Métro: Jacques Bonsergent | www.crousel.com

Claude Bernard E/F 4
Die Galerie zeichnet sich durch ihr Skulpturenangebot aus. Auch Maler wie Hockney oder Botero.
St-Germain | 7, rue des Beaux-Arts | Métro: St-Germain-des-Prés | www.claude-bernard.com

Daniel Templon G 3
Sehr renommierte Galerie, deren Schwerpunkt auf Klassikern der Avantgarde, italienischer Transavantgarde und amerikanischer zeitgenössischer Kunst liegt.
Beaubourg | 30, rue Beaubourg | Métro: Rambuteau | www.danieltemplon.com

Emmanuel Perrotin G 4
2005 eröffnete Perrotin diese Galerie mit einer Sammelausstellung seiner Künstler von Maurizio Cattelan über Sophie Calle bis zu Takashi Murakami. Einer der Pariser Top-Galeristen.
Marais | 76, rue de Turenne | Métro: St-Sébastien-Froissard | www.galerieperrotin.com

Galerie-Musée Baccarat C 3
Der exklusive Show-Room der berühmten französischen Kristall-Manufaktur Baccarat wurde vom Designer Philippe Starck entworfen. Zu sehen sind in beeindruckendem Ambiente wunderschöne Lampen, Vasen, Schmuck und Accessoires.
Chaillot | 11, pl. des États-Unis | Métro: Boissière | www.baccarat.fr | Mo–Sa 10–18.30 Uhr | Eintritt 5 €

Museen und Galerien | 141

Karsten Greve G 4
Der Kölner Galerist zeigt auch in seinen großzügigen Pariser Räumen ein anspruchsvolles Programm zeitgenössischer Kunst.
Marais | 5, rue Debelleyme | Métro: St-Sebastien-Froissart | www.galerie-karsten-greve.com

La Maison Rouge – Fondation Antoine-de-Galbert H 5
Privat geführter Pariser Kunstraum. Gegründet auf Initiative des Sammlers Antoine de Galbert.
Bastille | 10, bd. de la Bastille | Métro: Bastille | www.lamaisonrouge.org

Marian Goodman G 4
Große Galerie, in einem Hinterhof im Marais versteckt. Video-Installationen. Internationale Avantgarde.
Marais | 79, rue du Temple | Métro: Rambuteau | www.mariangoodman.com

Thaddaeus Ropac G 4
Der Szene-Galerist aus Salzburg zeigt zeitgenössische und US-amerikanische Künstler wie Andy Warhol, Per Kirkeby und Mimmo Paladino.
Marais | 7, rue Debelleyme | Metro: Filles-du-Calvaire | www.ropac.net

Yvon Lambert G 4
Einer der führenden französischen Galeristen für zeitgenössische Kunst. In seiner Galerie hängen u. a. Amerikaner wie Sol Le Witt, Nan Goldin, Jenny Holzer, Douglas Gordon und Jonathan Monk. Gut sortierter Buchladen.
Marais | 108, rue Vieille-du-Temple | Métro: Filles du Calvaire

Spielerische Begegnung mit fremden Kulturen: Im Musée du Quai Branly (▶ S. 139) bestaunen Jung und Alt Kunst und Traditionen aus Afrika, Asien, Ozeanien und Südamerika.

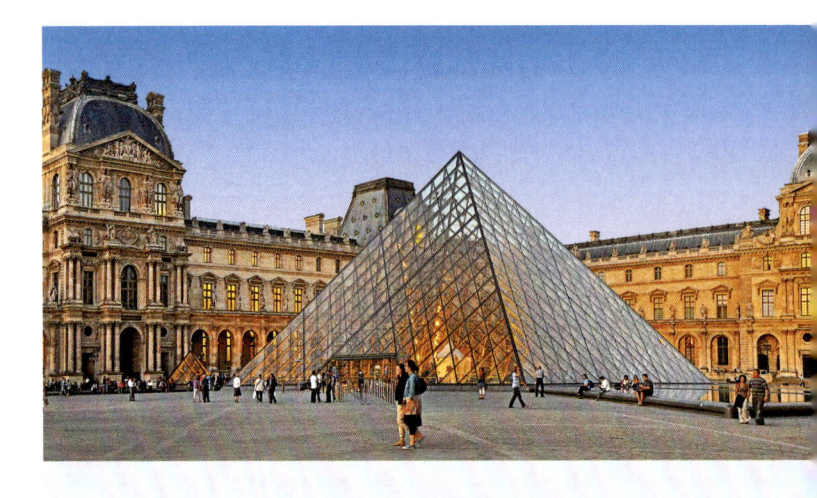

Im Fokus
Der Louvre

Wo einst die Monarchen Frankreichs residierten, glänzt heute das größte Kunstmuseum der Welt mit Schätzen aus vielen Jahrhunderten. Noch heute fasziniert die Mona Lisa mit ihrem Lächeln täglich Tausende Besucher.

Wie, von welcher Seite sich ihm beim ersten Mal nähern? Am schönsten vom Westen her, wenn die Nachmittagssonne ihr goldenes Licht über die Tuilerien-Gärten mit ihren riesigen Rasenflächen, marmornen Skulpturen, prächtigen Blumenbeeten, Wasserrondellen und flanierenden Menschen hinweg auf die hellen Sandsteinfassaden des größten Kunstmuseums der Welt wirft. Dann erstrahlt es in seiner ganzen Großartigkeit.

VON DER TRUTZBURG ZUR REPRÄSENTATIVEN RESIDENZ

Louvre. So hieß dieser Ort auf dem rechten Seine-Ufer schon im Mittelalter. Um 1200 legte Philippe II. Auguste hier eine Festung an, die 150 Jahre später von Karl V. zum Schloss erweitert wurde. Wo der Pavillon de l'Horloge steht, befand sich der Bibliotheksturm, in dem der König seine Sammlung von fast 1000 Manuskripten aufbewahrte, darunter Schriften der Philosophen Aristoteles und Seneca und der Bericht Marco Polos über seine Reise nach China (heute in der Nationalbibliothek ▶ S. 100).

◀ Durch die Glaspyramide betreten Besucher
das berühmte Musée du Louvre (▶ S. 136).

Während des 100-jährigen Krieges mit England verließen die Monarchen Paris und zogen in ihre Schlösser an der Loire. Erst 1527 kehrte der junge Franz I. in den Louvre zurück, ließ die alten Wachtürme abreißen und begann 1546 mit dem Bau des östlichen Teils, heute als Vieux Louvre bezeichnet: Alter Louvre. Unter seiner Herrschaft entwickelte sich Paris zum Zentrum für Wissenschaft, Literatur und Kunst, der Regent galt als der erste Sammler und Mäzen. Franz I. trug erheblich dazu bei, den Grundstock für die Gemäldesammlung des Louvre zu legen.

ERSTE KUNST-»SALONS« IM PARISER SCHLOSS

Als der Bourbonenkönig Heinrich IV. den Thron bestieg, nahmen ganze Scharen von Künstlern im Louvre Quartier und arbeiteten vor Ort, unter ihnen François Boucher, Honoré Fragonard und Jean-Louis David. Unter Ludwig XIV, der mit dem gesamten Hofstaat nach Versailles zog, verwahrloste das Schloss an der Seine, doch zum Glück hatte der Sonnenkönig kurz vor seinem Abschied von Paris noch den Erweiterungsbau Cour Carrée in Auftrag gegeben. Der einzigartige Viereckshof ist ein architektonisches Juwel. Am schönsten, man betrachtet ihn bei abendlicher Beleuchtung.

Zunächst alle zwei Jahre, schließlich jährlich, fanden ab 1667 Gemäldeausstellungen im Salon Carré, später im Salon d'Appolon des Louvre statt – daher die französische Bezeichnung »Salon« für offizielle Kunstausstellungen. Während des Zweiten Kaiserreichs spitzte sich die Situation für Künstler weiterhin zu: Wer von der Pariser »Académie royale de peinture et de sculpture« nicht anerkannt wurde, hatte kaum Gelegenheit auszustellen. Als die Zahl der zurückgewiesenen Werke immer mehr stieg, begannen Künstler wie Odilon Redon, Georges Seurat und Paul Signac sich selbst zu organisieren: Die Gründung der unabhängigen Vereinigung »Salon des Indépendants« 1884 geht auf ihre Initiative zurück.

EIN KÖNIGSSCHLOSS WIRD KUNSTMUSEUM

Bis zur Französischen Revolution 1789 diente der Louvre den französischen Königen als Residenz. Erst 1793, nach dem Tod Königin Marie Antoinettes und Ludwigs XVI durch die Guillotine, wurden seine Portale dem Volk unter der republikanischen Regierung geöffnet. Die großartige Kunstsammlung war nun öffentlich zugänglich.

Inzwischen ist der Louvre das größte und meist besuchte Kunstmuseum der Welt. 1981 beschloss Staatspräsident François Mitterrand im Rahmen seines städtebaulichen Großprojekts »Grand Louvre« die Modernisierung des ehemaligen Königspalastes und der Tuilerien-Gärten. Mit einer spektakulären gläsernen Pyramide als Haupteingang schuf der US-chinesische Architekt Ieoh Ming Pei nicht nur ein weltweit bestauntes architektonisches Wunder, sondern auch ein Pariser Wahrzeichen.

Jährlich strömen bis zu acht Millionen Besucher durch den Pyramiden-Eingang in die unterirdische Halle, von wo aus alle Museumsschätze zu erreichen sind. Doch es kommen nicht nur die Touristen. Die Franzosen lieben ihren Louvre, am Wochenende reisen sie mit der gesamten Familie aus der Provinz an und halten sich dort stundenlang auf, regelmäßig besuchen ihn Schulklassen. Dank freien Eintritts für Jugendliche unter 26 Jahren sind phänomenale 40 Prozent der Museumsbesucher junge Menschen.

MONA LISA: LÄCHELN MIT LEISEM SPOTT

Der Louvre ist ein Museum, für das man viel Zeit braucht, sehr viel Zeit. 35 000 Kunstwerke sind in den drei Flügeln Sully, Denon und Richelieu ausgestellt, weitere 400 000 Stücke lagern in den Kellern. In der Hall Napoléon unter der Pyramide gibt es einen Informationsplan – und im Museum eine Reihe von Cafés, wo man ihn in Ruhe studieren kann.

Erst einmal dem Menschenstrom folgen, der die Treppen zur Mona Lisa nimmt? Unbedingt! Denn das Porträt der schönen Florentinerin mit dem geheimnisvollen Lächeln, von Leonardo da Vinci zwischen 1503 bis 1505 gemalt und im Französischen als »La Joconde« bezeichnet, muss man gesehen haben. »Von welchem Planeten ist dies Wesen herabgekommen, mit einem Blick, der fremde, unbekannte Wonnen verheißt?«, fragte sich der Dichter Théophile Gautier voller Bewunderung für das Bildnis und fühlte sich von seinem Zauber immer wieder neu angezogen: »Leonardo da Vinci hat seinen Gestalten den Stempel einer solchen Überlegenheit aufgeprägt, dass man in ihrer Gegenwart eine beklommene Scheu empfindet. Ihre Lippen umspielt ein leiser Spott, wie er den Göttern eigen sein muss, die alles wissen und über die niedere Menschenwelt mit Gelassenheit lächeln.«

»La Joconde« heißt im Italienischen »La Gioconda« und stellt vermutlich Lisa del Giocando dar, die Frau des wohlhabenden Kaufmanns Francesco del Giocondo. Da Vincis Gemälde in Öl auf Holz ist klein, misst nur 77 x 53 cm und ist seit 1804 im Louvre ausgestellt. Wie es nach

Paris kam? Frankreichs König Franz I. liebte die Kunst Italiens und holte zahlreiche italienische Künstler an seinen Hof, darunter 1517 auch den greisen Leonardo. Als der Maler zwei Jahre später plötzlich starb, konnte sich Franz I. über einen künstlerischen Nachlass freuen, der sofort Eingang in seine königliche Sammlung fand – darunter die »Mona Lisa«. Sie ist unbestrittener Publikumsliebling – noch mehr seit Dan Browns Religionsthriller »Sakrileg – The Da Vinci Code«. Neben ihr können nur noch die »Venus von Milo« und »Nike von Samothrake« bestehen.

MEISTERWERK VON DELACROIX

Auch vor dem großartigen Gemälde »La liberté guidant le peuple« (Die Freiheit führt das Volk) des französischen Romantikers Eugène Delacroix bilden sich immer wieder Menschentrauben. Heinrich Heine schrieb nach seinem Besuch der Gemäldeausstellung im Salon du Louvre am 31. Oktober 1831: »Ich wende mich zu Delacroix, der ein Bild geliefert, vor welchem ich immer einen großen Volkshaufen stehen sah und das ich also zu denjenigen Gemälden zähle, denen die meiste Aufmerksamkeit zuteil geworden.« Auf dem berühmten Bild macht Delacroix die drei Tage der Julirevolution von 1830 zum Thema: Die französische Trikolore und ein Gewehr mit aufgesetztem Bajonett schwingend, erstürmt eine barfüßige junge Frau mit entblößten Brüsten eine hölzerne Barrikade. In ihrem Gefolge bewaffnete Bürger, vor ihr liegen drei Leichen: die siegesgewisse »Liberté«, die den Kampf um die Menschen – und Bürgerrechte anführt und gewinnt. »Heilige Julitage!«, jubilierte der 34-jährige Heinrich Heine: »Wie schön war die Sonne und wie groß war das Volk von Paris! Die Götter im Himmel, die dem großen Kampfe zusahen, jauchzten vor Bewunderung, und sie wären gerne aufgestanden von ihren goldenen Stühlen und wären gerne zur Erde herabgestiegen, um Bürger zu werden von Paris!«

ERWEITERUNGSBAU FÜR ISLAMISCHE KUNST

Zurück zum Informationsplan: Kunst aus Ägypten, Griechenland, Afrika, Asien, Südamerika finden Sie im Denon-Flügel, deutsche, flämische und holländische Gemälde im Richelieu-Gebäude, die französischen Meister des 17. bis 19. Jh. im Sully-Flügel. Seit Sommer 2012 sorgt ein von Rudy Ricciotti und Mario Bellini entworfener unterirdischer Erweiterungsbau des Louvre für Aufsehen: Unter einem Dach aus Glas und Metall, das wie ein aufgebauschtes Tuch aussieht, verbirgt sich neuerdings die großartige Sammlung islamischer Kunst.

VOM FISCHERDORF ZUR WELTSTADT – ERKUNDUNGEN

Zu Fuß können Sie die Schönheiten von Paris am besten entdecken. Dieser Spaziergang beginnt im Herzen der Stadt, wo zwei Seine-Arme zwei kleine Inseln umschließen. An geschichtsträchtigen Adelspalästen auf der Île St.-Louis und der Kathedrale Notre-Dame auf der Île de la Cité vorbei geht es über den schönen Quay de Cont zum größten Kunstmuseum der Welt, dem Louvre, dann durch die Tuilerien-Gärten und hoch zur Place de la Concorde

◀ Herbstspaziergang am Ufer der Seine mit Blick hinüber zu Notre-Dame (▶ S. 58).

START Métrostation Sully Morland
ENDE Place de la Concorde
LÄNGE ca. 4 km

Unvorstellbar, oder? Ein reißender Fluss, zwei Inseln, Fischer, Kühe. Auf der größeren der beiden Inseln, der Île de la Cité, seit dem 6. Jh. eine kleine Kirche. Bis ein paar Jahrhunderte später der Bischof von Paris sie zu einem großen Gotteshaus erweiterte: Notre-Dame (▶ S. 58). Die kleine Nachbarinsel heißt Île St.-Louis. Weil sie ein architektonisches Juwel ist und man von hier aus einen wunderschönen Blick auf die riesige gotische Kathedrale hat, soll der Spaziergang hier beginnen. Diese einheitlich im klassizistischen Stil bebaute Insel des heiligen Ludwig ist eine Welt für sich – mit ihren stillen, von Pappeln und Platanen gesäumten Quais und exklusiven Stadtpalais, die im Französischen »hôtels particuliers« heißen. Man glaubt das Rattern der Karossen förmlich noch hören zu können, wie sie durch die großen Portale gelenkt wurden und in den herrlichen Innenhöfen hielten.

Ruhe und Noblesse auf der Île St.-Louis

Wenn Sie die Métrostation Sully-Morland verlassen, führt die Brücke Pont de Sully direkt zur **Île St-Louis** mit der Straße Rue Saint-Louis-en-l'Île, rechter Hand liegt dann der Quai d'Anjou. Werfen Sie in der Rue St-Louis-en-l'Île Nr. 2 einen Blick in das beeindruckende **Hôtel Lambert**, im 17. Jh. erbaut von Louis Le Vau, einem der berühmtesten französischen Architekten seiner Zeit. Zuletzt bewohnte die Bankiersfamilie Rothschild dieses Anwesen, inzwischen gehört es dem Emir von Katar. Eine weitere exklusive Stadtresidenz ist das **Hôtel de Lauzun** am Quai d'Anjou Nr. 17, ebenfalls im 17. Jh. nach Plänen von Le Vau erbaut. In einer kleinen Wohnung unter dem Dach dieses herrschaftlichen Hauses traf sich eine Gruppe von Freunden, allen voran Charles Baudelaire (1821–67) und Theophile Gautier (1811–72), die sich »Club des Hachichins« nannte, Klub der Haschischesser. Schriftsteller wie Gérard de Nerval, Gustave Flaubert und der Maler Eugène Delacroix gehörten dazu. Während dieser Treffen wurde eine süße Paste mit Cannabis herumgereicht, und das Zeug tat schnell seine Wirkung. Ernüchtert schrieb Charles Baudelaire über den Tag danach:»Erschlaffung und Ermüdung aller Organe, die brennende Lust zu weinen, die Unmöglichkeit, bei einer Arbeit auszuharren, belehren dich grausam, dass du ein verbotenes Spiel gespielt hast. Die hässliche Natur gleicht den traurigen Überresten eines Festes.« Seit 1928 ist das wunderschöne Haus im Besitz der Stadt Paris und wird für offizielle Empfänge genutzt. Erfreulicherweise kann man die prächtigen Räumlichkeiten besichtigen.
Gehen Sie jetzt in Richtung Westen den Quai d'Anjou entlang bis zur Rue des Deux Points, die die Rue St.-Louis-en l'Île kreuzt. In der kleinen Barockkirche **Église St-Louis-en-l'Île** gibt es schöne Konzerte. Schon Lust auf eine kleine Erfrischung? Seit Generationen ist **Berthillon** als bestes Eiscafé in Paris bekannt (▶ S. 61).

Verbotene Liebe und der Glöckner von Notre-Dame

Jetzt über die kleine Brücke Pont St.-Louis hinüber zur **Île de la Cité**, gleich rechts die Uferstraße Quai aux Fleurs bis zum Haus Nr. 9–11 gehen, wo an das legendäre Liebespaar Abélard und Héloise erinnert wird. Der brillante katholische Philosoph unterrichtete die 18-jährige Héloise beim Domherrn Fulbert, ihrem Onkel, verliebte sich in sie, entführte sie, das Paar bekam ein Kind und heiratete. Doch Fulberts Zorn war so groß, dass er Abélard entmannen ließ. Dieser ging daraufhin als Mönch nach St-Denis, und Héloise wurde Nonne. Heute liegen die beiden Liebenden Seite an Seite auf dem großen Pariser Friedhof Père Lachaise (▶ S. 94).

Gehen Sie jetzt ein paar Meter nach links, und Sie stehen auf dem großen Platz vor **Notre-Dame** (▶ S. 58), Frankreichs geistiger, aber auch geografischer Mitte: Aus allen Teilen des Landes führen die großen Straßen bis zu diesem Punkt, und ihre Entfernungen werden von hier aus gemessen. Vergessen Sie im Angesicht der riesigen gotischen Kathedrale für ein paar Augenblicke das aktuelle Geschehen rund herum und stellen Sie sich Paris im Mittelalter vor: Sehen Sie auf der Fläche vor der Kirche die junge Bettlerin Esmeralda mit märchenhafter Grazie tanzen? Hören Sie den schweren Schlag der Glocken, die der taube, grotesk hässliche Quasimodo läutet?

»Der Glöckner von Notre-Dame« heißt der weltberühmte Roman von Victor Hugo. Düster, stickig, eng war es hier, der Blick auf die Kirchenfassade durch Häuser versperrt, bevor Baron Haussmann sie 1865 abreißen ließ und den Platz vervierfachte. Victor Hugo hat dieses mittelalterliche Paris eindrücklich beschrieben: »Mehr als ein Jahrhundert lang drückten sich die Häuser eng zusammen, häuften sich und stiegen in die Höhe wie Wasser in einem Sammelbecken. Sie dehnten sich in die Tiefe, sie setzten Stockwerk auf Stockwerk, sie stiegen eins über das andere, sie drängten aufwärts wie alle zusammengepressten Säfte. Jedes wollte den Kopf über seinen Nachbar erheben, um etwas Luft zu erhaschen. Die Straßen wurden immer enger und tiefer; die

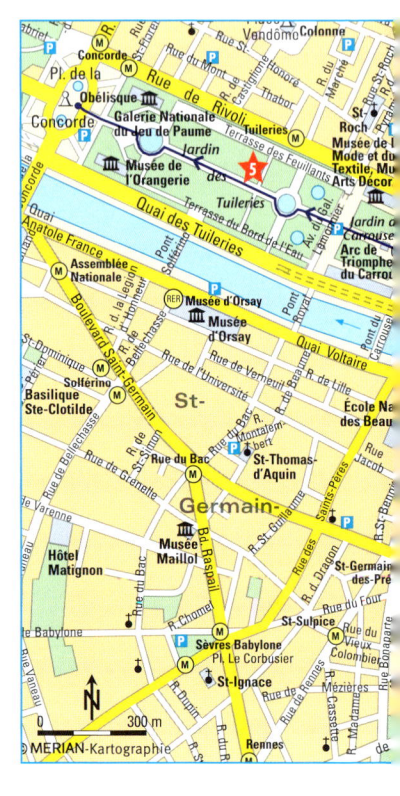

Plätze wurden bebaut und verschwanden. Endlich sprangen die Häuser über die Mauer Philipp-Augusts weg, gebärdeten sich fröhlich wie entsprungene Gefangene und zerstreuten sich ohne Plan und Ordnung in der Ebene. Sie spreizten sich, schnitten sich aus den Feldern Gärten zurecht und machten es sich bequem. Schon 1367 war die Stadt so weit in die Vorstadt hineingewachsen, dass sich besonders auf dem rechten Ufer das Bedürfnis nach einer neuen Mauer fühlbar machte. Sie wurde von Karl V. gebaut. Aber eine Stadt wie Paris wächst beständig.«

Ach ja, wären Victor Hugo und sein Roman nicht gewesen, der im Französischen »Notre-Dame de Paris« heißt, vielleicht wäre die Kirche nach den fürchterlichen Verwüstungen während der Großen Revolution gar nicht wiederaufgebaut worden. Doch der populäre Roman mit der Kathedrale als zentralem Schauplatz löste innerhalb kürzester Zeit eine Bewegung aus, die eine Restauration forderte, und so nahm Notre-Dame unter ihrem Architekten Viollet-le-Duc ab 1841 allmählich wieder Gestalt an. Heute ist die Kathedrale weltberühmt.

Häufig gemalt und besungen – der Pont Neuf in der Abendsonne

Lassen Sie nun das älteste Pariser Krankenhaus Hôtel Dieu rechts liegen. Biegen Sie wiederum rechts in die Rue de la Cité ein, am Blumenmarkt **Marché aux Fleurs** vorbei, wo sonntags ein Vogelmarkt stattfindet, und gleich wieder links auf den Quai de la Corse. Am Quai de l'Horloge liegen das gruselige Staatsgefängnis Conciergerie und der Palais de Justice, ein Ensemble aus dem 11. Jh., in dem früher die französischen Könige residierten und das immer wieder umgebaut wurde. In einer der Zellen der **Conciergerie** (▶ S. 57) hat neben vielen anderen auch Königin Marie Antoinette auf ihren Tod durch die Guillotine gewartet. Im **Palais de Justice** befindet sich mit der Palastkapelle **Sainte-Chapelle** (▶ S. 60) ein unbedingt sehenswertes Meisterwerk der Gotik. Ihre Glasfenster sind über 700 Jahre alt und leuchten intensiv.

Sie stoßen nun auf die älteste steinerne Brücke der Stadt, den **Pont Neuf**, der dem Bourbonenkönig Heinrich IV. zu verdanken ist. »Neue Brücke« heißt sie, weil man keine Häuser mehr auf ihr baute, wie zuvor üblich, sondern erhöhte Bürgersteige, auf denen die Pariser Marktbuden aufstellten und sich am Marionettenspiel vergnügten. Die Damen der Gesellschaft ließen ihre Kutschen anhalten, um den Blick über die Seine zu genießen. Das massive, nahezu 240 Meter lange Bauwerk mit den halbmondförmigen Nischen wurde im Laufe der Jahrhunderte häufig besungen und gemalt. Leo Carax drehte hier die »Liebenden vom Pont-Neuf« mit Juliette Binoche in der Hauptrolle.

Auf dem Pont Neuf (▶ S. 150) flanierten die Pariser früher zwischen Marktständen. Heute ist die Brücke vor allem in der Dämmerung ein romantischer Ort zum Träumen.

Großartig war der Augenblick, als zum Sommeranfang 1994 Tausende von Begonien und Efeu die Bogenbrücke schmückten, eine Idee des japanischen Modemachers Kenzo. Ebenfalls spektakulär die Aktion des US-Künstlerpaars Christo und Jeanne-Claude im Herbst 1985, als Froschmänner und Bergsteiger 40 000 Quadratmeter sandfarbenen Stoff an den zwölf Brückenbögen anbrachten und den Pont Neuf damit komplett verpackten. Die Aktion dauerte mehrere Wochen. Es waren magische Momente, als die untergehende Sonne das Kunstwerk in schimmerndes Gold hüllte und schließlich rot einfärbte.

Ein Platz für Träumer und Poeten

Wenn der Erbauer des Pont Neuf »seine« Brücke so hätte erleben können! König Heinrich IV. fiel am 14. Mai 1610 einem Mord zum Opfer, als er in seiner Karosse durch die Stadt fuhr. Seine Gemahlin Marie de Médicis ließ daraufhin ein beeindruckendes Denkmal am Pont Neuf für ihn errichten. Hoch zu Ross, seinen freundlichen Blick gen Süden über die Île de la Cité gerichtet, im Rücken die romantische Pariser Grünanlage Square du Vert-Galant – der für seine zahlreichen Amouren bekannte Schürzenjäger ist weithin sichtbar. Träumern, Poeten und Liebespaaren bietet Paris kaum einen beschaulicheren Platz als die vom Wasser der Seine umspülte Spitze am westlichen Zipfel der Cité-Insel.
Gegenüber der Reiterstatue führt die Rue Henri Robert zur **Place Dauphine**, ein städtebauliches Juwel, das Henri IV. vor lauter Glück über die Geburt des lang ersehnten Thronfolgers, dem späteren Ludwig XIII., anlegen ließ. Der dreieckige kleine Platz wird von 32 gleichförmigen, schönen Häusern aus rotem Backstein und weißem Haustein gesäumt. Kleine Cafés und alte Bäume beleben das Ensemble. Bevor Sie jetzt ein paar Meter wieder zurück zum Pont Neuf gehen, sich dann links halten und gleich wieder rechts in den Quai de Conti einbiegen, machen Sie Halt an der **Taverne Henri IV.** (13, place du Pont-Neuf, Tel. 01/43 54 27 90). Das Traditionslokal mit dem guten Wein ist in einem Louis-XIII-Haus untergebracht und ein schöner Treffpunkt.
Haben Sie das Glück, dass es ein lauer Abend ist? Zeigt sich der dämmernde Pariser Himmel freundlich? Gut! Aber selbst wenn Sie einen grauen Tag erwischt haben, macht das nichts, denn dann erst bemerkt man die vielen feinen Grau-Abstufungen, die das Charakteristikum dieser Stadt sind – vom hellen Grau der Hausmannschen Fassaden über das silbrige Grau der Dächer bis zum Grauviolett der Seine.

Paris leuchtet

Am **Quai de Conti**, der zu den schönsten Quais auf dem linken Ufer gehört, weitergehen. An seinem westlichen Ende steht ein klassizistischer Kuppelbau: das **Institut de France**. Man betrachte ihn nicht nur vom Quai aus, sondern biege gleich rechts auf die eiserne Fußgängerbrücke **Pont des Arts** und lasse den mächtigen und zugleich maßvollen Bau ungestört auf sich wirken: Der große Architekt Louis le Vau hat ihn im 17. Jh. erbaut. Unter seinem Dach ist unter zahlreichen anderen auch die berühmte Académie Française zu Hause, die 1635 gegründet wurde und sich bis heute für den Schutz der französischen Sprache einsetzt. Lassen Sie Ihre Blicke schweifen. Flussauf- und flussabwärts. Die ersten Lichter sind inzwischen angegangen, schnell werden es mehr, Tausende und Abertausende bald, sie spiegeln sich im Wasser der Seine. Unglaublich: Paris leuchtet, und hätte man an dieser Stelle auch schon Dutzende Male gestanden, man wollte es immer wieder tun. Hin und wieder fährt ein Schiff unter der Brücke durch, die Passagiere sitzen beim Dîner.

Tempel der Macht und der Kunst

Gehen Sie über die Brücke Pont des Arts. Auf der anderen Seite möglichst nicht den (üblichen) Fehler machen und links abbiegen, sondern halten Sie sich rechts, überqueren Sie den Quai du Louvre und biegen in die Rue de l'Admiral Coligny ein. Sie stehen auf der **Place du Louvre**. Mit dem quadratischen Hof Cour Carrée öffnet sich Ihnen der kostbarste Teil des Vieux Louvre, des Alten Louvre. Es ist der eigentliche **Louvre-Palast**, heute als Sully-Flügel bekannt.

Hier befand sich die ursprüngliche Wehrburg von Philipp II. August. Eine architektonische Herrlichkeit, die man hier erlebt, Mitte des 16. Jh. geschaffen von dem Architekten Pierre Lescot und dem Bildhauer Jean Goujon. Ein Meisterwerk der Renaissance. Genießen Sie in aller Ruhe den grandiosen architektonischen Gesamteindruck. Achten Sie auf den wunderbaren Reliefschmuck an den Rundgiebeln, zwischen denen sich eine reich ornamentierte Balustrade spannt. Das Königtum, so bringt es dieser Bau stark und klar zum Ausdruck, ist während dieser Zeit auf der Höhe seiner Macht.

Queren Sie nun den Louvrehof, die Cour Napoléon, die gläserne Pyramide des größten Museums der Welt im Blick. Und während Sie nach einer kurzen Pause an ihren beleuchteten Wasserbecken weiter zur Place du Carrousel und dem Tuilerien-Garten gehen, müssen Sie sich vorstellen: In ein paar Metern Tiefe wimmelt es von unterirdischen Geschäftspassagen, Galerien, Restaurants, Konferenzräumen und vielem mehr, die im Zuge der Arbeiten am Grand Louvre gebaut wurden.

Ein Aperitif in der Abendsonne?

Sie stehen nun vor dem kleinen Triumphbogen **Arc de Triomphe du Carrousel** (▶ S. 66), dem früheren Prunktor zum Hof des Tuilerien-Palastes. Der wohl großartigste Blick, den man in Paris haben kann, ist der von hier über die Tuilerien-Gärten, Place de la Concorde bis zum Triumphbogen am oberen Ende der Champs-Élysées. Dahinter, in dem unter Charles de Gaulle begonnenen Hochhausviertel La Défense, erhebt sich Mitterrands Triumphbogen Grande Arche.

Möchten Sie sich ein bisschen ausruhen? Eine Kleinigkeit essen? Unter den Louvre-Arkaden bietet sich im **Café Marly** (▶ S. 71) eine Pause an. Ein recht schicker Treff und bis morgens um zwei geöffnet. Sie können sich also Zeit lassen, bevor Sie Ihren frühabendlichen Bummel fortsetzen.

Als der königliche Gartenarchitekt Le Nôtre 1664 die **Tuilerien** (▶ S. 66) anlegte, konnte er nicht ahnen, was er damit für das heutige Paris leisten würde:

Flankiert von der geschäftigen Rue de Rivoli auf dem rechten und den Seine-Quais auf dem linken Ufer, bietet diese 25 Hektar große Parkanlage eine Oase der Ruhe inmitten der quirligen Weltstadt. Zwei große Wasserbecken mit dem charakteristischen grünen Eisengestühl drum herum, klar gegliederte Beete voller herrlicher Blumen, breite Alleen, Statuen, lesende Menschen, ein Karussell aus alter Zeit für die ganz Kleinen, hin und wieder ein Kiosk mit Kaffee und so manchem Snack.

Schön war sie wirklich, die Belle Époque

Sie müssen an der **Place de la Concorde** nicht Ihr Leben riskieren und sich unbedingt neben den Obelisken auf den »Platz der Eintracht« stellen wollen – der Verkehr ist rasant. Dennoch wagen sich viele Besucher in seine Mitte, denn nicht nur ist das ägyptische Denkmal ein Wunderwerk aus rosigem Syenit, sondern die eigentliche Schönheit des Platzes liegt in den Perspektiven: Der Blick über die leicht ansteigenden Champs-Élysées wird hier gekreuzt von dem nach rechts über die königliche Rue Royale bis zur Madeleine und links über den Pont de la Concorde bis zum Palais Bourbon, die Nationalversammlung. Eine fantastische Blickflucht! Und sehen Sie den Pont Alexandre III. leuchten? Seine goldenen Putten und Kandelaber. Die Brücke ist die prächtigste von Paris. Sie überspannt die Seine in einem großen eleganten Bogen und bildet mit den Belle-Époque-Bauten Grand Palais und Petit Palais ein einzigartiges städtebauliches Ensemble.

Der richtige Platz zum Philosophieren: Im Jardin des Tuileries (▶ S. 66) wurde auch schon lange vor der Wirtschaftskrise das Schicksal Frankreichs und der Welt diskutiert.

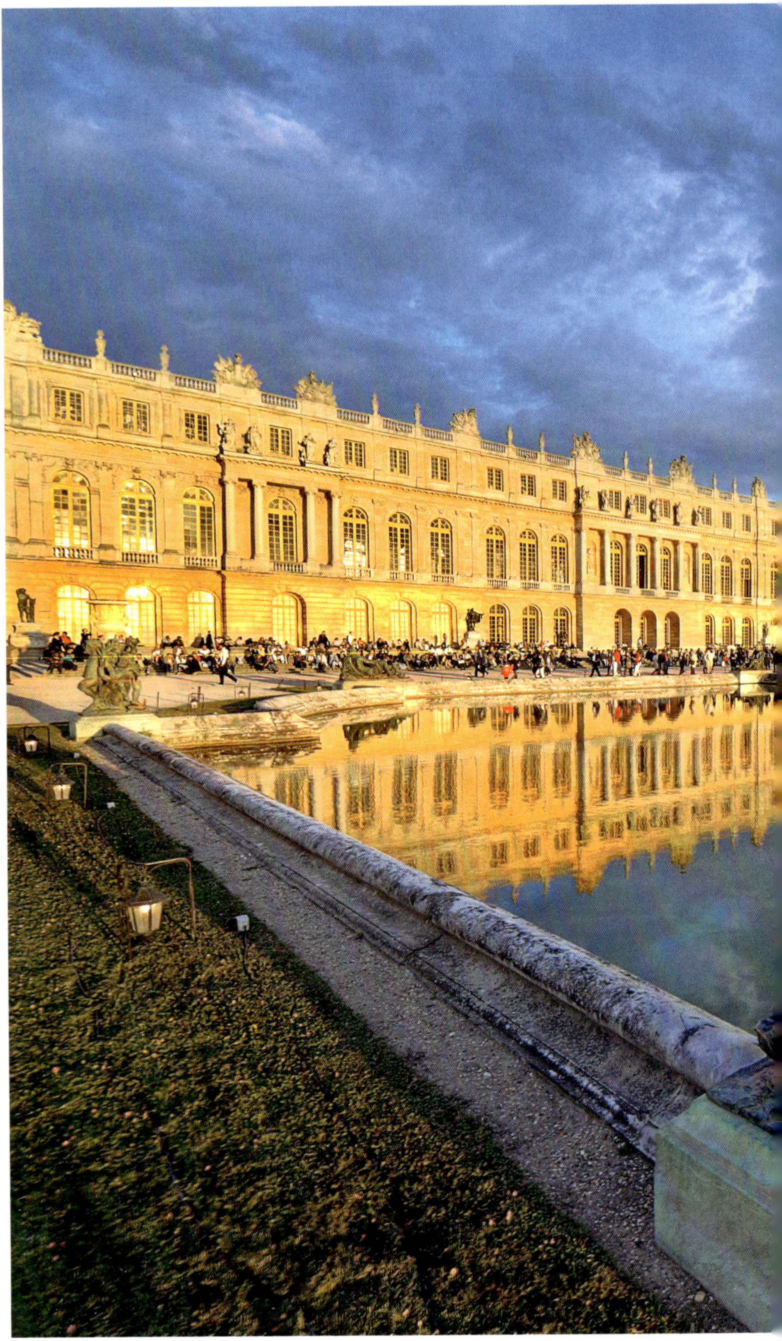

Versailles (▶ S. 158), das königliche Prachtschloss vor den Toren der Stadt.

DAS UMLAND ERKUNDEN

FONTAINEBLEAU – WO KÖNIGE UND KÜNSTLER SICH WOHLFÜHLTEN

CHARAKTERISTIK: Der Wald von Fontainebleau war nicht nur für Könige ein Ort der Erholung. Hier schöpften auch viele Künstler Inspiration. Warum, das erleben Sie noch heute, wenn Sie Wald und Schloss erkunden **ANFAHRT:** Mit dem Auto (60 km) über die A6 Richtung Lyon, Ausfahrt Fontainebleau. Mit dem Zug vom Gare de Lyon Richtung Montereau oder Montargis, Station Melun oder Fontainebleau/Avon. Oder RER D bis Melun **DAUER:** Tagesausflug **EINKEHRTIPP:** Le Caveau des Ducs, 24, rue Ferrare, Fontainebleau, Tel. 01/64 22 05 05, www.caveaudesducs.com, €€ **AUSKUNFT:** Château de Fontainebleau, Tel. 01/60 71 50 60, www.fontainebleau-tourisme.com

Die Pariser müssen nicht weit fahren, um Erholung für Geist und Seele zu finden: Etwa eine halbe Stunde von der Hauptstadt Paris entfernt liegt der Wald von Fontainebleau (Forêt de Fontainebleau), in dem schon König Louis VII. liebend gern zur Jagd ging. Wegen seiner abwechslungsreichen Landschaft und der botanischen Vielfalt gilt er als der schönste Wald in Frankreich.

Naturoase und Königsschloss

Viele verschiedene Wege führen durch ein 20 qkm großes Gebiet voller Eichen, Buchen und Birken, zwischen Sanddünen hindurch, an Hügeln und Heideflecken vorbei. Ein Paradies zum Wandern und Radfahren. Und wer es mag: Bizarr geformte, steile Felsbrocken laden zum Klettern ein.

Am Rande des Waldgebietes liegt das prächtige Renaissance-Schloss von Fontainebleau. Frankreichs junger Herrscher Francois I. gab den Bau 1528 in Auftrag. Der König ließ zahlreiche italienische Handwerker und Künstler nach Fontainebleau kommen, sie bildeten zusammen mit französischen Künstlern die erste »École de Fontainebleau« (Schule von Fontainebleau). Später haben sich hier auch Katharina von Medici, Marie Antoinette und Louis XVI., Napoleon und Josephine wohlgefühlt. Auch Madame de Maintenon, die Geliebte und spätere zweite Gemahlin von Louis XIV., hielt sich liebend gern und häufig in dem prächtigen Jagdschloss inmitten der hügeligen Waldlandschaft auf.

Zu den schönsten Räumen gehören bis heute die Galerie François I. mit ihren allegorischen Malereien, den Früchteverzierungen und Girlanden, dem reichen Stuck und den Skulpturen sowie der prunkvolle Ballsaal – zwei Musterbeispiele französischer Renaissance mit italienischem Einschlag.

Mit Pinsel und Leinwand zurück zur Natur

Nur wenige Kilometer von Fontainebleau entfernt liegt ein kleiner Ort, der Kunstgeschichte geschrieben hat: **Barbizon** wurde Mitte des 19. Jh. zur Pilgerstätte zahlreicher stadt- und akademiemüder Landschaftsmaler. Geleitet von den »Zurück zur Natur«-Ideen des französischen Philosophen Jean-Jacques Rousseau verließen Maler wie Jean-François Millet, Théodore Rousseau, François Daubigny und Camille Corot vor allem während der Sommermonate ihre Pariser Mansarden und zogen hinaus aufs Land. Zu ihrem beliebtesten Freiluft-Atelier wurde der Wald von Fontainebleau, dessen wilde Unberührtheit und urtümliche Vielfalt ihnen zahlreiche Motive bot. Die »Schule von Barbizon«, zu der sich diese Maler formierten, war das Vorbild für viele Künstlerkolonien, die ab Mitte des 19. Jh. europaweit entstanden. Die Ateliers von Rousseau und Millet im wenige Kilometer entfernten Ort Barbizon kann man besichtigen. Wer in das Pariser Musée d'Orsay (▶ S. 138) geht, wird diese großen französischen Künstler alle dort finden und auf ihren berühmten Gemälden die Felsen von Fontainebleau wiedererkennen.

INFORMATIONEN

Schloss Fontainebleau
Okt.–Mai Mi–Mo 9.30–17, Juni–Sept. bis 18 Uhr | Eintritt 10 €

L'Atelier de Jean-François Millet
Barbizon, 27, rue Grande | www.atelier-millet.fr | im Sommer Mi–Mo 10–17 Uhr | Eintritt 4 €

Musée départemental des peintres de Barbizon mit Atelier Théodore Rousseau
Barbizon, 92, Grande Rue | www.musee-peintres-barbizon.fr | im Sommer tgl. 10–18, Winter bis 17 Uhr | Eintritt 3 €, erm. 2 €

Dass der Wald von Fontainebleau die Pariser schon lange anzieht, zeigt das Gemälde »Sortie de forêt à Fontainebleau, soleil couchant« von Théodore Rousseau (1812–1867).

VERSAILLES ⭐ 10 – MACHT UND (SELBST-) HERRLICHKEIT DES SONNENKÖNIGS

CHARAKTERISTIK: Spiegelsaal und Privatgemächer, Vorzeigepark und Liebesnest – bei einem Besuch im Prachtschloss vor den Toren von Paris ist das verschwenderische Leben der französischen Könige bis heute greifbar. **ANFAHRT:** Mit dem Auto ab Porte de St-Cloud auf der A13. Mit der Métro bis Pont de Sèvres, dann weiter mit Bus 171 oder RER. **DAUER:** Tagesausflug **EINKEHRTIPP:** Au Chapeau Gris, 7, rue Hoche, Versailles, Tel. 01/39 50 10 81, www.auchapeaugris.com, €€
AUSKUNFT: Tel. 01/30 83 78 00, www.chateauversailles.fr

Als Louis XIV. (1638–1715) entschied, das kleine Jagdschloss seines Vaters in Versailles, 20 km westlich von Paris, zu einem prächtigen Palast umzubauen, war der selbstherrliche Sonnenkönig gerade einmal 23 Jahre alt. Frankreichs Herrscher hatten seit dem 13. Jh. im Louvre residiert, ab 1661 war nun Versailles ihre prachtvolle Residenz, Regierungssitz und absolutes Machtzentrum Frankreichs.

Mit der Ausführung beauftragte der Monarch den renommierten Architekten Louis Le Vau, den Maler Charles Le Brun und den Gartenbaukünstler André Le Nôtre. Die besten Künstler und Kunsthandwerker der Nation – Tischler, Zimmerleute, Maurer, Stukkateure, Kristallschleifer – wurden nach Versailles geschickt, um an der feudalen Ausstattung des Schlosses mitzuarbeiten. Nach 1678 übernahm Jules Hardouin-Mansart, Hauptvertreter des französischen Hochbarock, die Bauleitung in Versailles, und es dauerte noch mehr als 30 Jahre, bis die Arbeiten abgeschlossen waren. Dennoch siedelte Ludwig mit seinem nahezu 30 000 Personen zählenden Hofstaat 1682 nach Versailles über, in die prächtigste und größte Residenz Europas. Das Leben am Hofe war an Glanz und Luxus nicht zu überbieten, die gesamte Elite der Nation scharte sich um den selbstherrlichen Souverän.

Königlicher Protz, bäuerliches Leben
Berühmtester und prächtigster Innenraum von Schloss Versailles ist der 1684 vollendete, 73 m lange **Spiegelsaal**. Vor diesem grandiosen Hintergrund ließ Bismarck nach der Kapitulation Frankreichs am 18. Januar 1871 das Deutsche Kaiserreich ausrufen. Hier fanden auch die Friedensverhandlungen statt, die den Ersten Weltkrieg offiziell beendeten. In der Mitte der Schlossanlage liegt das berühmte **Prunkschlafzimmer** des Königs. Im Schlafzimmer der Königin, nicht ganz so herrlich wie das des Gemahls, kamen 19 Prinzen und Prinzessinnen zur Welt.

Sehenswert sind auch die weitläufigen **Gartenanlagen** mit Aussichtsplätzen, weiten skulpturengeschmückten Alleen und der künstlichen Kanalanlage Klein-Venedig. In das eingeschossige Gartenschloss **Grand Trianon** im italienischen Stil zog sich der Sonnenkönig gerne zurück, wenn ihm das offizielle Zeremoniell zu viel wurde, und empfing hier seine letzte Maîtresse, Madame de Maintenon. Das klassizistische Schlösschen **Petit Trianon** entstand 1762 als privates Gemach für Madame Pompadour, die Maîtresse von Ludwig XV.

Im Westen des Parks erfüllte sich Königin Marie Antoinette ihren größten Wunsch und ließ **Le Hameau** bauen, ein Modelldorf aus strohgedeckten Fachwerkhäusern mit Molkerei und Mühle, wo sie bäuerliches Leben zu imitieren versuchte, selbst melkte und Schafe weidete. Am 5. Oktober 1789 stürmten Tausende von Parisern mit Spitzhacken und geballten Fäusten die Gemächer der Königin. Einen Tag später musste sich die königliche Familie nach Paris führen lassen. Unter dem Bürgerkönig Louis Philippe wurde Versailles 1837 ein Museum.

INFORMATIONEN

Schloss

Di–So 9–18.30 Uhr (Nov.–April bis 17.30 Uhr), an Feiertagen geschl. | Besichtigungen der Appartements des Königs und der Königin: tgl. 9.45–15.30 Uhr | Eintritt April–Okt. 20 € (Sa, So, feiertags 25 €), Nov.–April 16 €

Schlosspark

Tgl. von Sonnenauf- bis Sonnenuntergang. Große Wasserspiele mit musikalischer Untermalung (Les Grandes Eaux Musicales): April–Sept. jeden Sa, So und feiertags 11–12 und 15.30–17 Uhr. Feuerwerk mit Musik, Wasser- und Lichtspielen sowie Texterläuterungen: mehrmals Sa Juli–Sept. (Termine im Internet)

Glanz und Gloria des Sonnenkönigs: Der Spiegelsaal im Schloss von Versailles reflektiert die ungeheure Macht der französischen Könige zu Zeiten des Absolutismus.

DIE KATHEDRALE VON CHARTRES – BAUKUNST UND MAGIE

CHARAKTERISTIK: Romanisch begonnen, schwang sich die drittgrößte Kirche der Welt zum spätgotischen Meisterwerk auf. Notre-Dame-de-Chartres wird Sie begeistern – mit dem schönen königlichen Portal und herrlichen Glasfenstern im berühmten Chartres-Blau. **ANFAHRT:** Mit dem Auto über die A10, dann A11 (90 km), mit der Bahn ab Gare Montparnasse (ca. 1 Std.). **DAUER:** Tagesausflug **EINKEHRTIPP:** L'Estocade, 1, rue de la Porte Guillaume, Chartres, Tel. 02/37 34 27 17, Di–Do 12–14 und 19.30–22 Uhr, €€ **AUSKUNFT:** Office du Tourisme, Pl. de la Cathédrale, Chartres, www.chartres-tourisme.com

---

Für Paris-Besucher, die ein wenig Zeit haben, wird die Besichtigung der Kathedrale von Chartres ein Höhepunkt ihrer Reise sein. Schon von Weitem sieht man, wie sich ihre Silhouette vor einem hohen Himmel abzeichnet.

Die drittgrößte Kirche der Welt
Notre-Dame-de-Chartres, Sitz des römisch-katholischen Bischofs von Chartres und bereits 1979 von der UNESCO als Weltkulturerbe deklariert, ist die drittgrößte Kirche der Welt (nach dem Petersdom in Rom und der Canterbury Cathedral) und der wohl älteste spätgotische Sakralbau.

Sie wurde ab 1145 über einer 220 m langen Krypta errichtet, die der Heilige Fulbertus, Bischof von Chartres, um das Jahr 1030 erbaut hatte, und überstand den schweren Brand von 1194. Fertiggestellt wurde sie dann 1250.

Die 134 m lange, im Chor 46 m breite, im Hauptschiff 36,5 m hohe Kathedrale, wie sie heute steht, war 1260 vollendet worden. An ihrer Weihe nahm der heilige Ludwig (1226–1270) teil. Ihm ist auch die Errichtung der wunderschönen frühgotischen Palastkapelle Sainte-Chapelle (▶ S. 60) auf der Cité-Insel in Paris zu verdanken.

Erhebende Farben für die Seele
Zum Schönsten, was romanisch-frühgotische Bildhauerkunst hervorgebracht hat, gehört der dreiteilige **Portail Royal**, das königliche Portal mit zahlreichen Figuren und Säulenstatuen, entstanden zwischen 1145 und 1170. Ebenfalls romanischen Ursprungs sind der 106 m hohe rechte Glockenturm, **Le Clocher Vieux**, und die Kapellen, wie etwa die der Wundertätigen Madonna (Vierge du Pilier). Die Fensterrose unter der **Königsgalerie** stammt aus dem 13. Jh., ebenso wie die insgesamt 176 unvergleichlichen, fast vollständig erhaltenen **Glasfenster**, die Szenen aus der Bibel und das Leben von Heiligen schildern. Man achte auf das berühmte, einzigartige Chartres-Blau der Scheiben und das Farbenspiel auf Mauern und Fliesen, das mit den Jahreszeiten und Stunden des Tages wechselt.

Die Reihe der Bischöfe von Chartres geht bis in das 4. Jh. zurück. Demnach muss die Kirche schon damals sehr

UNESCO-Welterbe: Die kunstvoll gestalteten Glasfenster sind nur einer von vielen Gründen, die Kathedrale von Chartres (▶ S. 160) als besonders wertvolles Kulturgut zu ehren.

bedeutend gewesen sein. 876 schenkte Karl der Kahle ihr jene Tunika, die die Jungfrau Maria bei der Geburt Christi getragen haben soll. Chartres wurde daraufhin ein Marien-Wallfahrtsort, vergleichbar mit Lourdes.

Leidenschaftlicher Chartres-Pilger und Kathedralen-Verehrer jüngerer Zeit war der französische Schriftsteller Charles Péguy (1873–1914). Im Juni 1912 pilgerte er nach Chartres, um die Heilung seines Sohnes zu erflehen, im September, um für den Seelenfrieden eines Freundes zu beten, der Selbstmord begangen hatte. 1935 nahmen Pariser Studenten die traditionelle Wallfahrt nach Chartres wieder auf. Ihr alljährlicher Einzug in die Kathedrale an einem Maisonntag ist seither für die Stadt Höhepunkt des Kirchenjahres.

Tipp: Fahren Sie nicht wieder ab, ohne einen kleinen Rundgang durch die von Wällen, Mauern und Toren umgebene **Altstadt** mit ihren verwinkelten Gassen gemacht zu haben. Sie birgt viele architektonische Schönheiten. Auch die kleinen, im Schatten der großen Kathedrale stehenden Kirchen wie **Saint-Pierre** oder **Saint-André** lohnen einen etwas genaueren Blick.

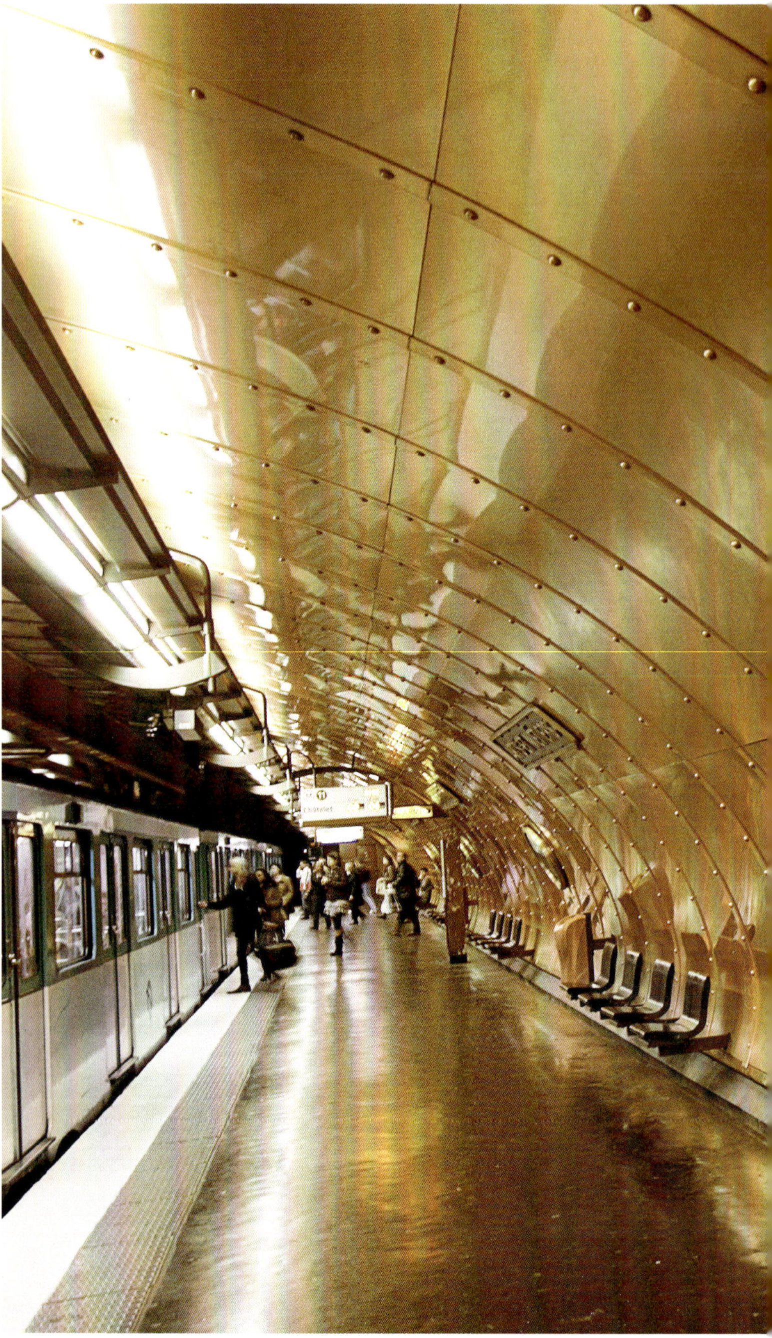
11
Châtelet

PARIS
ERFASSEN

Kleine Fluchten: Mit der Metro kommt man in Paris schnell (fast) überall hin.

AUF EINEN BLICK

Hier erfahren Sie alles, was Sie über die Weltstadt an der Seine wissen müssen – kompakte Informationen über Land und Leute, von Bevölkerung und Sprache über Geografie und Politik bis Religion und Wirtschaft.

BEVÖLKERUNG

Paris-Stadt zählt 2,5 Mio. Einwohner, der Großraum Paris 12 Mio. Damit gehört die Seine-Metropole zu den Megastädten. Die Strukturveränderungen im Kern der Stadt treiben die Mietpreise in den wohlhabenden Vierteln in so schwindelnde Höhen, dass es immer mehr Menschen, besonders auch junge Familien, in die Vororte treibt. Hier, vor allem im Norden und Osten der Stadt, die von Arbeitslosigkeit und sozialen Problemen geprägt sind, ist der Anteil der Ausländer besonders hoch. Heute ist Paris multikulturell und kosmopolitisch, rund 40 verschiedene Nationalitäten leben hier – vor allem aus den ehemaligen französischen Kolonien, aus den Antillen, dem Maghreb und Schwarzafrika, außerdem viele Inder und Ostasiaten.

LAGE UND GEOGRAFIE

Paris liegt im Zentrum der Region Île de France, inmitten einer sehr fruchtbaren Agrarlandschaft. Die Stadt erstreckt sich über eine Fläche von 105 qkm. Die Seine mit den Inseln Île

◀ Rushhour in der Metropole: Am besten aussteigen und zu Fuß gehen.

de la Cité und Île Saint-Louis teilt die Stadt in zwei Hälften, die »rive droite« (rechtes Ufer) im Norden und die »rive gauche« (linkes Ufer) im Süden.
Ein weitverzweigtes Netz von Autobahnen und Schnellstraßen verbindet Frankreichs Hauptstadt mit dem ganzen Land. Fast alle französischen Autobahnen münden in die Ringautobahn, den Boulevard Périphérique, der die Innenstadt umschließt. Mit den Flughäfen Roissy-Charles-de-Gaulle, Orly und Paris-Beauvais verfügt Paris über drei internationale Airports. Paris hat viele Parks und Grünflächen. 89 000 Bäume säumen die Straßen und Boulevards, zwei riesige Parks, der Bois de Boulogne im Westen und der Bois de Vincennes im Osten, bieten Raum für Erholung, Sport und Spiel.

RELIGION

Rund 75 % der Bevölkerung von Paris sind gläubige Katholiken. Außerdem gibt es in der Stadt 73 protestantische Kirchen der unterschiedlichsten Konfessionen, 15 griechisch-orthodoxe Kirchen, sieben Synagogen für die rund 220 000 Juden und 19 Moscheen für etwa 80 000 Muslime.

POLITIK UND VERWALTUNG

Paris ist in 20 Arrondissements (Stadtbezirke) unterteilt. Mit den Postleitzahlen 75001 bis 75020 versehen, verteilen sie sich spiralenförmig im Uhrzeigersinn von innen nach außen, beginnend im historischen Stadtkern mit Louvre, Palais Royal und Hallen bis nach Ménilmontant und Belleville im Osten der Stadt. Jedes der 20 Arrondissements untergliedert sich seinerseits wieder in vier Quartiers. Jedem Arrondissement steht ein in Direktwahl gewählter Bürgermeister vor, der im Bürgermeisteramt seines Bezirks residiert. Seit 2001 ist der 2008 wieder gewählte Bertrand Delanoe von der Parti Socialiste (PS) Bürgermeister von Paris.

WIRTSCHAFT

Die Metropole, bekannt für die Produktion von Luxusgütern wie Haute Couture, Kosmetik und Schmuck, ist das bedeutendste Wirtschaftszentrum Frankreichs und eine der wichtigsten Handelsmetropolen Europas. Fast alle großen Dienstleistungsunternehmen des Landes haben ihren Sitz in Paris, ebenso die Mehrzahl der französischen Fernseh- und Radiosender, die renommierten Tageszeitungen und die großen Verlage. Außerdem befinden sich so berühmte Eliteschulen wie die École Polytechnique und École des Sciences Politiques in Paris, das auch Sitz der UNESCO und der Organisation für wirtschaftliche Zusammenarbeit und Entwicklung (OECD) ist.

AMTSSPRACHE: Französisch
BEVÖLKERUNG: ca. 10% Ausländer
(v. a. aus Algerien, Portugal, Spanien)
EINWOHNER: 2,2 Mio., im Großraum 11,6 Mio.
FLÄCHE: 105 qkm (Stadtgebiet)
INTERNET: www.paris.fr
RELIGION: 70% Katholiken, gefolgt von Muslimen
VERWALTUNG: 20 Arrondissements mit je 4 Quartiers
WÄHRUNG: Euro

GESCHICHTE

Es war ein langer Weg vom Fischerdorf an der Seine zur Hauptstadt der »Grande Nation«. Paris hat glanzvolle Epochen und bittere Zeiten erlebt – und viele Zeugnisse dieser wechselvollen Geschichte sind bis heute zu sehen.

300 v. Chr. – 500 n. Chr.
Von der Fischerinsel zur Römerstadt

Eine wilde Landschaft, aus der ein paar Hügel ragten, und ein Fluss mit einer schiffsförmigen Insel. Das war der Anfang. Um 300 v. Chr. siedeln sich dort keltische Fischer vom Stamm der Parisii an. Sie geben ihrer Niederlassung den Namen Lutetia (Lutèce), was Ort der Sümpfe bedeutet. Jahrzehnte später besetzen die Römer die kleine Siedlung und bleiben fast 500 Jahre. Sie legen ein breites Straßennetz an, bauen Brücken und eine Stadtmauer, Märkte, Tempel und ein Forum. Aus Lutetia Parisiorum wird Paris, das sich zunächst nach Norden, später auch südlich der Seine um den Inselkern Île de la Cité ausbreitet.

508 n. Chr. Paris wird Königssitz und immer mehr befestigt

508 n. Chr. macht der merowingische, zum Katholizismus bekehrte König Chlodwig Paris zur Hauptstadt seines Frankenreiches. 987 n. Chr. besteigt Hugo Capet den Thron des jungen Königreichs. Seine Hauptstadt Paris wächst rasant schnell. 1163 beginnt der Bau der mächtigen Kathedrale von Notre-Dame. 1253 gründet der Domherr Robert de Sorbon für mittellose Theologiestudenten die spätere Universität Sorbonne (▶ S. 98). Mit 200 000 Menschen ist Paris zu Beginn des 14. Jahrhunderts so dicht besiedelt wie kaum eine andere Stadt in Europa. Es entsteht die Festung

---

5.–3. Jh. v. Chr.
Auf der Île-de-France werden Kelten sesshaft.

52 v. Chr.
Römische Truppen besetzen die keltische Siedlung und bauen sie zu der kleinen Stadt Lutetia Parisiorum aus.

508 n. Chr.
Der merowingische, zum Katholizismus bekehrte König Chlodwig macht Paris zur Hauptstadt seines Frankenreiches.

Louvre, der Grundstein zur Bastille (▶ S. 90) wird gelegt und auf dem linken Seine-Ufer entsteht die Abtei Saint-Germain-des-Prés (▶ S. 114, 167). An der Place des Pyramides nahe den Tuilerien (▶ S. 66), dort, wo heute Reiterin und Pferd in strahlendem Gold weithin leuchten, versucht Jeanne d'Arc (▶ S. 172) in das von den Engländern während des Hundertjährigen Krieges besetzte Paris einzudringen und es zu befreien. Doch vergeblich. Jeanne d'Arc wird verwundet und 1431 wegen Ketzerei auf dem Scheiterhaufen verbrannt. Erst 1437 kann Karl VII. Paris zurückerobern.

16. Jh. Blüte der Künste und Bartholomäusnacht

Vor den Toren von Paris, am Rande eines riesigen Waldgebietes, liegt das prächtige Schloss von Fontainebleau (▶ S. 156). Es geht auf Francois I. (1515–1547) zurück, einen jungen, genießerischen Herrscher, der es liebte, für seine zahlreichen Amouren Schlösser auf dem Land zu bauen. In Paris, das der für alles Italienische empfängliche Monarch zum Zentrum für Wissenschaft, Kunst und Kultur machen will, wandeln die beiden Baukünstler Pierre Lescot und Jean Goujon den frühmittelalterlichen Louvre in ein heiteres Palais um – die sogenannte Cour Carrée ist ein architektonisches Gesamtkunstwerk. Francois I. lässt das Collège de France errichten und den Grundstein für die Kirche St-Eustache (▶ S. 68) legen. 16 öffentliche Pariser Brunnen bekommen Quellwasser, die Straßen Laternen. Die französische Gesellschaft erliegt auch der italienischen Mode, lebt in verschwenderisch ausgestatteten Räumen und feiert nicht enden wollende Feste.

Doch dann ereignet sich im August 1572 das grausige Religionsmassaker der Bartholomäusnacht, in der im ganzen Land 20 000 Hugenotten als »Staatsfeinde« ermordet werden. Friede herrscht erst wieder, als der Bourbonenkönig Heinrich IV. (1589–1610) nach seinem Übertritt zum Katholizismus in Paris einzieht. Seinen politischen Entschluss soll der »gute König« mit den Worten »Paris ist eine Messe

---

10. Jh. / 12. Jh. Die Stadt wird ummauert, gegen Ende des Jahrhunderts unterscheidet man zwischen einem politisch-geistlich bestimmten Viertel (Cité mit der Kathedrale Notre-Dame), einer Bürgerstadt (Ville) und dem Hochschulviertel (Université). Robert de Sorbon gründet ein geistiges Kolleg.

1337 Beginn des Hundertjährigen Krieges. Paris ist in englisch-burgundischer Hand, das französische Königtum verlagert seine Residenzen an die Loire.

Die Dynastien der Karolinger und der Kapetinger bekämpfen sich.

1572 In der Bartholomäusnacht werden Tausende von Hugenotten ermordet.

wert« begründet haben. Ihm verdanken die Pariser zwei wunderschöne Plätze: Place des Vosges (▶ S. 59) und Place Dauphine (▶ S. 151).

17. Jh. Der Sonnenkönig und die Glanzzeit des Absolutismus

»L'Etat c'est moi« – »Ich bin der Staat.« Ludwig XIV. (1643–1715) schafft die Rechte des Klerus, der Fürsten, Gilden und Städte ab und vereint alle Macht in seiner Person. Den Feudaladel verwandelt er in eine Hofaristokratie, die ihren König umkreist. Unter Finanzminister Jean-Baptiste Colbert florieren Außen- und Kolonialpolitik. Frankreich wird zur Zentralmacht, ganz Europa orientiert sich an seiner Kultur. Das Land erlebt sein goldenes Zeitalter, »Le Siècle des Lumières«.

Der Sonnenkönig, »Le Roi Soleil«, ist ein passionierter Bauherr. An Italiens Kunst und Architektur geschult, möchte er Paris zu einem zweiten Rom machen, mit Monumentalbauten im Stil der Renaissance. Charakteristisch dafür: Backsteinfronten, Rundbogenstil, weit gespannte Fassaden und die symmetrische Anlage von Platz und Garten. Der »style Louis XIV« prägt die Hauptstadt, die sich zum intellektuellen Mittelpunkt Europas entwickelt. Der Monarch lässt den Louvre erweitern, die Tuilerien anlegen und für die verwundeten Soldaten seiner zahlreichen Kriege das Hôtel des Invalides mit dem Dom (▶ S. 112) bauen. Ab 1678 verlegt der herrsch- und prunksüchtige Ludwig XIV. seine Residenz nach Versailles, wo er im Laufe der kommenden Jahrzehnte aus dem Jagdschlösschen seines Vaters ein unvergleichlich prächtiges Schloss errichten lässt (▶ S. 158).

14. Juli 1789 Sturm auf die Bastille – Ein Volk begehrt auf

Hunderte Pariser stürmen das verhasste Staatsgefängnis Bastille. Unmut und Unzufriedenheit im Land brechen sich in der Französischen Revolution Bahn. 1792 verkündet die Nationalversammlung die Menschen- und Bürgerrechte, Frankreich wird Republik. 1793 rollen in Paris die Köpfe Ludwig XVI. und seiner Frau Marie Antoinette.

17. Jh. 
Die absolutistischen Herrscher des Grand Siècle fördern die Bautätigkeit ganz erheblich. Ludwig XIV. verlegt seinen Regierungssitz von Paris nach Versailles.

18. Jh.
Die Aufklärung zeigt gesellschaftliche Folgen; das »Ancien Régime« ist dem Untergang geweiht.

17. Juli 1789
Die Französische Revolution beginnt mit dem Sturm auf die Bastille.

Dem königlichen Zentralismus folgt der jakobinische unter Danton und Robespierre. Bis auch deren Köpfe fallen, erlebt Frankreich eine blutige Schreckensherrschaft. Bis ein junger General, Napoleon Bonaparte, 1799 die Macht übernimmt und sich 1804 zum Kaiser der Franzosen macht. Napoleon I. träumt davon, Paris zur »schönsten Stadt der Welt« zu machen. An ihn erinnert der große Triumphbogen in der Mitte des Étoile-Platzes, den er für seine glorreichen Armeen bauen lässt, bevor er nach der Niederlage im belgischen Waterloo 1815 in die Verbannung geschickt wird.

1848 Die Zweite Republik

Jetzt regieren wieder die absolutistischen Könige, als letzter Louis-Philippe von Orléans (1830–48). Unter ihm, dem »Bürgerkönig«, wird das Großbürgertum zur herrschenden Schicht. Doch während in den eleganten Pariser Cafés der französische »esprit« gedeiht, wächst im Industrie- und Fabrikgürtel um die Millionen-Metropole ein unterprivilegiertes Proletariat heran. Die großen Schriftsteller Honoré de Balzac, Victor Hugo und Émile Zola haben das Elend des »petit peuple« an der Pariser Peripherie eindringlich beschrieben.

Soziale Missstände und Widerstand im Volk führen 1848 schließlich zur Revolution. Der »Bürgerkönig« wird gestürzt, die kurzlebige Zweite Republik (bis 1852) ausgerufen. Während des Zweiten Kaiserreichs (1852–70) erhält die Metropole ein neues Gesicht:

1851. Napoleon III. (1808–1873), ein Neffe Bonapartes, beauftragt seinen Präfekten Georges Eugène Haussmann mit einer radikalen Umgestaltung der Hauptstadt, die ihren Charakter bis heute grundlegend bestimmt. Das mittelalterliche Paris, überbevölkert und von Seuchen geplagt, muss dringend saniert werden. Innerhalb der kommenden zwei Jahrzehnte werden rund 20 000 Häuser abgerissen, breite Boulevards, große Plätze und Parks angelegt. Als prunkvolles Zeugnis und architektonischer Höhepunkt des Zweiten Kaiserreichs gilt die Oper von Charles Garnier (1825–1898).

In Frankreich wird die Republik ausgerufen. Ein Jahr darauf werden König Ludwig XVI. und Königin Marie Antoinette hingerichtet.

1792

1799

In einem Staatsstreich ergreift Napoléon Bonaparte die Macht und krönt sich fünf Jahre später zum Kaiser.

1851

Beginn des Zweiten Kaiserreichs unter Napoléon III. Sein Präfekt Eugène Haussmann saniert und modernisiert Paris.

1871

Kapitulation Frankreichs im Deutsch-Französischen Krieg. Niederschlagung der »Pariser Kommune«, Bürgerkrieg, Ausrufung der III. Republik.

1871 Niederlage als Start in die Belle Époque

Frankreichs Kapitulation im Deutsch-Französischen Krieg 1870/71 hat einen blutigen Bürgerkrieg (»Pariser Kommune«) mit schweren Zerstörungen zur Folge. Auch während der III. Republik bleibt die Lage instabil. Dennoch entwickelt die »Hauptstadt des 19. Jh.« gerade in dieser Zeit eine hemmungslose Lust am Feiern und zieht magisch Künstler und Literaten aus dem Ausland an. 1989, anlässlich der Vierten Weltausstellung, errichtet Gustave Eiffel mit dem 312 m hohen Eiffelturm (▶ S. 76) den damals höchsten Turm der Welt, heute ein Wahrzeichen von Paris. Die Belle Époque, wie man diese Ära später nennt, findet ihr Ende mit Ausbruch des Ersten Weltkriegs.

1940 Ein couragierter General verhindert die Zerstörung von Paris

Am 14. Juni 1940 besetzen die Deutschen Paris. »War Paris nicht schön?«, soll Hitler nach einer Fahrt durch das stille, nächtlich erleuchtete Paris gesagt haben. »Aber Berlin muss schöner werden: Ich habe mir früher oft überlegt, ob man Paris nicht zerstören müsse.« Doch Paris geht nicht in Flammen auf. General von Choltitz, dem Hitler befohlen hatte, es zu vernichten, widersetzt sich dem Befehl und unterzeichnet am 25. August 1944 an der Gare Montparnasse die Kapitulation. Einen Tag später trifft General de Gaulle aus London in Paris ein. Im Dezember 1946 wird die Vierte Republik ausgerufen. 1958 wird Charles de Gaulle erster Präsident der V. Republik.

Mai 1968 Revolte in den Straßen

Im Mai 1968 führen Studentenproteste zu Straßenschlachten und erschüttern die Nation, ein Generalstreik legt ganz Frankreich lahm. Nach de Gaulles Rücktritt 1969 wird Georges Pompidou Staatspräsident. Der fortschrittsgläubige Regierungschef gibt das Centre Pompidou-Beaubourg (▶ S. 134) in Auftrag und lässt die Schnellbahn RER bauen. Am meisten aber prägte das städtebauliche Gesicht von Paris der Sozialist François Mitterrand. Zu seinen Großprojekten gehören u. a. die

---

1889 Zur Weltausstellung wird der Eiffelturm gebaut.

1940 Die Deutschen besetzen Paris.

1958 Charles de Gaulle wird erster Präsident der V. Republik.

2010 Ein Land in der Identitätskrise

Im Mai 2010 verabschiedet die französische Regierung unter Nicolas Sarkozy die ambitionierte Gesetzesvorlage »Le Grand Paris«, ein urbanes Konzept, das die Überwindung der Grenze zwischen dem historischen Paris und seinem problematischen Rand zum Ziel hat. International hat Frankreich seine Führungsrolle in Europa verloren und macht eine tiefe Identitätskrise durch. Das Land stellt sich die quälende Frage, wie denn nationale Selbstbehauptung und europäische Integration auf einen Nenner zu bringen seien.

Seit 2012 Der Spagat zwischen Krise und Lebensart

Die innenpolitische Stimmung unter Präsident François Hollande (seit 2012) ist angespannt. Zum einen von starken Gewerkschaften herausgefordert, zum anderen mit der rechtsextremen Front National (FN) konfrontiert, die den Euro abschaffen und Frankreich abschotten möchte, gelingt es den regierenden Sozialisten nicht, das Volk zuversichtlich zu stimmen. Viele Franzosen sehen ihr Land im Niedergang. Sie protestieren gegen die Anhebung des Rentenalters und finden die Reichensteuer von 75 Prozent in Ordnung. Die wenigsten sehen die Notwendigkeit einer Reform- und Sparpolitik ein, und viele wollen nichts davon wissen, dass sie sich der Welt ein bisschen mehr anpassen müssen.

Doch Krise hin, Krise her – mag Frankreich politisch an Macht und Ruhm verloren haben und von Selbstzweifeln geplagt sein: Den Traum von seiner Besonderheit darf es weiterträumen. Denn welche Nation kann sich schon einer so einzigartigen Lebensart rühmen, die man »civilisation française« nennt, jene Mischung aus Kultur und Geschichte, die in der Hauptstadt Paris ihren vollkommenen Ausdruck findet. Mit Spannung wartet Paris nun auf den Augenblick, wo das Prestige-Objekt Philharmonie im Norden der Stadt seine Tor für die Besucher öffnet.

Mai 1968 Studentenrevolte und Generalstreik der Arbeiter.

1981 Präsident François Mitterrand glänzt mit gigantischen Bauprojekten.

2013 Bürgerproteste gegen die sozialdemokratische Politik von Staatspräsident François Hollande.

2014 Eröffnung der Pariser Philharmonie von Jean Nouvel.

Im Fokus
Jeanne d'Arc

Ein Bauernmädchen aus Lothringen folgte seinem »göttlichen Auftrag« und verteidigte das französische Königreich gegen die Engländer. Als Heilige Johanna von Orléans wird sie bis heute als Schutzpatronin und Nationalheldin verehrt.

Hoch zu Ross, das Haupt erhoben, gerüstet wie ein Ritter, das französische Banner in der linken Hand: Spaziergänger, die sich der Place des Pyramides von den Tuilerien-Gärten her nähern, sehen das vergoldete Reiterstandbild der Jeanne d'Arc schon von Weitem leuchten. Hier soll die Lothringer Bauerntochter Johanna versucht haben, mit ihrem Heer nach Paris einzudringen, um es von den englischen Besatzern zu befreien.

KAMPF UM DEN THRON – EIN LAND IN AUFRUHR

1429. Seit fast hundert Jahren tobt ein erbitterter Erbfolgekrieg zwischen Frankreich und dem britischen Inselreich, das Anspruch auf den französischen Thron erhebt. Zwei Dynastien ringen um die Vormachtstellung in Europa. England hat bereits den gesamten Norden Frankreichs besetzt und steht jetzt kurz vor der Eroberung von Orléans. Auch in der Hauptstadt Paris sind bereits heftige soziale Kämpfe ausgebrochen, es wird geplündert und gemordet. Längst schon haben der französische König und

◀ Johanna – die Jungfrau – von Orleans,
hier auf einem Gemälde von Lionel Royer.

sein Hofstaat ihre Residenz auf der Cité-Insel verlassen und sind in ihr Schloss Chinon an der Loire geflüchtet. Die politische Situation im Land ist ausgesprochen heikel.

BAUERNTOCHTER HÖRT HIMMLISCHE STIMMEN

Um diese Zeit ist Jeanne gerade einmal 17 Jahre alt. 1412 in dem kleinen lothringischen Dorf Domrémy-la-Pucelle als Tochter des begüterten Bauern Jacques Darc geboren, kann sie weder lesen noch schreiben. Doch sie ist außergewöhnlich redegewandt, leidenschaftlich fromm und hat einen ausgeprägten Sinn für Gerechtigkeit. Seit ihrem 13. Lebensjahr hört das Mädchen wiederholt Stimmen Heiliger und himmlischer Engel. Jeanne erzählt ihren Eltern von ihren Visionen. Die reagieren erschrocken, befürchten einen Pakt mit dem Teufel. Eine Zwangsverheiratung der jungen Frau soll Rettung bringen.

Doch die Eingebungen reißen nicht ab: »Leiste Widerstand!«, fordern die göttlichen Botschaften das junge Mädchen auf. »Befreie dein Vaterland von den Engländern! Sorge dafür, dass der Dauphin offiziell zum französischen König gekrönt wird!« Entschlossen, diesen Stimmen zu folgen und sich den väterlichen Forderungen nicht zu beugen, entflieht Jeanne ihrem Zuhause. Ihr Ziel ist die nahe gelegene Festung Vaucouleurs. Dort bedrängt sie den zuständigen Stadtkommandanten, ihr eine Eskorte bereit zu stellen. So will sie zu Charles VII. nach Chinon aufbrechen und dafür kämpfen, dass der von seinem Vater enterbte Dauphin seinen rechtmäßigen Platz auf dem Thron erhält. Wie ein Lauffeuer hat sich die bevorstehende Ankunft der jungen Gottgesandten im Schloss herumgesprochen. Dem Dauphin ist die Angelegenheit unheimlich. Was will diese Bauernmagd, die sich als Heilige ausgibt? »Ich heiße Johanna, die Jungfrau«, stellt sich das kleine, knabenhaft wirkende Mädchen mit dem kurzen Haar dem Prinzen vor.

JOHANNA FÜHRT CHARLES VII. ZUR KRÖNUNG

Drei Wochen vergehen, bis Jeanne den Dauphin von ihrem göttlichen Auftrag überzeugen und den Kronrat für ihre Pläne gewinnen kann. Man gibt ihr Männerkleidung, eine Rüstung und ein weißes Banner. Zusammen mit einer Truppe von Soldaten soll sie Hilfsgüter in das umlagerte Orléans bringen. Bei ihrer Ankunft Ende April 1429, findet sie ein kriegs-

müdes französisches Heer vor. Mit flammenden Reden ruft sie es zum Widerstand auf, reitet am 7. Mai an seiner Spitze den Engländern entgegen und kann Orléans befreien.
Ein Sieg, der eine entscheidende Wendung im Hundertjährigen Krieg bringt. Mit den Worten »Von jetzt an sei das französische Königreich Euer« führt die junge Kriegerin König Charles VII. im Juli 1429 zur Krönung in die Kathedrale von Reims, Urstätte der französischen Monarchie. Der Maler Jean-Auguste Dominique Ingres hat die Zeremonie auf einem Gemälde festgehalten. Es hängt im Louvre (▶ S. 64) und zeigt das tapfere Mädchen in Ritterrüstung als Heilige: Jeanne d'Arc steht neben dem Altar, das französische Banner in der rechten Hand, den Blick zum Himmel gerichtet. Ein Leuchten liegt auf ihrem Gesicht.

ALS KETZERIN AUF DEM SCHEITERHAUFEN

Englands Hoffnung auf Frankreichs Thron ist nun zerschlagen. Charles VII. möchte den Krieg gegen das Inselreich nicht länger fortsetzen, aber Jeanne d'Arc lässt nicht locker. Sie will unbedingt auch noch Paris befreien. Nur widerwillig stellt der König ihr eine Truppe zur Seite. Nachdem ihr die Befreiung von Paris nicht gelingt, greift sie ohne königlichen Auftrag und Beistand auf eigene Faust dennoch englische Truppen bei Compiègne an und wird im Mai 1430 gefangen genommen.
Eine gefährliche Ketzerin! Die Engländerin liefern sie an die Inquisition aus. Eine Frau, die Männerkleidung trägt und glaubt, nur Gott allein und nicht der Kirche gegenüber verantwortlich zu sein. Die katholische Kirche ist entrüstet. Ein langer Inquisitionsprozess gegen Jeanne d'Arc beginnt. Im Mai 1431 wird ihr Todesurteil gefällt. Natürlich hat das Mädchen Angst. Jeanne gesteht, sie habe gesündigt, und wird daraufhin zu lebenslanger Haft begnadigt. Doch dann widerruft sie ihr Geständnis und vertraut ihrem Beichtvater an, sie hoffe auf göttliche Rettung. Aber die kommt nicht. Dafür schicken die Engländer sie Ende Mai als rückfällige Ketzerin im weißen Büßerhemd auf den Scheiterhaufen. Als die Flammen auflodern, bittet Jeanne um ein Kreuz, woraufhin ihr ein Priester ein Kruzifix aus einer nahe gelegenen Kirche gereicht haben soll.

SCHUTZPATRONIN, NATIONALHELDIN UND FILMSTAR

Nach dem grauenvollen Tod ihrer Tochter strengt die Mutter einen Rehabilitierungsprozess für Jeanne d'Arc an. Das Verfahren zieht sich über 24 Jahre und die Mutter ist längst gestorben, als König Charles VII. schließlich seine Einwilligung gibt. Doch noch sechs weitere Jahre sollen vergehen, bis Jeanne d'Arc freigesprochen wird, und bis zu ihrer Seligsprechung sind es noch einmal ganze 500 Jahre. 1920 spricht Papst Benedikt XV. sie schließlich heilig und erklärt sie zur zweiten Schutzpatronin und Nationalheldin Frankreichs. Als aufrechte Patriotin und Heldin aus dem Volk wird Jeanne d'Arc bis heute verehrt, speziell von der französischen Rechten um Marine Le Pen und ihren Vater Jean-Marie.

Leben und Taten der legendenumwobenen Jeanne d'Arc haben vielen großen Künstlern aus Frankreich und anderen Ländern reichlich Stoff geliefert. Voltaire verewigte sie 1755 in seinem Erzählgedicht »La pucelle d'Orléans«, Friedrich von Schiller schrieb 1801 das Drama »Die Jungfrau von Orléans«, George Bernhard Shaw 1923 »Saint Joan« und 2006 erschien der Roman »Johanna« der deutschen Autorin Felicitas Hoppe. Über 40 Filme sind über sie gedreht worden. 1957 kam Otto Premingers »Jeanne d'Arc« mit dem amerikanischen Twen Jean Seberg als Johanna in die Kinos. 1999 ließ Luc Besson mit hohem technischen Aufwand »seine« Johanna in die Schlacht ziehen, gespielt von Milla Jovovich, und zwei Jahre darauf verfielen Millionen Amerikaner einem TV-Vierteiler über das Schicksal der Jeanne d'Arc.

NUR NOCH HAUT UND KNOCHEN

Die vermeintlichen sterblichen Überreste der französischen Nationalheldin, die auf dem Scheiterhaufen verbrannt worden war, hatte man 1867 in einem Glas auf dem Dachboden einer Pariser Apotheke gefunden – darunter eine menschliche Rippe, ein Katzenknochen und verkohltes Holz. Ein Vermerk gab den Fundort der Stücke mit »Scheiterhaufen der Jeanne d'Arc« an. Die katholische Kirche beglaubigte die Echtheit der Knochen, später gelangten sie in den Besitz des Bistums von Tours und wurden im Museum von Chinon in einem Schrein ausgestellt.

Mit Erlaubnis der katholischen Kirche unterzog ein Forscherteam um den französischen Mediziner Philippe Charlier vor ein paar Jahren die angeblichen Knochen und Hautfetzen der Jeanne d'Arc einer umfangreichen forensischen Analyse. Führende Spezialisten der Pariser Parfümhäuser Guerlain und Patou halfen außerdem bei einer Geruchsanalyse des Schreins. Die professionellen »Nasen« machten an den Knochen unter anderem den Geruch von Vanille aus. Doch der, so heißt es, werde beim Verwesungsprozess von Leichen freigesetzt, nicht aber bei Verbrennung. Charliers Untersuchungen zufolge stammen die Überreste von einer ägyptischen Mumie aus dem 3. bis 6. Jh. vor Christus. Es bleibt also weiterhin Raum für Spekulationen.

KULINARISCHES LEXIKON

A

agneau – Lamm
aïl – Knoblauch
andouille – Schweinswurst aus Kutteln
andouillette – Wurstspezialität aus sauberst gewaschenen Därmen
asperge – Spargel

B

beurre – Butter
bière blonde (noire) – helles (dunkles) Bier
bleu – blau – bei Fleisch so viel wie »englisch« gebraten
bœuf – Ochse oder Rind
boisson – Getränk
bouillabaisse – Fischsuppe (auch, anders zubereitet: bourride)

C

canard – Ente
carte – Speisekarte
– du jour – Tageskarte
– des vins – Weinkarte
cassoulet – Eintopf aus weißen Bohnen mit Gänsefleisch
charcuterie – Wurstaufschnitt
chèvre – Ziege, Ziegenkäse
choucroute – Sauerkraut
coquilles, coquillages – Muscheln
côte – Rippenstück
– d'agneau – Lammkotelett
– de veau – Kalbskotelett
crevettes – Garnelen
croque-monsieur – getoastetes Käse-Schinken-Sandwich
crudités – Rohkostsalate
crustacés – Krustentiere

D

dégustation gratuite – kostenloser Probeausschank (Weinprobe)
doux, douce – süß

E

eau – Wasser
– gazeuse – Selterswasser
– minérale – Mineralwasser
– de vie – Branntwein (klare Schnäpse)
écrevisses – Krebse
entrecôte – Zwischenrippenstück
entrée – Vorspeise
épinards – Spinat
escalope – Schnitzel
escargots – Weinbergschnecken

F

faux-filet – Lendenstück vom Rind
foie – Leber
– gras – Stopfleber
– d'oie – Gänseleber
fromage – Käse
fruits – Früchte, Obst

G

gâteau – Kuchen
gaufrettes – Waffeln
glace – Eis
grillades – Gegrilltes

H

haricots verts – grüne Bohnen
herbes de Provence – Kräuter der Provence
homard – Hummer
hors-d'œuvre – Vorspeise
huîtres – Austern

J

jambon – Schinken
jus – Saft

L

lait – Milch
– entier: Vollmilch
langoustine – kleiner Panzerkrebs
légumes – Gemüse
lentilles – Linsen

M

magret, maigret: Entenbrust
meunière (à la) – Müllerin Art
miel – Honig
moules – Muscheln
– marinières – Muscheln in Weinsud
moutarde – Senf (Mostrich)
mouton – Hammel, Schaf

P

pain – Brot
petit déjeuner – Frühstück
petit pois – Erbsen
plat du jour – Tagesgericht
poire – Birne (auch Birnenschnaps)
poisson – Fisch
poivre – Pfeffer
pomme – Apfel
pommes de terre – Kartoffeln
porc – Schwein
potage – Suppe
poulet – Brathähnchen

R

ratatouille – gemischtes Gemüse
recommandé – empfohlen

S

salade: Salat
salé – gesalzen
saignant – »englisch« gebraten
saucisson – Schnitt- oder Brühwurst
saumon – Lachs
sauté – geschmort
sel – Salz
service (non) compris – Bedienung (nicht) inbegriffen
sole – Seezunge
soupe – Suppe
steak au poivre – Pfeffersteak
sucre – Zucker (sucré – gesüßt)

T

tapenade – Paste aus Oliven, Kapern und Anchovis
tarte – Obstkuchen
tartelette – Törtchen
tendre – zart, mürbe
terrine – Schüssel
– maison – Topfpastete nach Art des Hauses
thé – Tee
thon – Thunfisch
tout compris – alles im Preis inbegriffen
tranche – Schnitte, Scheibe
truite – Forelle

V

veau – Kalb, Fleisch vom Kalb
velouté – gebundene Suppe, Cremesuppe
viande(s) – Fleisch
– blanc – Weißwein
– mousseux – Schaumwein
– nouveau – junger Wein, Federweißer
– de pays – Landwein
– rouge – Rotwein
– de table – Tischwein
vinaigre – Essig
volaille – Geflügel

Y

yaourt – Joghurt

SERVICE

Anreise und Ankunft
MIT DEM AUTO

Reisende aus dem Norden nehmen die Autobahn über Aachen und Belgien, aus dem Süden kommend fährt man über Metz und Reims. In Frankreich ist die Autobahn gebührenpflichtig (»péage«). Gleich hinter der Grenze weist eine Tafel auf die zugelassene Höchstgeschwindigkeit auf französischen Autobahnen hin: 130 km/h. Die Geschwindigkeitsbegrenzungen auf anderen Straßen sind 110km/h auf Straßen mit zwei Fahrspuren in eine Richtung, 90 km/h auf National – und Départementstraßen, 50 km/h in Ortschaften.

Auf der Stadtautobahn rund um Paris ist die Geschwindigkeit auf 80 km/h begrenzt. Es ist nahezu aussichtslos, in der Stadt einen Parkplatz zu finden. Lassen Sie also Ihren Wagen am besten in einer der zahlreichen Parkgaragen stehen. Vor Antritt der Reise kann man via Internet (www.parkingsdeparis.de) einen Garagenplatz reservieren. Ein Tipp: Kommen Sie möglichst nicht erst spät nachts in Paris an – es kann dann passieren, dass Sie vor verschlossenen Toren stehen.

Wichtig: Seit Juli 2012 ist es in Frankreich Pflicht, eine Warnweste und einen Alkoholschnelltester (erhältlich in Apotheken) im Wagen zu haben.

MIT DEM ZUG

Reisende aus Norddeutschland kommen an der Gare du Nord an, Züge aus Süddeutschland, der Schweiz und Österreich enden an der Gare de l'Est bzw. Gare de Lyon. Seit Juni 2007 verkehren Hochgeschwindigkeitszüge (ICE und TGV) der Deutschen Bahn (DB) und der französischen Staatsbahn (SNCF) zwischen deutschen Städten wie München, Stuttgart oder Frankfurt und Paris. Von Köln aus nimmt man am besten den Hochgeschwindigkeitszug Thalys, der über Brüssel nach Paris fährt.

MIT DEM FLUGZEUG

Flüge nach Paris werden mehrmals täglich von Lufthansa und Air France ab vielen deutschen Flughäfen angeboten. Die Maschinen kommen auf den Flughäfen Roissy-Charles de Gaulle 23 km nordwestlich von Paris und Orly im Süden an. Erkundigen Sie sich unbedingt rechtzeitig, von welchem Terminal (Charles de Gaulle 1 oder 2) und Bereich (A bis D am Terminal 2) Ihr Rückflug geht!

Es gibt mehrere Möglichkeiten, um vom Flughafen in die Pariser Innenstadt zu gelangen, etwa mit den RER-Vorortzügen Roissy-Rail und Orly-Rail, die alle 15 Minuten ins Zentrum fahren. Beide RER-Bahnhöfe sind kostenlos mit Pendelbussen zu erreichen. Busse der Air France fahren alle 20 Minuten von Roissy-Charles de Gaulle bis zum Air Terminal Porte Maillot (Fahrzeit etwa 40 Minuten) und alle 15 Minuten von Orly zum Air Terminal Invalides (Fahrzeit etwa 30 Minuten).

Die Taxifahrt vom Flughafen in die Innenstadt dauert je nach Tageszeit 45 bis 90 Minuten. Man muss allerdings mit einem Fahrpreis zwischen 60 und 70 € rechnen. Auf www.atmosfair.de und www.myclimate.org kann jeder Reisende durch eine Spende für Klimaschutzprojekte für die CO_2-Emission seines Fluges aufkommen.

Auskunft
IN DEUTSCHLAND, ÖSTERREICH, SCHWEIZ

Atout France (Französische Zentrale für Tourismus)
– Deutschland: Postfach 100128, 60001 Frankfurt am Main | Fax 0 69/74 55 56 | info.de@rendezvousenfrance.com | de.rendezvousenfrance.com – Österreich: Tel. 00 43/1/5 03 28 92 | info.at@rendezvousenfrance.com | at.rendezvousenfrance.com
– Schweiz: info.ch@rendezvousenfrance.com | ch.rendezvousenfrance.com/

IN PARIS

Office du Tourisme de Paris
de.parisinfo.com – Opéra | 25, rue des Pyramides | Métro: Pyramides | Tel. 08/92 68 30 00 | Juni–Okt. tgl. 9–19, Nov.–Mai Mo–Sa 10–19, So, feiertags 11–19 Uhr
– Gare de Lyon | 20, bd. Diderot | Métro: Gare de Lyon | Mo–Sa 8–18 Uhr –
Gare du Nord | 18, rue de Dunkerque | Métro: Gare du Nord | tgl. 8–18 Uhr
– Montmartre | 21, pl. du Tertre | Métro: Abbesses | tgl. 10–19 Uhr

Buchtipps

Mary E. Haight: Spaziergänge durch Gertrude Steins Paris (Arche, 2008) Die amerikanische Schriftstellerin Mary Ellen Jordan Haight führt auf fünf Spaziergängen durch das Paris der Rive Gauche. Das Buch ist ein Reiseführer zu den berühmten Wohnungen, Cafés und Ateliers der literarischen und künstlerischen Avantgarde am linken Seine-Ufer zwischen 1900 und 1940.

Thankmar von Münchhausen: Paris – Geschichte einer Stadt (DVA, 2007) Der profilierte Frankreich-Kenner und Paris-Liebhaber Thankmar von Münchhausen erweckt in seinem Buch über 200 Jahre Pariser Geschichte zum Leben: Ein Standardwerk für all jene, die sich ernsthaft für Paris interessieren und in die Zeit zwischen 1800 und heute eintauchen wollen.

Ernest Hemingway: Paris – ein Fest fürs Leben (Hörbuch, 4 CDs, Patmos, 2007) »Wenn du das Glück hattest, als junger Mensch in Paris zu leben...« In seinen Erinnerungen an die Jahre 1921 bis 1926 in Paris erzählt der amerikanische Schriftsteller von dieser hochgestimmten Zeit.

Victor Hugo: Der Glöckner von Notre-Dame (z. B. Fischer, 2012) In seinem historischen Roman, der 1482 spielt, belebt Victor Hugo die Welt des mittelalterlichen Paris wieder. Mittelpunkt des Geschehens ist die mächtige Kathedrale Notre-Dame, die Handlung kreist um die junge schöne Bettlerin Esmeralda, die mit märchenhafter Grazie auf dem Platz vor Notre-Dame tanzt, und den verwachsenen, tauben Glöckner Quasimodo.

Diplomatische Vertretungen
Botschaft der Bundesrepublik Deutschland
Étoile | 13–15, av. Franklin D. Roosevelt | Métro: Franklin D. Roosevelt | Tel. 01/53 83 45 00 | Mo–Fr 9–12 Uhr

Botschaft der Republik Österreich
Invalides | 6, rue Fabert | Métro: Invalides | Tel. 01/40 63 30 63

Schweizer Botschaft
Invalides | 142, rue de Grenelle | Métro: Invalides | Tel. 01/49 55 67 00 (Parteiverkehr nur nach telefonischer Anmeldung

Feiertage
1. Januar Jour de l'an (Neujahr)
Pâques (Ostersonntag und -montag)
1. Mai Fête du Travail (Tag der Arbeit)
8. Mai (Fête de la Victoire) (Tag der Befreiung 1945)
Ascension (Christi Himmelfahrt)
Pentecôte (Pfingsten)
14. Juli Fête nationale (Nationalfeiertag)
15. August Assomption (Maria Himmelfahrt)
1. November Toussaint (Allerheiligen)
11. November Armistice 1918 (Waffenstillstand 1918)
25./26. Dezember Noël (Weihnachten)

Geld
In Frankreich gilt der Euro. Kreditkarten sind im ganzen Land gebräuchlich. Bargeld ist für den Kaffee an der Bar und andere Kleinigkeiten aber unerlässlich. Am Automaten hebt man mit der EC-Karte wesentlich günstiger ab. Die meisten Banken haben Mo–Fr 9–16.30 Uhr geöffnet.

Links und Apps
LINKS
www.parisinfo.com
Die offizielle Internetseite des Pariser Tourismusbüros (»office du tourisme«) informiert über Hotels, Restaurants und kulturelle Events.
www.parissi.com
Aktuelle Informationen über Filme, Theater, Konzerte und vor allem auch Tipps zu angesagten Nachtclubs und Diskotheken.
www.culture.fr
Hier finden Sie alles rund um das Thema Kultur in der Stadt: Ausstellungen, Theater, Konzerte und mehr.
www.timeout.com
Das englischsprachige, in London erscheinende Magazin »timeout« gibt auch für Paris aktuelle Tipps und informiert über neue Trends.
www.ratp.com
Alles über das Pariser öffentliche Verkehrssystem (Métro, Busse, RER und Straßenbahn) und seine Nutzung.
www.pagesjaunes.fr
Die Pariser Gelben Seiten – Karten, Fotos, alle nur denkbaren Adressen in der Stadt.
www.velib.paris.fr
Beantwortet alle Fragen zum Thema Fahrradverleih in Paris

APPS
Louvre
Hier finden Sie alles, was man über das größte Kunstmuseum der Welt wissen muss, bevor man es betritt (für Android und iPhone, kostenlos).
Vélib
Wo in Paris stehen Fahrräder bereit? Hier gibt es die Antwort (für Android und iPhone, kostenlos)

Medizinische Versorgung
KRANKENVERSICHERUNG

Die Vorlage einer Europäischen Krankenversicherungskarte (EHIC) ist ausreichend. Als zusätzlicher Versicherungsschutz empfiehlt sich der Abschluss einer Auslandskrankenversicherung, da diese neben der Behandlung auch Krankenrücktransporte mitversichert.

KRANKENHAUS
Les Champs
Étoile | 84, av. des Champs-Élysées | Métro: Georges V | Tel. 01/42 25 49 95

APOTHEKE
Pharmacie Européenne de la Place de Clichy
Pigalle | 6, pl. de Clichy | Métro: Place de Clichy | Tel. 01/48 74 65 18 | tgl. 24 Std.

Nebenkosten
Grundsätzlich gilt: Wenn Sie im Café oder im Tabakladen (»bar-tabac«) Ihren Kaffee »exprès« – also an der Theke – trinken, zahlen Sie weniger.

1 Tasse Kaffee .... 2,50–6,00 €
1 Glas Wein .... 5,00–8,00 €
1 Glas Cola .... 5,00 €
1 Baguette .... 0,95 €
1 Schachtel Zigaretten ..... 6,10–6,60 €
1 Liter Normal-Benzin ..... 1,50–1,60 €
1 Métro-Fahrschein (Einzelfahrt) 1,70 €
Mietwagen/Tag .... ab 70,00 €

Notruf
Polizei Tel. 17
Ambulanz (SAMU) Tel. 15
Euronotruf (vom Handy) Tel. 112
(Polizei, Feuerwehr, Rettungsdienst)

Paris Museum Pass
Der Paris Museum Pass (39 € für zwei, 54 € für vier, 69 € für sechs Tage) gewährt freien Eintritt in über 60 Museen und Sehenswürdigkeiten (z. B. Arc de Triomphe, Musée du Louvre, Musée Picasso), und Sie müssen sich nicht in der Schlange anstellen. Der Pass ist in fast allen Museen und Métrostationen sowie online erhältlich und lohnt sich bei etwas längeren Besuchen allemal.
www.parismuseumpass.com

Post
Briefmarken erhält man in allen Tabakläden und Postfilialen. Eine Postkarte nach Deutschland, Österreich und in die Schweiz kostet 0,80 €. Die Postämter haben Mo–Fr 8–19, Sa 8–12 Uhr geöffnet. Rund um die Uhr und auch am Sonntag ist das Hauptpostamt in 52, rue du Louvre (Métro: Les Halles) geöffnet.

Rauchen
Rauchverbot in öffentlichen Gebäuden, Büros, Restaurants, Bars, Cafés.

Reisedokumente
Deutsche, Österreicher und Schweizer reisen mit gültigem Reisepass oder Personalausweis (Identitätskarte, »carte d'identité«) nach Frankreich ein. Kinder unter 16 Jahren müssen im Pass eines Elternteils eingetragen sein oder benötigen einen Kinderausweis.

Reiseknigge
Restaurant
In guten Lokalen sollten Sie unbedingt reservieren! Die Gäste warten, bis der Oberkellner (»maître d'hotel«) sie begrüßt und zum Tisch führt.

Trinkgeld

»Service compris« steht auf dem Kassenzettel und bedeutet, dass das Trinkgeld inbegriffen ist. Möchte der Gast die Bedienung honorieren, dankt er mit einem zusätzlichen Trinkgeld von ca. 5 Prozent.

Reisezeit

Im Mai, wenn das Wetter schon angenehm warm ist, wenig Regen fällt und die Touristenbusse die Seine-Metropole noch nicht erobert haben, ist es in Paris am schönsten. Für Theater- und Konzertliebhaber ist der Herbst wegen der vielen Neuinszenierungen und musikalischen Events interessant.

Sicherheit

Achtung Taschendiebe: Dichtes Gedränge in den Bussen oder in der Métro nehmen Diebe gern zum Anlass, gut »erreichbare« Handtaschen zu öffnen, ohne dass man's merkt. Es ist wirklich Vorsicht angeraten!

Stadtrundfahrten

Cityrama

In bequemen Bussen quer durch Paris. Auch private Touren.
Opéra | 4, pl des Pyramides | Métro: Palais Royal | Tel. 01/42 66 56 56 | www.pariscityrama.com | 1,5 Stunden-Tour 20 €

Les Cars Rouges

Bei diesen zweistündigen Touren in roten Doppeldeckerbussen kann man an verschiedenen Sehenswürdigkeiten aus- und später wieder zusteigen.
Trocadéro | Abfahrt Pl. du Trocadéro/ Av. P. Doumer | Metro: Trocadéro | www.lescarsrouges.com | tgl. 9.30–16.05 Uhr | Ticket 26 €, erm. 13 €

PARISER KANALFAHRTEN

Canauxrama

Vom Yachthafen des Port de l'Arsénal an der Bastille schippert man durch unterirdische Gewölbe und die Schleusen des Canal Saint-Martin zum Parc de la Villette (Cité des Sciences, Kino La Géode, Cité de la musique). Auch Themenfahrten. Musik, Animation. Bitte unbedingt reservieren!
La Villette | Anlegestelle Bassin de la Villette | 13, quai de la Loire | Métro: Jean-Jaurès | Tel. 01/42 39 15 00 | www.canauxrama.com | Ticket 16 €, Kinder unter 12 Jahren 8,50 €, unter 4 Jahren frei

Klima (Mittelwerte)

	Januar	Februar	März	April	Mai	Juni	Juli	August	September	Oktober	November	Dezember
Tagestemperatur	6	7	12	16	20	20	25	24	21	16	10	17
Nachttemperatur	1	1	4	6	10	13	15	14	12	7	5	9
Sonnenstunden	2	3	5	7	7	7	7	7	6	4	2	6
Regentage pro Monat	17	14	12	13	12	12	12	13	13	13	15	5

Paris Canal

Hier erleben Sie malerische Entdeckungstouren durch das alte Paris auf Kanälen wie Canal Saint-Martin und Canal Saint-Denis. Reservierung ist dringend erforderlich!

La Villette | Bassin de la Villette | 19–21, quai de la Loire | Métro: Jean-Jaurès | Tel. 01/42 40 96 97 | www.pariscanal.com | Ticket ab 23 €

SEINE-TOUREN

In etwa 95 Min. geht es vorbei an den wichtigsten Sehenswürdigkeiten der Stadt. Auch abends, wahlweise mit Abendessen, möglich.

Batobus Paris

Der »Schiffsbus« pendelt im 15- bis 25-Minuten-Takt auf der Seine zu acht Anlegestellen: Eiffelturm, Champs-Élysées, Musée d'Orsay, Louvre, Saint-Germain-des-Prés, Notre-Dame, Hôtel de Ville und Jardin des Plantes.

Champs de Mars | Port de la Bourdonnais | linkes Seine-Ufer | Métro: Bir Hakeim | www.batobus.com | Ticket 15 €, erm. 9 €

Les Vedettes de Paris

Klassische Bootstouren auf der Seine. Auch Restauration.

Champs-de-Mars | Eiffelturm, linkes Seine-Ufer am Pont d'Iéna | Métro: Bir-Hakeim, Iéna (b4) | Ticket 11 €, ermäßigt 5 €, Kinder unter vier Jahren frei

Telefon

VORWAHLEN

D, A, CH ▶ Frankreich 00 33
Frankreich ▶ D 00 49
Frankreich ▶ A 00 43
Frankreich ▶ CH 00 41

Telefonzellen funktionieren fast ausschließlich mit Telefonkarten. Solche »télécartes« gibt es im Postamt oder im »tabac«.

Theaterkarten

Karten fürs Theater und andere Kultur-Events gibt's in großen Kaufhäusern oder bei den Vorverkaufsstellen der Multimedia-Läden der Fnac im Forum des Halles und in Montparnasse. Oder im Internet unter www.fnacspectacles.com, wo Sie auch Karten für Konzerte, Museen, Sportveranstaltungen und mehr kaufen können.

Kiosque-Théâtre

Hier gibt es für denselben Tag Restkarten – und das zum halben Preis.

Madeleine | 15, pl. de la Madeleine | Madeleine | Di–Sa 12.30–19.45, So 12.30–15.45 Uhr

Verkehr

AUTO

Wenn Sie Paris mit dem eigenen Wagen ansteuern: Vorsicht auf dem Boulevard Périphérique, der Ringautobahn, die um Paris herumführt: Das von rechts einfahrende Fahrzeug hat gegenüber dem auf der äußeren rechten Spur ankommenden Vorfahrt! Die Bezeichnung »stationnement génant« bedeutet, dass Ihr Auto hier auf keinen Fall geparkt werden darf – es wird sonst abgeschleppt.

ÖFFENTLICHE VERKEHRSMITTEL

Die Métro ist billig und schnell. Wer die Stadt besser kennenlernen möchte, nimmt den Bus! Besser als ein Einzelfahrschein (1,70 €) ist ein »carnet«, eine Zehnerkarte (13,30 €). Kinder bis zwölf

Jahre zahlen den halben Preis, unter vier Jahren ist die Fahrt gratis. Eine Zehnerkarte erhält man an allen Stationen und in den mit »bar-tabac« bezeichneten Cafés. Das Ticket wird vor Fahrtantritt an den Sperren entwertet. Reisenden, die länger bleiben, seien die Wochenkarte NaviGo (19,80 €) oder die Monatskarte NaviGo (65,10 €) empfohlen. Dafür ist ein Passfoto erforderlich. Interessant sind auch der Tagesfahrschein Mobilis (6,60 €) und die Touristenkarte Paris Visite (3 Zonen, 3 Tage 23,40 €, 5 Tage 33,70 €).

TAXIS
Tel. 01/41 50 42 50
Tel. 01/45 85 85 85

Zeitschriften/Zeitungen

Die Veranstaltungshefte Pariscope und L'Officiel des Spectacles informieren einmal wöchentlich (Erscheinungstermin: Mittwoch) über alles, was sich in der Stadt tut. Paris Capitale ist ein monatlich erscheinendes Magazin, das über die neuesten Restaurants, Läden und Events in der Hauptstadt berichtet.

Zoll

Reisende aus Deutschland und Österreich dürfen Waren abgabenfrei mit nach Hause nehmen, wenn diese für den privaten Gebrauch bestimmt sind. Bestimmte Richtmengen sollten jedoch nicht überschritten werden (z. B. 800 Zigaretten, 90 l Wein, 10 kg Kaffee). Weitere Auskünfte unter www.zoll.de und www.bmf.gv.at/zoll. Reisende aus der Schweiz dürfen Waren im Wert von 300 SFr abgabenfrei mit nach Hause nehmen, wenn diese für den privaten Gebrauch bestimmt sind. Tabakwaren und Alkohol fallen nicht unter diese Wertgrenze und bleiben in bestimmten Mengen abgabenfrei (z. B. 200 Zigaretten, 2 l Wein). Weitere Auskünfte unter www.zoll.ch.

Entfernungen (in Minuten) zwischen wichtigen Orten
*mit öffentlichen Verkehrsmitteln

	Arc de Triomphe	Bastille	Cent. Pompidou	Cim. Lachaise	La Défense	Eiffelturm	Louvre	Notre-Dame	Sacré-Cœur	Ste-Chapelle
Arc de Triomphe	–	20*	16*	25*	12*	10*	12*	20*	18*	20*
Bastille	20*	–	6*	15*	21*	30*	8*	14*	26*	12*
Cent. Pompidou	16*	6*	–	18*	28*	25*	20	20	18*	20
Cim. Lachaise	25*	15*	18*	–	25*	30*	23*	22*	13*	15*
La Défense	12*	21*	28*	25*	–	16*	17*	25*	20*	21*
Eiffelturm	10*	30*	25*	30*	16*	–	18*	20*	22*	18*
Louvre	12*	8*	20	23*	17*	18*	–	35	22*	25
Notre-Dame	20*	14*	20	22*	25*	20*	35	–	18*	8
Sacré-Cœur	18*	26*	18*	13*	20*	22*	22*	18*	–	17*
Ste-Chapelle	20*	12*	20	15*	21*	18*	25	8	17*	–

Lust auf noch mehr unvergessliche
Momente?

ZYPERN

IMMER DABEI — *Mit Folkloris zum Herausnehmen*
MITTENDRIN — *Die schönsten Urlaubsregionen erleben*
MERIAN MOMENTE — *Das kleine Glück auf Reisen*

NEU!

Für die ganz persönlichen und unbezahlbaren Momente
unterwegs: Erleben Sie die neue Reihe MERIAN *momente*
für Reisen mit viel Gefühl und allen Sinnen!

MERIAN *momente*. Für die besonderen Momente auf Reisen

MERIAN
Die Lust am Reisen

ORTS- UND SACHREGISTER

Wird ein Begriff mehrfach aufgeführt,
verweist die **fett** gedruckte Zahl auf die Hauptnennung.
Abkürzungen: Hotel [H] · Restaurant [R]

L'**A**bbaye [H] 23
Agnès B. 72
Air de Paris 140
Ambassade d'Auvergne [R] 61
L' Ami Louis 52
Les Amis de la Nature 33
Anreise und Ankunft 178
Arc de Triomphe [MERIAN TopTen] 10, **75**
Arc de Triomphe du Carrousel 11, **66,** 152
Arènes de Lutèce 100
L' Arpège [R] 78
Artcurial 140
Assemblée Nationale 112
L' Atelier de Jean-François Millet 157
Au Bon Acceuil [R] 79
Auf einen Blick 164
Auskunft 179

La **B**agatelle [Rosengarten] [MERIAN Momente] **15,** 126
Baker, Josephine 14, 39, 40, 87, 100
Le Balajo 40
Le Balzar [R] 104
Bar Lutetia 40, 118
Barbizon 156, 157
Bastille 39, 40, **90,** 167, **168**

Bateau El Alamein [MERIAN Momente] **15,** 105
Beaubourg 54
Le Bélier [R] 115
Belleville **91,** 92, 96
Benoît [R] 61
Berthillon [R] **61,** 147
Bevölkerung 164
Bibliothèque Nationale François Mitterrand **100,** 123
Bofinger [R] 27, 91, 95
Bois de Boulogne 92, 125
Bois de Vincennes 97, 125, **126**
Le Bon Marché 35
Bootsfahrt auf der Seine 49, 183
Bouffes Parisiens 73
Boule spielen in den Tuilerien 13, 66
Boulevard Saint-Michel **99,** 108
Bouquinisten 126
Bread and Roses [R] 31
Buchtipps 179
Buttes Chaumont 92

Café de Flore [R] 27
Café Français **18,** 96
Café Marly [R] 152
Canal Saint-Martin **94,** 182, 183

Caron de Beaumarchais [H] 23
Cartoucherie de Vincennes **97,** 126
Centquatre 126
Centre Pompidou-Beaubourg 56, **134,** 170
Champs-Élysées 17, 35, 43, 44, **74,** 153
Chantairelle [R] 104
Chantal Crousel 140
Chartier [R] 86
Chartres 160
Chez Georges [R] 68
Chillen am Strand 12, 61
Chinatown 127
Le Chocolat d'Alain Ducasse 47
Christian Louboutin 72
Cimetière de Montmartre 84
Cimetière du Montparnasse 112
Cimetière du Père Lachaise [MERIAN Momente] 14, **94,** 148
Cinéaqua 33
Cinéma du Panthéon 105
Cinémathèque Française 40
Cité de l'Architecture et du Patrimoine 131
Cité de la Mode et du Design **17,** 101, 120

Orts- und Sachregister | 187

Cité des Sciences et de l'Industrie 127
Claude Bernard 140
La Closerie des Lilas [R] 28
Le Cochon à l'Oreille [R] 69
Colette 71
Collège de France [H] 23
Collège de France 99, 167
Comédie Française 41
Le Comptoir [R] 28, 115
Conciergerie 57, 150
La Coupole [R] 115
Crazy Horse Saloon 81
Cru [R] 31

La **D**ame de Pic [R] 28
Daniel Templon 140
Danube [H] 23
Debauve & Gallais 36
La Défense 122, 123, 124, 152
Derrière [R] 28
Deux Îles [H] 23
Les Deux Magots [R] 115
Diplomatische Vertretungen 180
Disneyland Paris 127
Le Dôme [R] 115

Église St-Louis-en-l'Île 147
Eiffelturm [MERIAN TopTen] 11, 75, **76,** 79, 170
Einkaufen 34
Eldorado [H] 24
Emmanuel Perrotin 140
L'Escargot Montorgueil [R] 69
Essen und Trinken 26

Feiertage 180
Feste feiern 42
Festival d'Automne 39, 42, 45
Festival Chopin 44
Fête du Beaujolais Nouveau 45
Fête de la Musique 43
FIAC 45
Flo [R] 28, 86
Folies Bergère 87
Fondation Cartier pour l'art contemporain 131
Fondation Henri Cartier-Bresson 132
Fondation Pierre Bergé/Yves Saint Laurent 132
La Fontaine Gaillon [R] **18,** 69
Fontaine des Innocents 66
Fontaine de Médicis [MERIAN Momente] **14,** 102
Fontainebleau 156
Forum des Images 73
La Fourmi [R] 86
French Open 43
Le Fumoir 71

Le **G**aign [R] 31
Gaité Lyrique 19, 63
Galerie Vivienne [MERIAN Momente] **13,** 71
Galerie-Musée Baccarat 140
Galeries Lafayette 36
Galeries nationales du Grand Palais 132
Geld 180
Geografie 164
Georges [R] 61
Geschichte 166
Glou [R] 27, 32
Gobelin-Kunst 106
Le Grand Colbert [R] 70
Grand Lac 125
Le Grand Véfour [R] 70
Grande Galerie de l'Evolution 102, 132
Le Grenier Notre-Dame [R] 32
Grüner reisen 30

Hallen/Les Halles 64, 65, 121
Hédonie 32
Hemingway Bar im Ritz 71
Hermès 19, 48, 118
Hippodrome d'Auteuil 125
Hippodrome de Longchamp 125
Hôtel Amour [H] 23
Hôtel des Grandes Écoles [H] 24
Hôtel Lambert 147
Hôtel de Lauzun 147
Hôtel des Marronniers [H] 24
Hôtel du Nord [R] 95
Hôtel de Sèvres [H] 25
Hôtel de l'Université [H] 25
Hôtel de Ville 58

Île de la Cité 10, **54,** 146, 147, 148, 165
Île Saint-Louis [MERIAN TopTen] 10, **55,** 147, 165
Îles 54

Immeuble Molitor/ Appartement-Atelier Le Corbusier 128
Institut de France 151
Institut du Monde Arabe 123, **132**
Invalides 112
Isabel Marant 36
Istria [H] 24
Itineraires [R] 104

Jardin d'Acclimatation 125
Le Jardin de l'Hôtel Matignon 114
Jardin du Luxembourg 14, 99, **101,** 102
Jardin des Plantes **102,** 123
Jardin des Plantes [H] 24
Jardin des Tuileries [MERIAN TopTen] [MERIAN Momente] 10, 13, **66,** 132, 138, 142, 146, 152, 168
Les Jardins présidentiels **17,** 76
Jeanne d'Arc 54, 167, **172**
Jeu de Paume 132
Jules Verne [R] 76, 79

Karl Lagerfeld Concept Store 118, 119
Karsten Greve 141
Katakomben von Paris 112
Kleine Rast im Teesalon 15, 103
Kulinarisches Lexikon 176
Kultur und Unterhaltung 38

Lac Daumesnil 126
Ladurée 48
Lage und Geografie 164
Au Lapin Agile 87
Laurent [R] 29, 34, 35, 78, 118, 132
Lemaire, Anne-Charlotte 52
Le Lido 81
Links/Apps 180
Louvre [MERIAN TopTen] 11, **64,** 71, 123, 134, 136, 137, 142, 152, 166, 167, 168, 171, 180
Louvre-Museum ▶ Musée du Louvre
Le Louxor 89

Madeleine 66
Maison de Balzac 133
Maison Européenne de la Photographie 133
Maison Fabre 37
Maison Guerlain 48
La Maison Rouge – Fondation Antoine-de-Galbert 141
Maison de Victor Hugo 133
Mama Shelter [H] 23, 24, 91
La Manufacture Nationale des Gobelins 106, 109
Marais 54, 55
Marathon de Paris 43
Marc by Marc Jacobs 72
Le Marceau Bastille [H] 31
Marché d'Aligre 96
Marché de Belleville 96
Marché Bio Raspail 32

Marché des enfants rouges 62
Marché aux Puces de Montreuil 128
Marché aux Puces de Saint-Ouen 36, 128
Marché Saint Pierre [MERIAN Momente] **13,** 85
Marché aux Fleurs 150
Marian Goodman 141
Medizinische Versorgung 181
Mémorial de la Déportation 58
Mémorial de la Shoah 58
Merci 97
MERIAN Momente 12
MERIAN TopTen 10
Meurice [R] 47
La Mezzanine de l'Alcazar 118
Mitterrand, François 97, 100, 102, 122, 123, 136, 144, 170
Monsieur Bleu [R] **18,** 79
Montalembert [H] 24
Montana 40
Montmartre [MERIAN TopTen] 11, 13, 33, **82**
Montparnasse 111
La Mosquée de Paris [Moschee] [MERIAN Momente] 15, **102,** 103
Le Moulin de la Galette [R] 86
Moulin Rouge 84, **88**
Musée d'Art et d'Histoire du Judaïsme 134
Musée d'Art Moderne de la Ville de Paris 134

Orts- und Sachregister | 189

Musée des Arts Décoratifs 134
Musée Bourdelle 134
Musée Carnavalet 134
Musée de Cluny 109
Musée départemental des peintres de Barbizon/Atelier Théodore Rousseau 157
Musée Grévin 135
Musée Guimet 135
Musée Gustave Moreau 136
Musée de l'Histoire de France 136
Musée Jacquemart-André **17,** 68, 136
Musée du Louvre [MERIAN TopTen] 68, 71, 134, 123, **136, 142**
Musée Maillol 136
Musée Marmottan 136
Musée de la Mode – Palais Galliera 137
Musée de la Mode et du Textile 137
Musée National d'Art Moderne – Centre Pompidou 134
Musée National des Arts et Traditions Populaires 125
Musée National Eugène Delacroix 135
Musée National du Moyen Age/Thermes de Cluny 104, 108, 109, 137
Musée Nissim de Camondo 137
Musée de l'Orangerie 138
Musée d'Orsay 131, **138,** 157
Musée du Petit Palais 139
Musée Picasso **17,** *56,* 139
Musée du Quai Branly 130, 139
Musée Rodin 139
Musée de la Vie Romantique 139
Musée du Vin 139
Musée Zadkine 140

Nanashi [R] 61
Nationalfeiertag ▶ Le Quatorze Juillet
Nebenkosten 181
Neu entdeckt 16
New Morning 40
Nicht zu vergessen 124
Notre-Dame [MERIAN TopTen] [MERIAN Momente] 8, 10, 12, 54, **58,** 147, 148, 149, 179
Notruf 181
La Nouvelle Eve 88
Nuit Blanche 44

Odéon/Théâtre de l'Europe 119
Opéra 64
Opéra de la Bastille 97, 123
Opéra Garnier **41,** 47

Palais Royal [MERIAN Momente] 13, 35, 64, 66, **67,** 68, 70
Panthéon 98, **102**
Paradis Latin 105
Parc André Citroën 128
Parc Floral 126
Parc Monceau 78
Parc Zoologique de Paris 126
Paris Cinéma 44
Paris Jazz Festival 39, 44
Paris Museum Pass 181
Pavillon Saint-Louis Bastille [H] 24
Père Lachaise ▶ Cimetière du Père Lachaise
Le Petit Journal Montparnasse 119
Au Pied de Cochon [R] 70
Pierre Gagnaire [R] 32, **80**
Pierre Hermé 36
Pinacothèque de Paris 140
Piscine Josephine Baker [MERIAN Momente] 14
Place Dauphine 151, 168
Place de la Concorde **78,** 146, 147, 153
Place de la Contrescarpe 103
Place du Louvre 152
Place du Trocadéro 78
Place Vendôme 35, **68**
Place des Victoires 68
Place des Vosges [MERIAN TopTen] 10, **59,** 62, 168
Place des Vosges [H] 24
Politik und Verwaltung 165
Pompidou, Georges 56, 122, 170
À la Pomponette [R] 86
Pont Alexandre III. 78
Pont des Arts 52, 151, 152
Pont-Neuf 49, **59,** 150, 151

Post 181
Le Potager du Marais [R] 32
Le Printemps 36, **72**
Prix de Diane 43
Prix de l'Arc de Triomphe 44
Le Procope 116, 117

Quai de Conti 151
Quai Saint-Bernard [MERIAN Momente] **14,** 100
Quartier Latin 98
Le Quatorze Juillet [14. Juli] 44

Racines [R] 32
Raphael La Terrasse [R] **18,** 80
Rauchen 181
Récamier [H] 25
Rech [R] 80
Reisedokumente 181
Reiseknigge 181
Reisezeit 182
Relais Christine [H] 25
Religion 165
Restaurant L'Opéra im Palais Garnier [R] 47
Restaurant du Palais Royal [R] 70
Roland Barthélemy 36
Rose Bakery 33
Roseval [R] 95
Rousseau, Jean-Jacques 7, 157
Rue Mouffetard **103,** 106, 107, 108
Rue des Rosiers 59

Sacré-Cœur 84
Saint-Denis 128

Saint-Eustache 68
Saint-Germain-des-Prés [Kirche] 114, 167
Saint-Germain-des-Prés [Stadtteil] 32, 40, **110**
Saint-Julien-le-Pauvre 104
Saint-Laurent 34, 35, 118, 132
Saint-Roch 68
Saint-Sulpice 111, **114**
Sainte-Chapelle [MERIAN TopTen] 10, **60,** 150, 160
Sainte-Étienne-du Mont 104
Salle Gaveau 39, 81
Salle Pleyel 39, 40
Le Salon du Cinéma du Panthéon [R] 105
Le Sancerre [R] 86
Le Schmuck [R] **18,** 115
Seine-Strand [MERIAN Momente] **12,** 61, 94
Le Sélect 117
Semaine du Goût 44
Sennelier 37
Service 178
Sésame [R] 96
Shakespeare & Company 99, 105
Sicherheit 182
Six Senses Spa 49
La Société [R] 29
St-Hubert, Sophie 53
Stadtrundfahrten 182

La **T**able Lauriston [R] 80
Taillevent 47
Taverne Henri IV. [R] 151
Telefon 183

Thaddaeus Ropac 61, 141
Theaterkarten 183
Théâtre de la Ville 63
Théatre des Bouffes du Nord 88
Théatre des Champs-Élysées 81
Théâtre du Chatelêt 63
Théâtre National de Chaillot 81
Théâtre du Rond Point 81
Thermes de Cluny 99, **137**
Tokyo Eat [R] 80
Tour Eiffel ▶ Eiffelturm
Tour de France 44
Tour Montparnasse 114
Le Train Bleu [R] 96
Trinkgeld 182
Tuilerien-Gärten ▶ Jardin des Tuileries

Übernachten 22

Vanessa Bruno 37
Le Vaudeville [R] 71
Verkehr 183
Versailles [MERIAN TopTen] 11, 44, 48, 108, **158,** 168
Vincennes [Schloss] 126

Wanderlust 120
Wirtschaft 165

Yvon Lambert 141

Zadig & Voltaire 37
Zeitschriften/Zeitungen 184
Zoll 184

Impressum | 191

Liebe Leserinnen und Leser,

vielen Dank, dass Sie sich für einen Titel aus unserer Reihe MERIAN *momente* entschieden haben. Wir wünschen Ihnen eine gute Reise. Wenn Sie uns nun von Ihren Lieblingstipps, besonderen Momenten und Entdeckungen berichten möchten, freuen wir uns. Oder haben Sie Wünsche, Anregungen und Korrekturen? Zögern Sie nicht, uns zu schreiben!

Alle Angaben in diesem Reiseführer sind gewissenhaft geprüft. Preise, Öffnungszeiten usw. können sich aber schnell ändern. Für eventuelle Fehler übernimmt der Verlag keine Haftung.

© 2014 TRAVEL HOUSE MEDIA
GmbH, München
MERIAN ist eine eingetragene Marke der
GANSKE VERLAGSGRUPPE.

TRAVEL HOUSE MEDIA
Postfach 86 03 66
81630 München
merian-momente@travel-house-media.de
www.merian.de

Alle Rechte vorbehalten. Nachdruck, auch auszugsweise, sowie die Verbreitung durch Film, Funk, Fernsehen und Internet, durch fotomechanische Wiedergabe, Tonträger und Datenverarbeitungssysteme jeglicher Art nur mit schriftlicher Genehmigung des Verlages.

BEI INTERESSE AN MASSGESCHNEIDERTEN MERIAN-PRODUKTEN:
Tel. 0 89/4 50 00 99 12
veronica.reisenegger@travel-house-media.de

BEI INTERESSE AN ANZEIGEN:
KV Kommunalverlag GmbH & Co KG
Tel. 0 89/9 28 09 60
info@kommunal-verlag.de

TRAVEL HOUSE MEDIA

Ein Unternehmen der
GANSKE VERLAGSGRUPPE

1. Auflage

VERLAGSLEITUNG
Dr. Malva Kemnitz
REDAKTION
Richard Schmising
LEKTORAT
Marion Trutter
BILDREDAKTION
Susann Jerofski
SCHLUSSREDAKTION
Gisela Wunderskirchner
HERSTELLUNG
Bettina Häfele, Katrin Uplegger
SATZ
Nadine Thiel, kreativsatz, Baldham
REIHENGESTALTUNG
Independent Medien Design, Horst Moser, München (Innenteil), La Voilà, Marion Blomeyer & Alexandra Rusitschka, München und Leipzig (Coverkonzept)
KARTEN
Gecko-Publishing GmbH für MERIAN-Kartographie
DRUCK UND BINDUNG
Firmengruppe APPL, aprinta Druck, Wemding

PEFC
PEFC/04-32-0928

BILDNACHWEIS
Titelbild: Place de la Concorde (laif: RAGA/J. Fuste)
Actionpress: C. Guibbaud 119 | akg-images 169r | F. Amiand 22 | Bildagentur Huber: Gräfenhain 69, Kremer 142, 153, G. Simeone 146 | Bridgeman 171l | Bundesarchiv: L. Wegmann 170r | Cité de la Mode et du Design 16 | Corbis 87, 98, 106, 192u | dpa Picture-Alliance: X. De 12, J. Luyssen 53u, A. Marchi 172, The Marsden Archive 14, Louisa R 157 | Fotolia: G. Kollidas 169l, marcos81 49 | Gaité Lyrique 63 | Getty Images: AFP 45, J. Chillingworth 120, B. J. Demarthon 70, D. K. Johnson 64, B. Yuanyue 110 | Imagno 168l | Imago: Schick 20/21, 127, UPI Photo 42 | Interfoto 167r | Istockphoto: matthewleesdixon 171r, webphotographers 47 | JAHRESZEITENVERLAG: M. Beckhäuser 51, 59, 135, 141, 168r, 170l, K. Bossemeyer 154/155, 159 GourmetPictureGuide 26, 29, K. Hentschel 33 | N. Kriwy 60, 103 | Laif: p. Adenis 90, 124, G. Haenel 50/51, C. Heeb 79, hemis.fr 89, hemis.fr/B. Gardel 116, hemis.fr/J. Heintz 6, hemis.fr/ L. Maissant 25, 37, 130, hemir.fr/J.-P. Rabouan 161, hemis.fr/S. Sonnet 133, Meyer 95, SADIA 10, D. Schmid 15u, Top/ H. Champollion 120 | look-foto 2, 150, 162/163 | mauritius images: AGE 2, Alamy 13, 15o, 48, 73, allOver 129 | Pressebild 46 | Privat 52, 53o | Raphael La Terasse 19 | Schapowalow: Huber 149 | Shutterstock: 4/5, Boris15 166, H. Hruby 79, Rrrainbow 34 | Ullstein Bild. Chromorange 138 | vario images: NordicPhotos 164, TipsImages 38 | Wikipedia gemeinfrei 167r

PARIS GESTERN & HEUTE

Mode-Metropole im Wandel der Zeiten: Schon 1955 zogen die Kreationen von **Dior** die Crème de la Crème aus Gesellschaft und Medien an die Laufstege von Paris, so auch Marie-Louise Bousquet, Chefredakteurin der französischen Ausgabe von Harper's Bazaar (oben, erste Reihe, Mitte). Bis heute hat die Mode des Pariser Designers nichts von ihrer Anziehungskraft verloren, wie man bei Diors Haute-Couture-Show im Rahmen der **Pariser Modewoche** 2013 (unten) sehen konnte.